여성, 존엄을 외치다

L. Juliana M. Claassens
CLAIMING HER DIGNITY
Female Resistance in the Old Testament

© 2016 by Order of Saint Benedict, Collegeville, Minnesota.
All rights reserved.

Translated by Hyejin Jeong
Korean translation copyright © 2021 by Benedict Press, Waegwan, Korea.
Korean translation rights arranged with Liturgical Press, Collegeville, Minnesota, U.S.A.

여성, 존엄을 외치다
구약성경에 나타난 여성의 저항

2021년 8월 5일 교회 인가
2021년 8월 19일 초판 1쇄

지은이	L. 줄리아나 M. 클라센스
옮긴이	정혜진
펴낸곳	성 베네딕도회 왜관수도원 ⓒ 분도출판사
찍은곳	분도인쇄소

등록	1962년 5월 7일 라15호
주소	04606 서울시 중구 장충단로 188 분도빌딩(분도출판사 편집부)
	39889 경북 칠곡군 왜관읍 관문로 61(분도인쇄소)
전화	02-2266-3605(분도출판사) · 054-970-2400(분도인쇄소)
팩스	02-2271-3605(분도출판사) · 054-971-0179(분도인쇄소)
홈페이지	www.bundobook.co.kr

ISBN 978-89-419-2110-3 03230

이 책의 한국어판 저작권은 Liturgical Press와 독점 계약한 분도출판사에 있습니다.
저작권법에 의해 한국 내에서 보호를 받는 저작물이므로 무단 전재와 무단 복제를 금합니다.

여성, 존엄을 외치다

구약성경에
나타난
여성의 저항

L. 줄리아나 M. 클라센스
정혜진 옮김

분도출판사

남아프리카공화국 스텔렌보스 대학 신학부에서 가르친

최초의 여성들인 데니즈 애커만과 엘나 무톤에게

이 책을 바칩니다.

그들은 저항이 무엇인지 제대로 알고 있었습니다.

차례

감사의 글　9

서문　15

1장 전쟁의 폭력에 저항하다　39
　　1. 집단적 폭력 이해하기　39
　　2. 리츠파의 애도(2사무 21장)　43
　　3. 아비가일의 환대(1사무 25장)　65
　　4. '오늘날'의 리츠파와 아비가일　87

2장 강간의 폭력에 저항하다　93
　　1. 끔찍한 강간 실태　93
　　2. 타마르의 외침(2사무 13장)　99
　　3. 수산나의 기도　119
　　4. 강간 없는 세상　144

3장 가부장제, 아니 헤테라키(복합지배체제)의 폭력에 저항하다　147
　　1. 가부장제에서 헤테라키로　147
　　2. 입다의 딸을 위한 비가(판관 11장)　153
　　3. 츨롭핫의 딸들, 결단하다(민수 27장)　175
　　4. 가부장제를 쳐부순다?　198

4장 위태로움의 폭력에 저항하다 203

    1. 최악의 폭력, 빈곤 203

    2. 하가르의 눈물(창세 16, 21장)과 사라의 웃음(창세 18, 21장) 209

    3. 룻과 나오미 그리고 타마르의 탄력성 234

    4. 이야기를 바꾸면, 공동체가 바뀐다 254

결론: 구약성경에 나타난 여성의 저항 259

    1. 이야기하기 259

    2. 기억하기 263

    3. 구원 266

    4. 주체성 271

    5. 복합성 276

    6. 희망 281

후기 285

색인 293

감사의 글

한 친구가 내게 이렇게 말했다. "학위 논문을 마치고 나서 보니 그건 일종의 팀프로젝트였어." 본서와 같은 책을 쓰는 일도 마찬가지다. 이 책에는 나 자신뿐 아니라 이 책이 열매를 맺도록 귀중한 역할을 해 준 많은 이의 노고가 담겨 있다.

먼저 『여성, 존엄을 외치다』는 알렉산더 폰 훔볼트 프로젝트의 산물이다. 2012년에 감사하게도 나는 알렉산더 폰 훔볼트에서 연구비를 지원받아 독일 뮌스터에 1년 동안 머물면서 "구약성경에 나타난 젠더 및 인간 존엄성"이라는 제목으로 연구를 진행했다. 알렉산더 폰 훔볼트 재단이 너그럽게 베푼 재정적 지원에 감사의 말을 전하지 않을 수 없다. 재단은 이 프로젝트를 할 수 있도록 장소를 제공했을 뿐 아니라 석 달 된 딸아이를 비롯해 우리 가족이 독일에서 생활하고 유럽을 돌아보는 여행도 할 수 있게 지원해 주었다. 뮌스터에서 나와 가족을 환대해 준 뮌스터 대학 가톨릭 신학부 마리테레즈 바커 교수께도 감사드린다. 또한 이 책의 색인 작업을 성실하게 해 준 연구조교 루안 에체베츠에게도 고마움을 전한다.

이 책이 여성의 저항에 대한 것인 만큼 내 인생 여정에 함께한 놀라운 여성들이 떠오른다. 그들은 모두 나름의 방식으로, 세계 곳곳에서, 서로 다른 상황에서 자신과 타인을 위해 불의에 맞서 싸워 왔다. 그중 몇 사람만 언급하자면, 어맨다 고우즈, 루이즈 뒤 투아, 스텔라 필윤, 샬린 판 데르 발트, 에스텔 멀러, 리젤 주버트, 나딘 바우어 뒤 투아, 캐서린 세이큰펠드, 캐럴린 샤프, 크리스틀 마이어, 재클린 랩슬리, 마디포언 마세냐 등이다. 특히 현재 내가 강의하는 신학부에서 최초로 가르쳤던 여성 데니즈 애커만과 엘나 무톤에게 이 책을 바친다. 이들이 지난 수년간 나에게 보내 준 꾸준한 애정과 지원, 격려에 나는 너무도 많은 빚을 지고 있다. 무엇보다 존엄성을 거부당하는 상황 속에서도 유연함을 지닌 채 굳건히 서 있는 모범을 보여 준 이들에게 깊이 감사한다. 또한 나를 지지해 준 남성 동료들과 친구들, 그리고 앞에서 이름을 언급한 여성들 외에도, 여성이 진실로 동등한 존재로 여겨지는 세상을 만들기 위해 우리와 함께 싸우는 모든 이들에게 감사를 전한다.

마지막으로, 가족들에게 사랑과 감사의 말을 전하고 싶다. 먼저 어머니와 돌아가신 시어머니께 감사드린다. 그들의 강함과 결단 그리고 친절함은 내 인생에 깊은 영감을 주었다. 이제 어엿한 대학생이 된 양녀 자나와 양자 루에게도 감사의 마음을 전하고 싶다. 이들이 끈질기게 옳은 편에 서서 부당한 대우를 받는 이들을 위해 싸우는 활동가라는 점이 자랑스럽다. 동료이자 가장 친한 친구이자 남편인 로버트에게도 감사한다. 베란다에서 포도주를 함께 마시거나 카페에 가고 나들이를 다니면서, 세계의 흥미로운 여러 장소들을 돌아보는 여행에 함께해 준 그의 지지와 지혜는 나의 일상의 필수적인 부분이었다.

또한 딸 수잰에게 감사한다. 수잰은 세상에서 가장 총명하고 따뜻하고 생기발랄한 네 살 아이일 것이다. 이 책을 쓰는 동안 도움을 준 모든 이의 노력이 당신이 있는 그대로의 모습으로 진정 자유롭게 살 수 있는 세상을 만드는 일에 쓰이기를!

| 출전 |

저자의 글 "Violence, Mourning, Politics: Rizpah's Lament in Conversation with Judith Butler"는 처음 *Restorative Readings: The Old Testament, Ethics and Human Dignity*에 수록된 것으로 Wipf and Stock 출판사의 허락을 받아 이 책에 싣는다.

저자의 논문 "Female Resistance In Spite of Injustice: Human Dignity and the Daughter of Jephthah"는 *Old Testament Essays* 26, no. 3 (2013)에 실렸던 것이며, *Old Testament Essays*의 허락을 받아 이 책에 싣는다.

저자의 논문 "Give us Portion among our Father's Brothers: The Daughters of Zelophehad, Land, and the Quest for Human Dignity"는 *Journal for the Study of the Old Testament* 37, no. 3 (2013)에 처음 실렸던 것으로 SAGE 출판사의 허락을 받아 이 책에 싣는다.

저자의 논문 "Resisting Dehumanization: Ruth, Tamar, and the Quest for Human Dignity"는 *Catholic Biblical Quarterly* 74, no. 4 (2012)에 실렸던 것으로 *Catholic Biblical Quarterly*의 허락을 받아 이 책에 싣는다.

"Elegy on Husayn: Arabic and Persian"의 영어 번역은 *Alserat* 12 (Spring & Autumn 1986)에 실린 것으로 역자인 린다 클라크의 허락을 받아 본서에 수록했다.

Nancy Lee, *Lyrics of Lament of Lament: From Tragedy to Transformation* (Minneapolis, MN: Fortress Press, 2010)에서 인용된 "Crying over Child: To the Child Killed by Nine Gun Shots"은 아치 리의 허락을 받아 이 책에 수록했다.

Elizabeth Ward의 "Action"에 대한 허가는 현재 진행 중이다.

서문

인간이 된다는 것은 비인간화에 저항한다는 의미다. 인류 역사에서 가장 암울했던 시기를 떠올려 보자. 나치 치하 독일의 게토와 유다인 강제 수용소, 미국 남부의 대농장들, (영화 「셀마」에서 생생하게 그려졌듯이) 격렬한 인권운동 그리고 나의 조국인 남아프리카공화국에서 아파르트헤이트를 종식시키기 위한 투쟁이 일어나던 시기 말이다. 이때 남녀를 막론하고 모두 일어나 서로 다른 목소리들이 외쳤던 한마디 말은 바로 이것이었다. "나를 이렇게 대하지 마시오. 나는 사람이니 인간답게 대하시오."

물론 불의에 희생당하는 자들에게 이런 말을 큰 소리로 할 수 있는 자유가 언제나 허락되는 것은 아니다. 그러나 그들의 인간성을 부정하고 존엄을 훼손하려는 억압자들에 맞서서 저항을 표출하는 방법이 언어 외에도 있다는 것을 깨달은 이들은 많았다. 이러한 항거의 행동들은 아무리 끔찍한 상황이라 해도 필사적으로 살아남으려 애쓰는 인간 정신의 탄력성을 보여 주는 증거다. 그뿐 아니라 비인간화에 저항하는 이런 행위 자체가 인간의 존엄은 논쟁의 여지가 없고 파괴할 수도 없는 것임을 강조한다. 베벌리 미첼이 주장한 대로, "하느님의 모습으로 창조된 인간의 존엄함은 그 침해 행위에 관한 증언과 모든 신체적·정서적·영적 침해에 맞서 저항하는 데서 구체적으로 드러난다".[1]

우리는 이러한 관점이 아프리카계 미국인 소설가 토니 모리슨의 작품에서 강력하게 표현되어 있는 것을 발견한다. 훌륭한 그녀의 작품 『빌러비드』에서 베이비 석스, 식소, 폴 디 등 여러 인물은 매우 다양한 방식으로 그들이 처해 있는 억압적인 체제, 즉 언제라도 파괴적인 폭력으로 분출될 수 있는 체제에 저항한다. 재클린 버시는 『억눌린 자들의 웃음』이라는 놀라운 책에서 『빌러비드』에 나타나는 저항의 사례들을 간략하게 설명했다. 이 사례들은 자주 최악의 비극적 상황 속에서도 웃음을 잃지 않는 인물들과 관련되는데,[2] 버시는

---

[1] Beverly Eileen Mitchell, *Plantations and Death Camps: Religion, Ideology, and Human Dignity* (Minneapolis, MN: Fortress Press 2009) 4.

[2] Jacqueline A. Bussie, "Flowers in the Dark: African American Consciousness, Laughter, and Resistance in Toni Morrison's *Beloved*", chap. 5 in *The Laughter of the Oppressed: Ethical and Theological Resistance in Wiesel, Morrison, and Endo* (New York: T & T Clark 2007) 125-81. 여기서 세서는 허구적 인물이지만 세서 이야기의 토대가 된 마가렛 가너 이야기는 실화임을 유념해야 한다. 버시는 토니 모리슨이 신문 「아메리칸 뱁티스트」American Baptist에 나왔던 잘 알려지지 않은 기사 한 편을 활용했다고 지적한다. "자식을 살해한 한 노예 여성 방문기"라는 제목의 이 기사에 자극을 받아 모리슨은 자식을 죽인 자신의 행동을 받아들이려 애쓰는 세서의 심리적 투쟁을 상상할 수 있었다. Bussie, "Flowers in the Dark", 126.

이것을 "비극적 웃음"이라 부른다.[3]

특히 주인공 세서의 시어머니인 베이비 석스는 여성 저항에 관한 놀라운 모범으로서, 본서의 훌륭한 도입부 역할을 해 준다. 몇 해 전 세서는 자기 자식들에게 다시 끔찍한 노예의 삶을 살게 할 수 없어 끝내 딸 빌러비드를 살해하고 만다. 이 소설은 베이비 석스를 비롯한 여러 인물이 노예 생활이 초래하는 파괴적인 심리적·정서적 결과들을 어떻게 견디며 살아가려고 애쓰는지 소름 끼칠 정도로 잘 보여 준다. 여기서 빌러비드라는 인물은 세상을 떠난 세서의 아이를 재현하는 유령인 동시에 노예로 살다 죽은 다른 아이들의 영혼이기도 하다.[4]

베이비 석스는 노예 생활로 깊은 상처를 입은 인물이다. 모리슨은 베이비 석스를 비롯해 포로가 된 인물들이 겪어야 하는 대상화와 비인간화의 고통을 매우 실감 나게 묘사한다. "세서는 물론이고 베이비의 인생을 돌아봐도 남자와 여자 모두 장기판의 말처럼 제 뜻과 상관없이 이리저리 옮겨 다녔기 때문이다. 베이비 석스가 사랑했던 남자들이야 말할 것도 없고 그녀가 알던 남자 중에서, 달아나거나 목이 매달리거나 임대되거나 다른 데서 빌려 가거나 팔려 가거나 다시 끌려오거나 저장되거나 장기 할부로 넘겨지거나 상으로 주어지거나 절도당하거나 포획되지 않은 사람은 하나도 없었다."[5]

---

[3] Bussie, *Laughter of the Oppressed*, 3.
[4] Bussie, "Flowers in the Dark", 127.

그러나 이토록 비인간적인 상황 속에서도 베이비 석스는 자신이 겪고 있는 치욕에 저항할 길을 모색한다. 그녀는 독립적인 주체로서 자신의 자율성을 천명한다. "서품도 받지 않고, 사제복도 입지 않고, 기름 부음 받지도 못한"[6] 평신도 설교자로 나선 것이다. 한번은 감시자들 눈 밖에 벗어난 숲속 빈터에서 베이비 석스가 설교를 한다. 거기서 그녀는 자신의 존엄성을 천명할 뿐 아니라 다른 이들도 자신과 똑같이 할 것을 촉구한다.

> 거대한 반석 위에 자리를 잡은 후, 베이비 석스는 고개를 숙이고 말없이 기도했다. … 그런 후 그녀는 큰 소리로 외쳤다. "아이들을 내게로 오게 하세요!" 그러면 아이들은 나무 사이에서 나와 그녀에게 달려갔다.
> "어머니들께 너희의 웃음소리를 들려주렴." 그녀가 아이들에게 말하면, 온 숲이 쩌렁쩌렁 울렸다. 어른들은 그 모습을 바라보며 저도 모르게 웃음을 짓지 않을 수 없었다. 그러고 나서 "남자 어른들은 이제 나와 주세요"라고 베이비 석스가 외쳤다. 그들은 쩌렁쩌렁 울리는 나무 사이에서 한 사람 한 사람씩 걸어 나왔다. "여러분의 아내와 아이들에게 춤추는 모습을 보여 주세요." 그녀가 명하자, 그들의 발밑에서 지상의 생명체들이 부르르 떨며 전율

---

[5] Toni Morrison, *Beloved* (New York: Knopf 1987) 5; Bussie, "Flowers in the Dark", 127에서 인용. [토니 모리슨『빌러비드』김선형 옮김 (들녘 2006) 참조]

[6] 같은 책 128.

했다. 마지막으로 그녀는 여자들한테 자신에게로 오라고 말했다. "우세요." 그녀는 여자들을 보고 말했다. "살아 있는 자들과 죽은 자를 위하여. 그냥 울기만 하세요." 그러면 두 눈도 가리지 않고 여자들은 통곡하기 시작했다.

예배는 그렇게 시작되었다. 깔깔 웃는 어린아이들, 춤추는 남자들, 우는 여자들, 그러다 보면 전부 뒤죽박죽이 되었다. 여자들은 울음을 그치고 춤을 추었다. 남자들은 주저앉아서 통곡을 했다. 아이들은 춤을 추었고, 여자들은 깔깔 웃어 댔고, 아이들이 울어 대다가 마침내, 녹초가 되고 갈기갈기 찢긴 채, 축축하게 젖어 모두 헉헉 숨을 몰아쉬며 공터에 다 드러누워 버릴 때까지. 그리고 이어지는 침묵 속에서, 베이비 석스는 그들에게 그녀의 한없이 넓고 커다란 심장을 나누어 주었다.[7]

베이비 석스의 연설에서 우리는 웃음과 울음, 춤과 같은 인간성의 기본 요소들이 어떻게 저항의 수단이 되는지 볼 수 있다. 웃고, 울고, 춤추라고 요청하면서 베이비 석스는 자기 사람들에게 그들이 몸이라는 사실을, 곧 "울고 웃는 육신, 맨발로 풀 위에서 춤추는 육신"임을 깨우쳐 준다.[8] 베이비 석스는 사람들에게 몸을 사랑하라고 외친다. 다른 곳에서는 그들의 육체가 멸시의 대상이고 폭력과 모욕을 당하기 때문이다. 그래서 그녀는 자기 사람들에게 서로를 사랑하라고, 노

---

7 같은 책 131.
8 같은 책 134.

예주가 "써먹고, 묶고, 얽어매고, 잘라 내고, 다 빼앗아 텅텅 비게 만든" 서로의 손을 잡고, "그 손을 사랑하고" "그 손으로 서로를 쓰다듬어 주라"고 격려한다.[9]

베이비 석스의 저항은 억압적인 체제에 맞서 대안적 자의식을 확립하는 중요한 역할을 한다. 재클린 버시에 따르면, "[베이비 석스는] 웃음과 춤을 통해, 자신이 사랑받을 만하고, 아름다우며 선택받은 사람임을 다시 깨달으라고 북돋아 준다".[10] 그 과정에서 베이비 석스는 자기 자신의 자율성을 수용하면서 스스로 주체로 선 후에, 자기 주변의 사람들에게도 각자의 주체성을 되찾도록 북돋아 준다.[11] 그녀의 행동은 비인간화에 저항하는 수단이 된다. 이러한 행동으로 그녀는 춤추는 자, 우는 자, 웃는 자로 행동할 수 있는 엄연한 주체로서 그녀의 사람들이 대안적 정체성을 창조하는 데 기여한다.

이러한 저항의 행위들은 억압의 현실에도 **불구하고** 거기에 맞서는 '힘'이 있다는 중요한 표지다.[12] 주디스 버틀러는 사회적 세력에 의해 제약을 받는 사람들이 그러한 규범에 맞서 대응하는 방식을 성찰한 바 있다. 이 연구를 바탕으로 에이미 앨런은 "타인이 자신에

---

9 같은 곳.

10 같은 책 133.

11 같은 책 137.

12 이런 맥락에서 에이미 앨런이 제시한 "억압의 현실에도 불구하고 거기에 맞서는 힘"의 개념은 유용하다. 남성이 여성에게 행사하는 권력으로 인해 여성들이 경험하는 억압과 관련해서, 앨런은 "특별히 그런 지배에 대응하면서 여성들이 발휘하는 힘"에 대해 숙고한다. Allen, *The Power of Feminist Theory: Domination, Resistance, Solidarity* (Boulder, CO: Westview Press 1999) 122.

게 휘두르는 권력에도 불구하고 또는 이에 대응하여 행동하는 주체의 능력"까지 포괄하여 저항을 정의한다. 그녀는 이렇게 주장한다. "저항은 근본적으로 다른 행위자의 지배에 맞서 행동하기 위해 자신의 능력을 분명하게 행사하는 것과 관련되는 것 같다."[13]

이는 제임스 스코트의 중요한 연구와도 관련된다. 스코트는 억압당하는 개인과 집단들이 부당한 권력 구조에 저항할 수 있는 수단인 비폭력 저항 전술을 밝혀 주었다. "수동적 저항"이라고도 하는 억압당하는 이들의 이러한 반발 행위는 공격적이거나 폭력적인 저항 행위와는 대조적이다. 이 수동적 저항은 언뜻 보기에는 사소하고 별 것 아닌 것처럼 보이지만 실제로 일상에 뿌리를 둔 매우 창의적이고 해방을 가져올 잠재력을 지닌 행위다. 따라서 겉보기에 평범해 보이는 이러한 비폭력 저항은 스코트의 저서 제목처럼 "약자들의 무기"라고 해야 제대로 설명될 수 있을 것이다.[14] 스코트는 또한 공식적 또는 공개 표기에 반하는 "숨겨진 표기"라는 개념도 발견했다. 여기에는 근거 없는 소문, 험담, 이야기, 노래, 의식儀式, 비유적 표현, 농담과 같이 다양한 형태의 언어적 관행이 포함되는데, 이것들은 예속된 사람들이 반대 목소리를 내는 강력한 수단이다.[15]

---

13 같은 책 125.

14 James C. Scott, *Domination and the Arts of Resistance: Hidden Transcripts* (New Haven, CT: Yale University Press 1990); *Weapons of the Weak: Everyday Forms of Peasant Resistance* (New Haven, CT: Yale University Press 1985).

15 Scott, *Domination and the Arts of Resistance*, 14.

본서가 가두 행진이나 시위같이 조직된 형태의 저항에 집중하지 않는다는 사실 또한 중요하다. 이러한 저항의 사례는 1965년 셀마에서 몽고메리로 이어진 역사적인 가두 행진 같은 극적인 사건을 기록한 영화 「셀마」에서 볼 수 있다. 오히려 본서는 일상적인 장소에서 보통 사람들이 행한 비공식적이고 주목받지 못한 저항에 초점을 맞추고 있으며, 권력이 있는 곳에는 항상 저항이 있다는 미셸 푸코의 선언을 강조한다. 또한 저항 행위들이 그것을 행하는 사람들만큼이나 많고 다양하다는 사실을 인정하는 것이 중요하다. 이와 관련해 푸코는 이렇게 주장했다. "위대한 거부의 단 하나의 중심, 반란의 핵심 인물, 모든 반란의 원천 또는 혁명의 순수한 법칙 같은 것은 없다. 다수의 저항들이 있을 뿐이다."[16] 물론 푸코는 이러한 저항 행위가 축적되어 결국 혁명이 가능해진다는 것을 잘 알고 있었다.

비인간화에 저항했던 베이비 석스라는 놀라운 모범에서 우리는 여성 저항의 틀을 발견할 수 있다. 그리고 이 틀은 구약성경에 나타난 여성의 저항들을 숙고하는 데도 유익하다. 성서학자로서 나는 여성이 자신에게 큰 위해를 가하는 자와 그런 상황에 맞서기 위해 다양한 창조적 수단을 사용하는 것을 보여 주는 구약의 이야기들에 매료되었다.

구약의 이야기들을 통해 재구성된 세계는 폭력에 잠긴 세계로 묘사될 수 있다. 그 세계에서는 특히 가장 취약한 구성원인 여성과

---

16 Bussie, "Flowers in the Dark", 160에서 재인용.

아이들의 생명과 안녕이 늘 위협을 받았다. 여성들에게 특히 큰 피해를 가했던 것은 전쟁과 성폭력으로 인한 신체적 폭력만이 아니었다. 구약성경의 세계에서는 구조적 폭력의 수많은 사례를 확인할 수 있다. 구약에는 상호 연결된 여러 형태의 억압과 지배로 이루어진 세계가 반영되어 있기 때문이다. 더욱이 오늘날과 마찬가지로 구약의 세계에서 가난과 자원 부족이 특히 여성을 위험에 빠뜨리는 폭력으로 어떻게 묘사되는지 보여 준다.

그러나 우리가 이미 베이비 석스의 사례에서 보았듯이, 인간이라 함은 본질적으로 폭력과 이 폭력에 가장 큰 책임이 있는 불의한 권력 구조에 저항함을 의미한다. 우리는 구약성경 여성들의 저항이라는 주제를 살펴볼 것인데, 구약성경의 여러 이야기 가운데서 몇 가지를 골라 집중했다. 이 이야기들은 여성 인물들이 자신의 존엄성이 훼손당하는 상황, 즉 여성의 자기 가치가 침해당하고 충만한 삶을 누릴 수 있는 그들의 능력을 가로막는 상황에 다양하고 다면적인 방식으로 대응하는 모습을 보여 준다는 공통점이 있다.

사실 이 여성들의 저항 행위는 본질적으로 매우 감지하기가 힘들다. 자기 인식을 되찾기 위해 웃음, 울음, 춤을 사용하는 베이비 석스의 사례에서 분명히 나타나는 일상적인 행위들을 상기해 보자. 그러나 이러한 저항 행위들은 결코 중요하지 않거나 사소하지 않다. 본서에서 보겠지만 여성들의 저항은 그 힘의 성격이 다르긴 해도 정말로 위대한 힘의 원천이다. 따라서 우리는 여성들의 인격을 부정하고 안녕을 위협하는 상황에 직면해 여성들이 자신의 자율성을 선언하도록 돕는 데 본서가 예로 든 성경 속 이야기의 여성 저항이 얼마나 중요한 역할을 하는지 살펴볼 것이다. 인간을 짓밟으려는 개인 그리고/또는 상황의 온갖 시도에도 **불구하고** 행동하는 능력은, 인간은 가장 위태로운 상황 속에서도 비인간화에 맞서 싸우고 자신의 존엄을 주장할 것이라는 사실을 증명한다.

무엇보다 중요한 것은 이 여성 인물들의 저항이 모두 본질적으로 비폭력적이라는 것이다. 물론 히브리 성경에는 폭력적인 저항을 한 여성들도 있다. 장수 시스라의 관자놀이에 말뚝을 박아 죽인 야엘의 이야기(판관 4장)와, 홀로페르네스를 유혹하고서 그의 목을 베어버린 유딧의 이야기를 보라. 그러나 나는 폭력이 폭력을 낳는 지금의 이 폭력적인 세계에서 폭력 저항은 더 이상 선택지가 아니라고 주장하고 싶다. 게다가 폭력 저항은 억압적 상황에 처한 이들에게 너무 위험한 방법이다. 미국 남부에서 노예 반란이 있고 나서, 또는 나치 치하 독일에서 바르샤바 폭동이 일어난 후 그에 대응한 보복이 얼마나 폭력적이었는지 분명하게 알 수 있다.

우리는 이러한 성경 이야기에 나오는 여성의 저항이 복합적이라는 사실을 인정해야 한다. 복잡하지 않은 삶이 없듯이, 여성 저항도 그렇다. 젠더 이론과 탈식민주의 해석에서 이루어지는 최근의 논의들은 여성 저항의 본질을 밀도 있게 설명하는 데 도움을 줄 것이다. 실로 문학은 세상 속에서 여성들이 간단하고 단순한 방식으로 살아갈 수 없다는 현실을 반영하고 있다.

이 책은 네 장으로 이루어져 있다. 각 장에서 구약성경의 여성들이 경험했던 비인간화의 여러 측면들을 살펴볼 것이다. 네 가지 주제는 어떤 식으로든 폭력과 관련되어 있다. (1) 전쟁의 폭력, (2) 강간의 폭력, (3) 가부장제의 폭력을 포괄하는 헤테라키Heterarchy(복합지배체제)의 폭력,[17] (4) 위태로움의 폭력. 폭력이 물리적 또는 직접적 폭력뿐만 아니라 구조적 폭력까지 포괄한다는 사실이 널리 인정받고 있다. 구조적 폭력은 깊은 심리적·정서적 고통을 유발하기에, 직접적 폭력만큼 해롭다.[18] 그러므로 폭력을 희생자의 관점에서 보는 것이 중요하며, 개인뿐 아니라 공동체 전체에 폭력이 미치는 영향을 숙고해야 한다는 볼프강 후버의 발언은 유익하다.[19] 장기적인 결핍 상태에 방치되는 것도 일종의 폭력이다. 스티븐 리는 「가난은 폭력인가?」라는 글에서 이렇게 주장한다. "강요된 빈곤 상태는 빈곤이 심

---

[17] 나는 자주 쓰이는 "가부장제" 대신 캐롤 마이어스가 제안한 "헤테라키"heterarchy라는 용어를 쓸 것이다. 이 용어는 인종, 계급, 사회적 지향 같은 여러 요인에 근거해서 서로 다르게 교차하는 억압과 지배의 수준들이 있고, 거기서 유래하는 복수의 위계 서열들이 존재함을 반영한다. Meyers, "Was Ancient Israel a Patriarchal Society?", *Journal of Biblical Literature* 133, no. 1 (2014) 27 참조.

[18] Kathleen Ho, "Structural Violence as a Human Rights Violation", *Essex Human Rights Review* 4, no. 2 (2007): 1-17, http://projects.essex.ac.uk/ehrr/V4N2/ho.pdf.

[19] 볼프강 후버는 이렇게 쓰고 있다. "최근 연구는 폭력을 그 행동과 가해자의 관점에서 보지 않고, 희생자의 관점에서 보고자 한다. 피해자에 대한 이러한 감정 이입은 폭력을 이해하는 핵심이다. 그러므로 폭력의 수단이 아닌 그 결과가, 그리고 행위자의 의도가 아닌 피해자에게 일어난 결과가 폭력에 대한 우리의 이미지를 형성한다." Huber, "Religion and Violence in a Globalized World", 11회 Gerd Bucerius Lecture, Washington, DC, 2010년 6월 24일, *Bulletin of the German Historical Institute* 47 (2010) 52, http://www.ghi-dc.org/files/publications/bulletin/bu047/bu47_051.pdf.

각하고 장기적인 영향을 끼친다는 점을 고려할 때 대부분의 물리적 폭력보다 한 인간의 인간성을 더 심각하게 침해한다."[20]

그러나 본서에서 다루는 이야기들 속 그 모든 폭력의 경험 한가운데서 주목할 만한 저항의 징후들을 발견한다. 여성 인물들이 당연하게 흘러가는 현실을 있는 그대로 받아들이지 않았다는 사실이다. 1장 "전쟁의 폭력에 저항하다"에서는 무척이나 다른 방식으로 집단적 폭력에 저항한 여인들의 이야기를 볼 수 있다. 하나는 무자비하게 살해된 아들들을 애도한 리츠파 이야기이고(2사무 21장), 다른 하나는 환대를 통해 또 다른 비극이 일어나는 것을 막아 낸 아비가일의 이야기이다(1사무 25장). 2장 "강간의 폭력에 저항하다"에서는 타마르 이야기(2사무 13장)와 수산나 이야기(다니엘서)를 살펴볼 것이다. 두 이야기는 강간과 성폭력 상황에서 여성 저항이 어떻게 이루어지는지 보여 주는 사례다. 3장 "헤테라키의 폭력에 저항하다"에서는 불의한 가부장적 권력에 저항한 딸들의 이야기를 소개할 것이다. (3장에서 살펴보겠지만 '가부장제'보다는 "헤테라키의 권력"이라는 용어가 더 적절하다. 이 용어가 구약성경 이야기 세계에 반영된 다층적인 억압을 더 잘 포착한다.) 판관기 11장에 나오는 입타의 딸과 민수기 27장에 등장하는 츨롭핫의 딸들 이야기는 불의에 저항하는 다양한 방식에 대해 그들이 우리에게 말하고자 하는 바를 탐구하게

---

20 Steven Lee, "Is Poverty Violence?", in *Institutional Violence*, ed. Deane Curtin and Robert Litke (Amsterdam: Rodopi 1999) 5-12, http://genevapeace.org/wp-content/uploads/2011/09/Is_Poverty_Violence.pdf.

한다. 4장의 "위태로움의 폭력에 저항하다"에서 우리는 하가르와 사라 이야기(창세 16, 21장)와 룻과 타마르 이야기(창세 38장)를 살펴볼 것이다. 자원의 부족은 인간의 물질적·심리적 안녕에도 악영향을 끼친다. 4장에서 우리는 자원 부족이 야기한 비인간화에 창의적인 방식으로 저항하는 여성들을 만나게 될 것이다.

각 장은 모두 애도의 중요성을 강조한다. 각 장의 첫 번째 이야기는 애도의 행위가 다름 아닌 저항임에 초점을 맞출 것이다. 역사 전체를 볼 때, 특히 몇몇 특정 문화에서 애곡哀哭은 여성과 관련될 때가 많다.[21] 게일 홀스트워해프트는 여성과 애곡의 관계에 대해서 이렇게 썼다. 애도는 "여성들이 눈을 뜨고서 죽음을 맞이하는 것"처럼 "견딜 수 없는 것을 견디는 그들만의 방식인 것 같다".[22] 이런 이야기들에서 분명히 알 수 있는 것은 눈물이 약함이 아니라 강함의 증거이며, 앞에서 묘사한 대로 억압에도 불구하고 맞서는 힘이 있음을 나타낸다.

---

[21] Kimberley Christine Patten and John Stratton Hawley, introduction to *Holy Tears: Weeping in the Religious Imagination*, ed. Kimberley Christine Patten and John Stratton Hawley (Princeton, NJ: Princeton University Press 2005) 12.

[22] 게일 홀스트워해프트는 "남성과 여성 모두 죽은 자들을 위해 울 수 있다. 그러나 여성이 더 오래 [그리고] 더 크게 운다"고 주장한다. Gail Holst-Warhaft, *Dangerous Voices: Women's Laments and Greek Literature* (London and New York: Routledge 1992) 1 참조. 또한 예레미야서 9장에 나타난 여성의 애도와 통곡을 다룬 나의 연구, Juliana Claassens, "Calling the Keeners: The Image of the Wailing Woman as Symbol of Survival in a Traumatized World", *Journal of Feminist Studies in Religion* 26, no. 1 (2010) 63-78과 *Mourner, Mother, Midwife: Reimagining God's Liberating Presence* (Louisville, KY: Westminster John Knox 2012) 18-30 참조.

이런 이야기들에 나타나는 여성 저항에 초점을 맞추다 보면 다른 형태의 저항도 있다는 것을 알 수 있다. 각 장의 두 번째 이야기는 여성 인물들이 수행하는 저항의 대안적 표현을 서술할 것이다. 이런 이야기들에서 우리는 옳은 편에 서는 여성, 환대와 기도를 활용하는 여성, 법 체제에 호소하는 여성, 속임수에 의존하기도 하는 여성의 사례를 볼 것이다. 이는 여성들을 비롯한 억압적인 상황에 처한 이들이 생존을 위해서 사용하곤 했던 방식이었다. 이런 전략에 공통적으로 나타나는 것은 여성들의 탄력성이다. 여성들은 자신들이 처한 상황에 굴하지 않고 창의성을 발휘하여 맞서 싸울 비폭력적인 방안들을 찾아낸다.

각 장의 두 이야기는 희생자가 되는 것과 주체가 되는 것 사이의 복잡한 상호 관련성을 보여 줄 것이다. 이것은 세계 여러 지역에서 여성이 직면한 현실에 대해 알려 줄 것이다. 희생자이면서 주체인 이 두 측면은 쉽게 분리되지 않는다. 각 장의 첫 번째 이야기에서 애도 행위는 주체성의 중요한 표현으로 매우 강력하다고 생각될 수 있다. 데니즈 애커만이 우리에게 상기시키듯이 고대 그리스에서 애도는 불법이었다. 그것은 "질서를 유지하는 국가의 능력과 권력을 위협한다"고 여겨졌기 때문이다.[23] 각 장의 두 번째 이야기에 나오는

---

[23] Denise Ackermann, "Lamenting Tragedy from 'The Other Side'", in *Sameness and Difference: Problems and Potentials in South African Civil Society*, ed. James R. Cochrane and Bastienne Klein, Cultural Heritage and Contemporary Change, Series 2, Africa, vol. 6 (Washington, DC: Council for Research in Values and Philosophy 2000) 224.

여성들이 실로 비극이라 하지 않을 수 없는 상황을 최대한 이용하기 위해 지혜를 짜내려 애쓸 때 그 노력에 얼마나 많은 눈물이 배어 있는지를 상상하는 것은 어렵지 않다.

대체 왜 성경 본문을 여성의 저항이라는 관점에서 보아야 할까? 첫째, 구약성경이 여성의 삶을 전하는 풍부하고 다양한 방식을 폭넓게 이해하도록 도와줄 것이기 때문이다. 앞에서도 말했듯이 여성을 곤경에 처해서 아무것도 할 수 없는 피해자로 보는 것은 너무도 쉽다. 그러므로 구약성경 속 여성의 저항에 초점을 맞추어 그들이 비인간적인 상황에 어떻게 크고 작은 방식으로 저항했는지 살펴볼 것이다. 이를 통해서 우리는 당시 여성들의 삶을 (그리고 지금의 여성들의 삶도) 보다 섬세하게 볼 수 있다. 여성들은 역사 속에서 자주 피해자였지만, 동시에 어느 정도의 주체성도 지니고 있었다. 이런 점에서 마사 누스바움의 다음과 같은 지적은 적절하다. 사람들은 "사회적 규범의 제약을 받지만, 규범들은 다원적이고 사람들은 규범에서 엇나간다. 남성과 여성들에게 문제가 많은 [성] 역할을 키우던 사회 속에서도 참된 남성과 여성은 이러한 관습을 전복시킬 여지를 찾고, 지혜롭게 사랑과 기쁨의 가능성을 창출해 낸다".[24]

두 번째로, 성경의 여러 부분에 나오는 서로 다른 이야기들을 읽으면서 배우는 것이 있다. 구약성경에 나타나는 여성의 저항이 비인간화에 맞서 자신을 주장하는 여성의 능력에 따라 그 표현과 강도가

---

[24] Martha C. Nussbaum, "Introduction: Feminism, Internationalism, Liberalism", in *Sex and Social Justice* (Oxford: Oxford University Press 1999) 14.

다른 다면적인 현상이었다는 점이다. 다양한 이야기에 반영된 각 상황은 다른 형태의 행동이 필요하다는 것을 보여 준다. 따라서 그때나 지금이나 여성 저항의 다채로운 성격을 우리가 더 잘 이해하게 해 준다.

세 번째로, 나는 성경의 이야기들이 전 세계 여성들에게 그들이 처한 복잡한 상황들을 숙고할 수 있는 공간을 제공한다는 것을 깨달았다.[25] 성경 본문은 여성들이 그들의 인간적 존엄이 침해당할 때 저항했던 다양하고, 복잡 미묘한, 그러나 강력한 수단들을 전해 준다. 이 본문들은 오늘날 여성들이 직면한 복잡한 문제들을 숙고하는 대화를 시작하는 데 도움이 된다. 세계 각지의 여성들, 각계각층의 여성들, 즉 피부색, 문화, 신념이 서로 다른 여성들이 권력에 맞서 자신의 존엄을 주장할 방법을 모색할 공동의 과제를 공유한다. 그 상황은 미묘하게 권력이 남용되는 경우일 수도 있고, 때로는 직접적으로 몸과 영혼을 공격하는 경우일 수도 있다.

이런 점에서, 우리가 처한 상황의 진실을 보여 주는 것은 다름 아닌 서사라고 주장했던 마사 누스바움의 말은 참으로 설득력 있다. 누스바움에 따르면, 문학적 창작과 그것을 통해서 "인간 보편의 경

---

[25] 존 바턴에 따르면, 고대 이스라엘에서 "이야기는 인간 주체의 도덕적인 삶에 관한 통찰을 제공하는 수단이었다. 그것을 통해 독자는 생각과 행동에 자극을 받았을 것이다". 바턴은 이렇게 쓰고 있다. 고대 이스라엘의 서사를 만든 저자들은 "인간의 윤리적 탐색이 구체적인 사례들에 기반을 두어야 한다는 것을 인식하고 있었다. 그리고 이야기하기의 풍부함을 통해서만 인간이 무엇인지를 이해하고 부분적으로만 예측할 수 있는 세계에서 제대로 된 선택을 할 수 있다고 여겼다". John Barton, *Understanding Old Testament Ethics: Approaches and Explorations* (Louisville, KY: Westminster John Knox 2003) 10-11.

험을 재현하는 것은 시간과 공간의 거대한 간극을 넘어 정서적 반응을 끌어낼 수 있다".[26] 따라서 서사는 "삶의 가능성들을 탐색하고 실험해 볼 수 있는 공간을" 창출한다. 우리가 이야기 세계로 들어갈 때, "문학작품의 독자나 관객들은 그것을 읽거나 보면서 그 세계를 읽고 자신을 읽거나 보는 것이다". 문학을 "시각적 도구"로 보았던 마르셀 프루스트를 인용하면서, 누스바움은 서사가 독자들로 하여금 개인의 현실들을 성찰하게 하며, 복잡한 윤리적 문제들에 직면하게 한다고 주장한다.[27] 이 점은 본서에서 선택한 성경의 이야기들을 살펴볼 때 분명해질 것이다.

개인적으로 내가 이 주제에 끌린 이유가 몇 가지 있다. 먼저, 현재 내가 살고 있는 곳인 남아프리카공화국의 상황 때문이다. 이 나라에서 나는 매일 여성들의 취약성에 직면한다. 후천면역결핍증(HIV-AIDS)은 젠더화된 유행병으로 불리며 (생물학적 요인과 사회적·문화적 요인 둘 다로 인해) 심신이 피폐해지는 이 질병에 여성들이 특히 더 걸리기 쉽다. 또한 아픈 이들과 죽어 가는 이들을 돌봐야 하는 부담을 지는 것은 여성들이다.[28]▶ 게다가, 더 많은 여성이 극단적 빈곤 상태에 처해 있고 빈곤의 현실이 성별에 따라 다른 영향

---

[26] Martha C. Nussbaum, *Upheavals of Thought: The Intelligence of Emotions* (Cambridge, UK: Cambridge University Press 2001) 247.

[27] 같은 책 243-44. 또한 Jacqueline Lapsley, *Whispering the Word: Hearing Women's Stories in the Old Testament* (Louisville, KY: Westminster John Knox 2005) 10-12를 참조하라. 여기서 랩슬리는 윤리를 "본문과 독자 사이의 만남"으로 이해한다. 이 만남을 통해 독자들은 이야기 속으로 들어가 등장인물들에게 공감을 경험한다.

을 미친다는 사실을 설명하는 용어로 "빈곤의 여성화"라는 말이 널리 쓰이고 있다.[29] 그리고 특히 성폭력은 여성들을 더 취약하게 만든다. 강간 피해자의 90퍼센트가 여성이고 가해자의 99퍼센트가 남성이라는 점에서 강간은 분명 젠더화된 범죄라 할 수 있다. 덧붙이자면, 남아프리카공화국은 전쟁 중이 아닌 나라 가운데 강간이 가장 많이 일어나는 나라 중 하나다. 따라서 이 주제는 매우 개인적인 주제이기도 하다.[30]

나는 현재 스텔렌보스 대학에 근무하면서 목회학 석사 과정 학생들에게 젠더, 문화, 종교에 대해 강의하는 영광을 누리고 있다. 특이한 점은 이 수업이 목회자가 되려는 학생들 모두가 들어야 하는 수업이라는 점이다. 이 수업의 목적은 미래의 목회자들이 특히 여성

---

[28] 베벌리 하다드는 HIV-에이즈가 젠더화된 유행병이라 불리는 이유를 간략하게 제시한다. "바이러스에 대한 여성들의 생물학적 취약성, 성관계에 있어 문화적으로 규정된 여성들의 종속적 지위, 성폭력의 높은 가능성" 등이 있다. Beverley Hadad, "Surviving the HIV and AIDS Epidemic in South Africa: Women Living and Dying, Theologising and Being Theologised", *Journal of Theology for Southern Africa* 131 (2008) 49.

[29] Valetine M. Maghadam, "The 'Feminization of Poverty' and Women's Human Rights", *Social and Human Sciencies Sector Papers in Women's Studies/Gender Research* (Paris: UNESCO 2005), http://www.cpahq.org/cpahq/cpadocs/Feminization_of_Poverty.pdf; Marcelo Medeiros and Joana Costa, "What Do We Mean by 'Feminization of Poverty'?", *International Poverty Center* (IPC) 58 (2008), http://www.ipc-undp.org/pub/IPCOnePager58.pdf도 참조.

[30] Louise du Toit, "Rumors of Rape: A Critical Consideration of Interpretations of Sexual Violence in South Africa", Stellenbosch Forum Lecture, February 25, 2013 참조. 뒤 투아는 남아프리카공화국의 강간 통계가 전쟁 중인 나라들의 강간 수치에 맞먹거나 심지어는 넘어선다고 주장한다.

들을 취약하게 만드는 어려운 문제들의 성격과 범위를 이해할 수 있도록 돕는 것이다. 게다가 이 수업은 학생들에게 이러한 현실을 변화시킬 방법을 모색하고 행동하도록 도전 의식을 북돋운다.

저항이 내 유전자의 일부가 된 또 하나의 이유는 내 인생 여정과 관련이 있다. 내가 발을 내딛기로 결정한 분야는 오늘날까지도 여전히 주로 남성들이 지배하고 있는 영역이다. 그래서 나에게 여성의 저항이라는 개념은 그저 이론의 문제가 아니다. 나는 남아프리카공화국의 네델란드 개혁교회에서 신학을 공부한 최초의 여성 가운데 한 명이다(1997년 졸업생 가운데 남학생은 28명이고 여성은 나 혼자였다). 그리고 미국과 남아프리카공화국의 여러 대학에서 가르치다가 2014년에 모교의 신학부에서 두 번째로 여성 정교수가 되었다. 존엄이 훼손당하는 상황 속에서 나의 목소리를 내고 자존감을 유지하기 위해 다른 여성들과 함께 분투해야 했던 시기였다.

나는 주디스 버틀러 같은 여성주의 학자들의 연구에서 깊은 영감을 받았다. 그래서 나 또한 나 자신과 다른 여성주의자들의 해방을 위한 투쟁을 피해자로 고통을 겪고 있는 개인이나 그룹으로 확장하는 데 깊이 헌신하게 되었다. 주디스 버틀러는 부당한 권력 구조 때문에 위태로운 상황에 처한 개인과 집단들이 서로 연대해 행동할 것을 제안한다. 인종, 성별, 계급, 성적 지향의 장벽을 넘어 동맹을 형성하여 불의에 다 함께 저항해야 한다.[31]

---

31 Judith Butler, *Precarious Life: The Powers of Mourning and Violence* (London: Verso 2004) 43-49.

마지막으로 여성의 저항이라는 주제가 나에게 중요한 이유는 다음과 같은 질문에 내가 진심으로 관심이 있기 때문이다. 우리가 타인의 존엄을 훼손하지 않으면서 어떻게 자신의 존엄을 주장할 수 있을까? '페미나치'라는 비방은 여성들이 너무 강력해진다고 생각하여 두려워하는 남성들이 만들어 낸 상상의 산물인가? 그리고 최근 몇 년, 또는 몇 달 동안 개인과 그룹이 불의한 구조에 저항하면서 우리의 관심을 끌었던 조직적이고 비공식적인 저항 행위들은 또 어떠한가? 남아프리카공화국에서 벌어지는 일을 예로 들어 보자. 최근에 (그리고 강력하게) 학생들이 케이프타운 대학에 있는 세실 존 로즈의 동상을 철거하라고 요구하고 있다. 물론 로즈는 대영제국을 상징하는 주요 인물이다.[32] (여기에는 케이프타운에서 카이로까지 아프리카 대륙을 잇는 철도를 연장하겠다는 원대한 계획도 들어 있다.) 나의 직장인 스텔렌보스 대학은 또 어떤가? '스텔렌보스 대학을 열어라'(#OpenStellenbosch) 운동은 백인(아프리카너) 이성애자 남성 집단 중심으로 대학이 운영되는 것을 강하게 비판하고 있다. 특히 이 탈식민주의적 저항은 때로 극단적인 요구, 예를 들면 서구-유럽 중심적 지식의 흔적을 모두 제거하기 위해서는 교육과정을 전면 개정해야 한다는 요구와 짝을 이룬다.

---

32 Ra'eesa Pather, "Rhodes Must Fall: The Movement after the Statue", *Daily Vox*, April 21, 2015, http://www.thedailyvox.co.za/rhodes-must-fall-the-movement-after-the-statue 참조. 대중적으로 이 운동을 묘사하는 데 '#로즈는무너져야한다'(RhodesMustFall)라는 해시태그가 사용된다.

이 연구의 중심에는 궁극적으로 다음과 같은 질문이 있다. 구약성경에 나타나는 여성의 저항을 섬세하게 이해함으로써, 어떻게 여성들과 불의한 체제 속에 살아가는 여러 집단에게 그들의 정체성을 재천명할 공간을 제공해 줄 것인가? 다른 한편으로는 다른 이에 대한 또 하나의 권력을 복원시키는 것이 아닌 방식으로 그것을 할 수 있을까?

아마도 나의 민족, 즉 남아프리카공화국 백인들(아프리카너)의 역사는 미래 세대들에게 중요한 교훈을 줄 수 있을 것이다. 남아공은 대영제국하에서 엄청난 수의 여성과 아이가 포로수용소에 갇혀서 죽는 막대한 인권 침해를 겪었다. (나치의 강제 수용소가 있기 40여 년 전이다.) 그러나 그후 새로 세워진 아프리카너 국민당은 그들 민족의 강화를 위해 인종차별정책(아파르트헤이트)의 건설자이자 집행자로 환생했다.

이러한 역사적 교훈은 우리의 저항이 가까이 있거나 멀리 있는 사람들에 대한 공감과 연민 같은 가치들과 결코 분리되어서는 안 된다는 점을 확인해 준다. 나의 바람은 구약성경에 나타난 여성의 저항이 연대의 힘에 관한 이해에 뿌리를 두고 있음을 보여 주는 것이다. 다시 말해 이 힘은 다양한 개인으로 이루어진 집단이 협력하여 지배 체제에 도전하고, 그것을 와해시키고 마침내 전복시키는 방법이다. 한나 아렌트는 "힘"(권력)을 "단순히 행동하는 것이 아니라 함께 행동하는 인간의 능력"이라고 정의했다. 이 정의를 가져와 에이미 엘렌은 이 "함께의 힘"(공동권력)을 "개별 성원들 사이의 관계를 특

징짓는 수용성과 호혜성에서 나오는 집단적 능력"의 개념으로 정의한다.[33]

『여성, 존엄을 외치다』가 현재 모습으로 성장하고 깊어지기까지 오랜 시간이 걸렸다. 이 주제를 처음 연구하기 시작한 것은 2005년의 논문「웃음과 눈물: 사라와 하가르 이야기에 나타난 카니발적 함의」[34]를 통해서였다. 그리고 알렉산더 폰 훔볼트 재단 덕분에 2015년 독일에서 안식년을 보내며 이 프로젝트를 마침내 완성할 수 있었다. 이 주제에 관해 처음 생각하기 시작한 이후 10년 동안 많은 일이 일어났다. 먼저 나의 저서『곡하는 여인, 어머니, 산파: 해방시키는 하느님을 다시 상상하기』[35]가 출간되었다. 또한 미국에서 가르치다가 남아프리카공화국으로 돌아와 스텔렌보스 대학에서 가르치게 되었으며, 딸이 태어났다. 그리고 여러 콘퍼런스에 참가하고, 수집된 많은 자료를 편집했다. 그러나 구약성경에 나타난 여성 저항이라는 주제는 내 마음 한편에 항상 남아 있었고, 특히 스텔렌보스 대학에 자리를 잡은 후에 이에 관한 논문을 여러 편 썼다. 이는 인간 존엄 증진에 관한 연구에 집중하는 스텔렌보스 대학의 희망 프로젝트의 넉넉한 연구비 지원 덕분이다. 지난 몇 달 동안 책을 위해 새로

---

[33] Allen, *The Power of Feminist Theory*, 126-27.

[34] L. Juliana Claassens, "Laughter and Tears: Carnivalistic Overtones in the Stories of Sarah and Hagar", *Perspectives in Religious Studies* 32, no. 3 (2005) 295-308.

[35] *Mourner, Mother, Midwife: Reimagining God's Liberating Presence* (Westminster: John Knox 2012).

쓰기도 하고 지난 몇 년간 작업해 온 아이디어를 모으기도 하면서 이 주제에 푹 빠져서 지낼 수 있었다. 하가르와 사라에 대한 마지막 장은 이 프로젝트를 위해 내가 쓴 마지막 글이다. 그렇게 함으로써 이 프로젝트가 처음 시작된 지점으로 돌아갈 수 있어서 매우 적절했던 것 같다. 10년 동안 한 사람이 얼마나 멀리 왔는지를 보는 것도 좋은 일이었다. 그동안 읽은 많은 책의 영향, 무수한 대화들, 두 나라에 살면서 겪은 많은 삶의 경험 덕분에 오래된 본문들을 새로운 방식으로 볼 수 있었다. 이 점을 염두에 두고서 구약성경의 흥미로운 이야기 속으로 함께 돌아가 보자. 이 이야기들은 폭력에 최종 결정권을 주기를 거부했던 용기 있는 여성들에 대해 말해 줄 것이다.

2015년 10월 3일
남아프리카공화국, 스텔렌보스에서

1장

전쟁의 폭력에 저항하다

1. 집단적 폭력 이해하기

전쟁과 테러 상황에서 일어나는 집단적 폭력은 비인간화의 가장 극단적인 형태일 것이다. 세계사에서 개인과 집단이, 심하게는 세계대전이 벌어질 때 마을 전체가 가공할 폭력으로 무참히 파괴되는 일은 드물지 않았다. 우리는 이런 잔인한 공격들을 신문에서 또는 이러한 사건을 기록하려는 역사책이나 서술에서 읽는다. 시엔엔CNN이나 유튜브 같은 매체, 이런 사건들을 엄청난 스케일로 담아낸 영화에서도 무장 충돌, 테러 공격, 대량 학살의 이미지들을 접한다. 거기서 우리는 너무 잘 알지만 잊고 싶어 하는 추악한 진실을 마주한다. 인간은 부상, 폭력, 죽음을 당하기 쉬운 존재라는 사실이다. 주디스 버틀러가 쓴 대로, "폭력은 최악의 질서가 지나간 자취이며, 타인에 대한 인간의 원초적인 취약성이 가장 끔찍하게 노출되는 방식이다. 스스로 통제할 수 없이 타인의 의지에 넘겨지는 방식이며, 타인의 고의적인 행동에 의해 삶 자체가 말살될 수 있는 방식이다".[1]

세계보건기구가 발간한 '폭력과 건강에 대한 세계자문회의' 자료는 폭력을 이렇게 정의한다.

> 폭력은 실제든 위협이든 자신이나 집단, 공동체를 향해 물리적 힘과 권력을 의도적으로 사용하는 것으로, 부상, 죽음, 심리적 상해, 성장의 저해와 박탈을 유발하거나 그럴 가능성이 큰 것이다.[2]

매년 세계에서 130만 이상의 인구가 온갖 형태의 (자해, 대인, 집단적) 폭력으로 인해 죽는다. 특히 집단적 폭력은 "국가, 민병대, 테러 조직 같은 큰 집단들이 정치·경제·사회적 목적을 달성하기 위해 가하는 도구적 폭력"을 가리킨다.[3]

20세기에는 전쟁이나 무장투쟁, 테러, 집단 학살, 갱단의 세력 싸움 같은 집단적 폭력이 유난히 많았다. 제2차 세계대전 이래 벌어진 총 190차례의 무장 갈등 중 4분의 1만이 국가 간 갈등으로 추산된다. 폭력과 건강에 대한 세계보건기구 보고서의 한 통계에 따르

---

[1] Judith Butler, *Precarious Life: The Powers of Mourning and Violence* (London: Verso 2004) 27-28.

[2] "WHO Global Consultation on Violence and Health" (1996) 4, 세계보건기구, "Global Status Report on Violence Prevention 2014", http://www.undp.org/content/dam/undp/library/corporate/Reports/UNDP-GVA-violence-2014.pdf, 2에서 인용.

[3] 같은 곳.

면, 20세기에 벌어진 폭력 중 최악의 사례 25건에서 1억9천만 명이 목숨을 잃었다. 이 가운데 60퍼센트는 이러한 전쟁, 테러, 집단 학살로 인해 직간접적으로 사망한 민간인들이었다.[4] 나의 고국인 남아프리카공화국을 포함해 세계 각지에서 일어나는 폭력은 물론, 최근 미국의 학교, 극장, 교회에서 일어난 총기 난사는 폭력이 더 이상 세계의 먼 곳에서 일어나는 일이 아님을 분명하게 보여 준다.

게다가 집단 간 폭력은 그 영향력이 매우 크다. 전쟁과 테러는 셀 수 없이 많은 시신을 남길 뿐 아니라 생존자들에게 심각한 외상과 깊은 심리적·정서적 상흔을 남긴다. 이와 관련하여 마르셀로 수아레스오로스코와 안토니우스 로벤은 이러한 정신적 외상이 사회 구조에 미치는 영향을 보여 준다. 다시 말해, 폭력적 공격에 연루되지 않았던 구성원들을 포함해 공동체 전체가 어떻게 정신적 외상을 입을 수 있는지 보여 준다. 더 나아가 이 두 사람은 "세대 간 정신적 외상 전이"를 밝혀냈다. 이는 집단 간 폭력의 사회적 결과를 가리키는 또 다른 현상으로, 정신적 외상 피해자 자녀가 외상의 충격을 경험할 때 발생한다.[5]

---

[4] World Health Organization, "Collective Violence", chap. 8 in "World Report on Violence and Health", 218, http://www.who.int/violence_injury_prevention/violence/global_campaign/en/chap8.pdf?ua=1.

[5] Marcelo M. Suárez-Orozco and Antonius C. G. M. Robben, "Interdisciplinary Perspectives on Violence and Trauma", in *Cultures under Siege: Collective Violence and Trauma*, ed. Marcelo M. Suárez-Orozco and Antonius C. G. M. Robben (Cambridge, UK: Cambridge University Press 2000) 24-25.

그러면 인류의 생명을 절멸시킬 가능성이 있고 생존자들의 영혼까지 망가트리는 이런 폭력에 맞서 우리는 어떻게 대응할 수 있는가? 「타임」이나 로이터 같은 언론사들은 매년 '올해 최고의 보도사진'을 선정한다.⁶ 충격적인 것은 대다수 사진에서 남자나 여자 그리고 아이들이 주체할 수 없이 통곡하고 있다는 것이다. 그들은 절망 속에 울부짖거나, 죽은 이들과 죽어 가는 이들을 애도하고 있다. 폭력을 맞닥뜨렸을 때 애도는 개인들이 할 수 있는 매우 인간적인 반응이다. 애도는 폭력의 잔인성에 대한 깊은 절망과 인간 조건의 취약성을 보여 준다. 버틀러가 말했듯이, "삶은 그 자체로 위태롭다. 의지에 의해서 또는 우연히 삶은 절멸될 수 있다. 삶의 지속을 보증할 수 있는 것은 아무것도 없다."⁷ 사진 속 남자, 여자, 아이가 애도하면서 목소리를 높이는 것은 그들이 당한 침해에 대한 분노이자, 그들이 사랑하는 모든 것을 파괴해 버린 폭력에 대한 항거다. 그러나 폭력에 대항할 다른 길은 없을까? 폭력을 종식시키기 위해서, 아니면 주디스 버틀러의 책 제목을 빌려 표현하면 "전쟁의 틀"을 깨뜨리기 위한 다른 방법이 있을까?

구약성경에는 개인과 그 개인들이 속한 공동체들에 끼치는 폭력의 영향과 그 실상을 잘 그려 낸 이야기가 많이 있다. 이어서 소개

---

6 "Time Picks the Top 100 Photos of 2014", *Time magazine*, 2014년 12월 17일 자, http://time.com/3599787/top-100-photos-of-2014/; "Best Photos of the Year 2014", Reuters, http://www.reuters.com/news/picture/2014/12/03/best-photos-of-the-year?articleID=USRTR4GLBU.

7 Judith Butler, *Frames of War: When Is Life Grievable?* (Brooklyn, NY: Verso 2009) 25.

할 리츠파(2사무 21장)와 아비가일(1사무 25장)의 이야기에서는 그들이 살던 세계를 지배했던 폭력의 체계에서 빠져나오려 노력한 개인을 발견할 것이다. 이 장에서, 나는 과거 폭력이 난무했던 이스라엘의 모습이 반영된 사무엘기의 두 이야기에 초점을 맞추고자 한다. 두 이야기에 모두 여성 인물이 등장하는데, 이들은 의도치 않게 폭력 상황에 처했지만 그 폭력이 자기 공동체에 미친, 또는 미치게 될 영향을 해결하고자 애쓴다. 두 이야기는 구약성경의 여성들이 가족과 그들의 공동체를 완전히 파괴할지 모를 전쟁의 폭력에 저항하는 매우 다른 방식을 생생하게 포착한다.

2. 리츠파의 애도(2사무 21장)[8]

사무엘기 하권 21장 1-14절에는 지독하게도 잔인한 폭력의 서사가 등장한다. 사울의 아들 둘과 손자 다섯이 살해되고, 시신은 토막 난 채 들판에 뿌려진다. 사울의 후손인 이들은 폭력의 악순환에 희생자가 되었다. 사실 이 사건은 저열한 정치학에 의해 촉발되었다. 기브온 사람들이 다윗에게 사울의 자손 일곱을 처형해 달라고 요구했다. 기브온 사람들과 이스라엘이 맺은 오랜 조약을 사울이 존중하지 않

---

[8] 이 장의 초고는 남아프리카공화국 스텔렌보스 대학에서 열린 "구약성경, 윤리, 인간의 존엄성" 학회 논문 모음집에 실린 바 있다. L. Juliana Claassens, "Violence, Mourning, Politics: Rizpah's Lament in Conversation with Judith Butler", in *Restorative Readings: The Old Testament, Ethics, and Human Dignity*, ed. L. Juliana Claassens and Bruce Birch (Eugene, OR: Wipf and Stock 2015) 19-36.

았기 때문이다. 폭력은 폭력을 낳고 오랜 불화는 복수로 되돌아온다.

그런데 이 대학살 한가운데서 최악의 인권유린이 일어난다. 죽은 자들을 제대로 매장하는 최소한의 예우조차 없었던 것이다. 바로 이 대목에서 우리는 아들을 잃고 통곡하는 어머니의 모습을 만난다. 이 가슴 아픈 이미지는 자녀를 잃는 재앙에 직면한 어머니들을 떠올리게 한다. 오늘날에도 매일 수천, 수백 명의 어머니가 자녀를 잃고 있다. 사무엘기 하권 21장 10절에서 죽은 사울왕의 부인이었던 리츠파는 사울의 딸인 메랍[9]이 낳은 아들들과 자기의 두 아들이 무자비하게 죽임을 당하자 애곡을 한다. 성경 본문은 리츠파가 "처음으로 보리를 거두어들일 때부터 그 주검 위로 비가 쏟아질 때까지"(10절) 6개월 동안 밤낮으로 자리를 지켰다고 말한다. 사실 이 이야기에서 리츠파는 큰 역할을 하지 않으며, 아무 말도 하지 않는다. 본문에서 기껏해야 한 문장 정도에 등장할 뿐이다. 그럼에도 리츠파는 성경 본문에서 폭력에 맞서 저항한 여성의 주요 사례라 할 수 있다.

1) 애도의 실패

사무엘기 하권 21장 1-14절의 이야기는 이스라엘 땅에 3년 동

---

[9] 셰릴 엑섬은 리츠파가 사무엘기 하권 21장 8절에서 애도하고 있는 것이 메랍의 아들인지 미칼의 아들들인지로 고대 사본 증거가 나뉜다고 지적한다. 마소라 본문은 "미칼"이라고 읽지만, 다른 고대 본문은 "메랍"이라고 읽는다. 아드리엘의 아내였던 "메랍"으로 읽는 것이 선호된다. 또한 사무엘기 하권 6장 23절에 따르면 미칼이 자녀가 없었다는 것도 "메랍"이라고 읽는 것을 지지해 준다. J. Cheryl Exum, "Rizpah", *Word & World* 17, no. 3 (1997) 263.

안 기근이 이어지자 다윗이 그 이유를 찾으려 했다는 이해하기 힘든 설명으로 시작한다. 화자는 일인칭 화법으로 하느님의 목소리를 끌어들여 사울의 집안이 저지른 피 흘림을 하느님이 못마땅하게 여기셔서 기근이 일어났다고 알려 준다. 여호수아기 9장에 따르면 기브온 사람들과 이스라엘 간의 조약에도 불구하고 사울이 열의를 내어 기브온 사람들을 몰살하려 했기 때문이다(1-2절).¹⁰ 다윗은 우주의 질서를 회복시켜 다시 비가 내리게 하려고, 분노한 기브온 사람들을 부른다. 그들은 다윗에게 사울의 후손들을 처형해 달라고 요구한다. 일말의 고뇌를 했다는 암시도 없이 다윗은 이 요구에 응한다(6절). 그렇게 사울의 아들 둘과 손자 다섯이 처형된다. '신개역표준성경' (NRSV)은 히브리어 동사 '야카'(*yqʻ* [찢다])를 "[나무에] 매달다"로 번역한다(2사무 21,9). 칠십인역(LXX)에 따라서 대안을 제시한다면 "그들의 시신을 흩어 버리다"로 번역할 수 있는데, 이것은 잔인한 학살이 일어난 후 시신이 토막 나서 들판에 버려졌음을 말해 준다.¹¹

---

10 마리테레즈 바커에 따르면, 고대 이스라엘의 세계관에서 피 흘림은 본질적으로 기근과 연결된다. 그녀는 창세기 4장 11-12절의 카인과 아벨 이야기를 언급한다. 거기서 땅은 그 입을 벌려 카인이 죽인 아벨의 피를 받아 내는데 그 결과 카인이 아무리 땅을 부쳐도, 땅은 그에게 수확을 내주지 않는다. Wacker, "Rizpah oder: Durch Trauer-Arbeit zur Versöhnung: Anmerkungen zu 2 Sam 21,1-14", in *Textarbeit: Studien zu Texten und ihrer Rezeption aus dem Alten Testament und der Umwelt Israels. Festschrift für Peter Weimar zur Vollendung seines 60. Lebensjahres mit Beiträgen von Freunden, Schülern und Kollegen*, ed. Klaus Kiesow and Thomas Meurer (Münster: Ugarit-Verlag 2003) 551.

11 Paula Gooder, "Remembering Rizpah", *Sojourners* (January 2004) 26. 14절은 사울의 아들들을 매장하기 위해 주검을 모았다고 하는데, 이런 언급은 칠십인역의 해석을 지지하는 것으로 보인다.

사울의 아들들을 제대로 매장하지 않았다는 것은 공동체가 폭력에 희생된 자들을 적절하게 애도하지 않았다는 말이다. 주디스 버틀러는 『위태로운 삶』에서 이처럼 상실을 제대로 애도하지 못하는 공동체의 모습을 성찰하면서, 9·11 이후 미국의 대응과 뒤이어 벌어진 이라크와 아프가니스탄 전쟁을 언급한다.[12] 버틀러는 폭력을 당한 모든 피해자가 동등하게 애도되는 것은 아니라는 점에서 공동체에서 애도의 실패가 슬픔의 위계와 깊은 관련이 있다고 주장한다. 버틀러에 따르면, 어떤 삶은 실재한다고 여겨지지 않는데, "실재하지 않는 사람들은 어떤 의미에서 이미 비실재화라는 폭력을 당한 것이다".[13] 이라크와 아프간에 주둔한 미국에 대해 언급하면서 버틀러는 죽고 애도되지 않은 수천 명의 이름 없는 이라크와 아프가니스탄 사람을 떠올리며 이러한 비실재화의 행위를 성찰한다.

담론의 차원에서 우선 주장되는 것은, 어떤 삶은 전혀 삶으로 여겨지지 않고, 인간으로 여겨질 수 없으며 인간에 대한 어떤 지배적인 틀에도 맞지 않는다는 것이다. 그들의 비인간화는 이 담론

---

[12] Butler, *Precarious Life*, 28-29. 여기서 버틀러는 지그문트 프로이트의 개념인 "애도와 우울"을 차용한다. 프로이트에 따르면, 우울(melancholia)은 슬픔이 해소되지 않을 때 그리고 사물, 사람 또는 이상을 상실했으나 애도하지 못할 때 발생한다. David L. Eng, "The Value of Silence", *Theatre Journal* 54, no. 1 (2002) 87도 참조. 나는 사울과 그 아들들의 유해를 매장하지 못한 것이 과거를 흘려보내지 못하는 것을 상징한다고 생각한다.

[13] Butler, *Precarious Life*, 33. 버틀러는 이어서 말한다. "그렇다면 이처럼 '실재하지 않는다'고 여겨지는 삶들과 폭력의 관계는 무엇인가? 폭력은 그러한 비실재성의 원인인가? 아니면 폭력이 그러한 비실재성의 조건에서 발생하는 것인가?"

의 차원에서 먼저 일어난다. 그다음에 그 차원이 물리적 폭력을 일으킨다. 이런 물리적 폭력은 어떤 의미에서 이미 문화 속에서 작동하고 있던 비인간화의 메시지를 전달하는 통로인 것이다. 걸프전과 그 여파로 이라크 아이들 20만 명이 죽었다면, 우리는 그중 한 사람의 삶에 대한 이미지, 어떤 장면을 개별적으로든 집단적으로든 가지고 있는가?[14]

사무엘기 하권 21장의 서사는 앞에서 말한 비실재화 과정을 잘 보여 준다. 사울의 아들들은 대부분 이름도 없이 나온다.[15] 우리는 그들이 사울의 아들이었다는 것 말고 아는 바가 없다. 죽어 간 이라크와 아프간 사람 수천 명에 대해서 버틀러가 질문한 것을 변주해 본다면, 우리도 사울의 아들들에 대해 이렇게 물을 수 있다. "그들에게도 이름과 얼굴, 개인사와 가족, 취미, 좌우명 같은 것들이 있는가?"[16] 이들 한 사람 한 사람을 인간으로 여기게 해 줄 서사적 틀이 부재했기 때문에 다윗이 그렇게도 쉽게 사울의 아들들을 죽게 넘겨줄 수 있었던 것은 아닐까 하고 우리는 묻지 않을 수 없다.[17]▶ 무엇보다 그들의 몸이 폭력으로 찢겨진 후 제대로 묻히지도 못하고 들판에 버려졌다는

---

14 같은 책 34.

15 리츠파의 두 아들은 아르모니와 므피보셋이라고 이름이 나온다(8절). 그러나 메랍의 다섯 아들은 이름이 나오지 않는다. 리츠파의 아들들의 이름이 그나마 기억될 수 있었던 것은 그녀의 맹목적인 애도 행위 덕분일 것이다. 이 장 후반부에서 언급하겠지만, 이것이 그들을 추모하는 기능을 한다.

16 Butler, *Precarious Life*, 32.

묘사에서 우리는 그들이 비인간화되었음을 생생하게 볼 수 있다.

버틀러는 피해자에 대한 애도의 실패와 이러한 비실재화 사이에 연관성이 있음을 보여 준다. 버틀러는 안티고네 이야기에서 크레온왕이 공적인 애도 행위를 금하는 포고령을 내린 것을 두고 이렇게 쓴다. "(안티고네에서 크레온이 말했듯이) 공개적으로 슬퍼하는 행위는 없을 것이다. 만약 어떤 '담론'이 있다면, 그것은 어떤 삶과 어떤 상실도 담아내 본 적 없는, 조용하고 음울한 담론이다. 공통의 신체적 조건도, 우리의 공통성을 불안하게 할 근거가 되는 취약성도 담아낸 적이 없는 담론이다. 그리고 그런 공통성이 분열되는 일도 없었다."[18]

그뿐 아니라 애도에 실패하거나 특정 상황에서 애도를 금지하는 것이 부메랑처럼 되돌아와 공동체를 위협할 수도 있다고 버틀러

◀17 다윗이 요나탄의 아들 므비보셋의 목숨을 살려 준 것은 요나탄에게 그가 맹세를 했기 때문이다. 성경 본문은 이 언급에서 다윗과 사울을 대조하고 있는지도 모른다. 다윗은 자신이 한 맹세를 깨지 않은 반면, 이 본문에서 사울은 기브온 사람들과 한 약속을 깼다고 전해지기 때문이다. Wacker, "Rizpah", 552 참조. 반면 엑섬이 주장한 대로, 다윗이 므비보셋의 목숨을 살려 둔 것은 신체장애가 있었던 므비보셋이 자신의 왕위에 위협이 되지 않으리라 생각했기 때문일 수도 있다. 같은 책 266. Athalya Brenner, "I Am the Glow: Rizpah Daughter of Ayah", in *I Am: Biblical Women Tell Their Own Stories* (Minneapolis, MN: Fortress Press 2004) 120-32, 특히 127도 참조. 여기서 더 나아가, 서사적 틀이 공통의 관계성을 형성해 주는 중요한 역할을 한다고 강조한 주디스 버틀러의 관점에서 보면, 다윗이 므비보셋에게 자비롭게 행동한 것은 므비보셋의 아버지 요나탄과 다윗의 개인적 관계 때문일 수도 있다. 이러한 개인적 관계가 다윗이 그 아들을 인간적으로 대하도록 해 주었을 수 있다.

18 Butler, *Precarious Life*, 36.

는 지적한다. 공적인 애도 행위가 없으면 과거의 잘못을 바로잡기 위해 더한 폭력을 쓰고 싶은 유혹도 생길 수 있다.[19] 버틀러는 이렇게 주장한다. "애도를 두려워할 때, 두려움은 재빨리 슬픔을 해소하려는 충동을 불러일으킬 수 있다. 상실을 회복하고 세상의 질서를 전처럼 복원한다는 명분하에 슬픔을 없애 버리거나, 예전 세상에는 질서가 있었다는 환상을 주입하려 한다."[20]

사무엘기 하권 21장에서 폭력의 악순환이 기근을 초래하는 가뭄과 어떻게 연결되는지 알 수 있다. 그리고 화자의 마음속에 이 가뭄은 사울이 저지른 불의로 인해 세상의 질서가 뒤집혔다는 상징이 된다. 땅을 더럽힌 무질서를 복원한다는 미명하에 폭력이 자행된다. 더욱이 이야기의 시간에서 과거로 거슬러 올라가 보면 사울과 그 아들 요나탄도 제대로 묻히지 못했음을 상기할 수 있다(1사무 31장). 어떻게 보면 공동체가 사울과 요나탄의 죽음을 제대로 애도하지 못한 것이 되돌아와 더한 폭력을 표출하게 만들었다고도 할 수 있다.[21]

게다가 사울의 아들들이 비인간적인 죽음을 맞으면서 이 피해자들의 비실재화로 인해 폭력이 끝없는 전쟁으로 되살아날 위험까

---

19 같은 책 33-34. Eng, "The Value of Silence", 88도 참조. 여기서 엥은 애도의 실패를 9·11 이후 미국의 대응과 연결시켜 논의하고 있다.

20 Butler, *Precarious Life*, 29-30.

21 J. 셰릴 엑섬에 따르면, 사무엘기 하권 21장에서 사울은 죽은 후에도 이야기를 계속 지배하고 있다. 사울이 기브온 사람들에게 저지른 폭력이 보복으로 되돌아와서 그의 아들과 손자들이 잔인하게 처형된다. Exum, "Rizpah", 262 참조. 다윗이 죽은 사울과 요나탄을 위해 곡을 하면서 애도해 줄 여인들을 부르긴 했지만(2사무 1,11-27), 이들을 매장하지 않은 것은 공동체가 그들의 죽음을 제대로 애도하지 못했음을 상징적으로 보여 준다.

지 생겼다. 바로 이 점에서 기브온 사람들이 피의 제물로 요구한 이 잔인한 죽음이 가뭄을 끝내는 원하는 결과를 얻지 못한 것은 의미심장하다. 바로 이 순간에 리츠파가 이야기 속으로 들어온다.

2) 저항과 애도

사무엘기 하권 21장 10절, 이 단 한 구절에서 우리는 리츠파가 무엇을 했는지 보게 된다. 그녀는 사울의 후처 또는 첩(*pileges*)으로, 폐위된 사울왕의 가족이고, 이제는 자식도 없는 과부 신세니 힘이 전혀 없었다. 리츠파도, 공동체의 다른 여인들도 이 폭력적인 학살을 멈추기 위해 아무것도 할 수 없었다. 그런데 10절에서 가족에게 닥친 폭력에 저항하여 그녀가 뭔가를 하고 있음이 드러난다.

> 아야의 딸 리츠파는 자루옷을 가져다가 바위 위에 펼쳐 놓고 앉아, 처음으로 보리를 거두어들일 때부터 그 주검 위로 비가 쏟아질 때까지, 낮에는 하늘의 새가 밤에는 들짐승이 그 주검에 다가가지 못하게 하였다.

이 한 구절이 리츠파가 어떻게 사울의 죽은 아들들을 공개적으로 애도하러 나섰는지를 보여 준다. 그녀는 6개월이란 시간 동안 자기 아들들은 물론 다른 어미의 아들들의 시신까지 새들이 공격하지 못하도록 막아 낸다. 리츠파는 애도할 때 입는 전통적인 자루옷을 바위 위에 펼쳐 놓고 죽은 이들의 주검을 지켜 낸다. 모든 것을 황폐화시

키는 가뭄으로 바짝 말라붙은 땅이 애도를 하고 있는 내내, 리츠파는 아들들을 위해 애도한다.[22]

이 본문이 말하지 않은 것이 많이 있다. 예를 들어 리츠파의 목소리는 전혀 들리지 않는다. 폭력으로 죽은 희생자들을 애도하는 그녀의 행동은 침묵하는 것이다.[23] 자식을 여읜 어머니가 목소리를 높여 통곡하는 모습만큼이나 소리 없이 우는 모습을 상상하는 것은 어렵지 않다. 그래서 리츠파의 애가는 시대를 넘어 사랑하는 이의 죽음을 애도하는 여성의 맥락에서 이해되어야 한다. 루이스 리비에라 페이건은 "전쟁 이후" 여성들의 애도가 어떻게 "인간 사이의 갈등을 무력으로 조정하려는 끊임없는 경향에 맞서는 수단이 되어 왔는지" 이야기한다.[24] 킴벌리 크리스틴 패튼과 존 스트래튼 홀리는 고대 일

---

[22] Wacker, "Rizpah", 557-59. 바커는 하늘에서 비가 내린다는 언급은 땅의 애도와 리츠파의 애도 둘 다 끝났음을 나타낸다고 말한다.

[23] 리츠파의 침묵을 어떻게 해석하는가가 관건이다. 한편으로, 낸시 리의 말처럼, "유대의 통상적인 애도 의식에서는 일정 기간 침묵이 존중되고 지켜졌다." Nancy Lee, *Lyrics of Lament: From Tragedy to Transformantion* (Minneapolis, MN: Fortress Press 2010) 12. 다른 한편으로, 리츠파가 침묵하는 것은 그녀의 행동과 발언을 성경의 증인들이 보도하지 않았기 때문일 수도 있다. Brenner, "I am the Glow", 202 참조. 브레너에 따르면, 리츠파가 침묵하는 증인이라 해서 수동적이라고 볼 수는 없다.

[24] Luis N. Riviera-Pagan, "Woes of Captive Women: From Lament to Defiance in Times of War", in *Lament: Reclaiming Practices in Pulpit, Pew, and Public Square*, ed. Sally A. Brown and Patrick D. Miller (Louisville, KY: Westminster John Knox 2001) 121-34, 인용된 문장은 130. 또한 Gerald West, "Reading on the Boundaries: Reading 2 Samuel 21,1-14 with Rizpah", *Scriptura* 63 (1997) 530 참조. 웨스트는 리츠파가 "전 세계의 여성들이 하는 일, 곧 죽은 자를 돌보는 일을 하고 있다"고 주장한다. Lee, *Lyrics of Lament*, 152 참조. 리는 어느 문화에서나 "이 임무를 맡은 것은 여성들이었다"고 지적한다.

본, 그리스, 멕시코뿐 아니라, 현대 인도, 그리스, 이란에도 전문적으로 곡하는 여인들이 있음을 지적한다. 고대나 현대의 여러 사회에서 공적이고 공동체적으로 애도하는 현상, 특히 장례식에서 곡하는 의식이 있고 그 일은 주로 여성들과 관련되었다는 사실은 충분히 입증되었다.[25] 성경 전통에서도 우리는 여성 애도자들의 사례를 많이 발견한다. 예를 들면, 사울과 요나탄이 죽었을 때 애도하러 온 이스라엘의 딸들이 있고(2사무 1,24), 예레미야서 9장 17-20절에서는 바빌론의 침략 이후 백성이 경험한 아픔과 고통을 눈물과 애도로 표출했던 곡하는 여인들이 나온다.[26]

리츠파가 죽은 아들들을 위해 애도하는 모습을 우리가 머릿속으로 생생하게 그려 볼 수 있도록 도와줄 흥미로운 예가 있다. 피터 패리스는 가나에서 있었던 한 젊은이의 장례식을 회상한다. 장례식 동안에 마을 어귀 아름드리나무숲 아래 관이 열린 채 놓여 있었다. 패리스는 슬퍼하는 한 여인이 앞으로 나와 그 청년의 죽음을 어떻게 애도했는지 묘사한다.

---

[25] Kimberly Christine Patton and John Stratton Hawley, introduction to *Holy Tears: Weeping in the Religious Imagination*, ed. Kimberley Christine Patton and John Stratton Hawley (Princeton, NJ: Princeton University Press 2005) 12.

[26] 곡하는 여인들이 하는 역할을 살펴보려면, L. Juliana Claassens, *Mourner, Mother, Midwife: Reimagining God's Liberating Presence* (Louisville, KY: Wesminster John Knox 2012) 18-30 참조. 애가에서 백성의 고통을 노래한 시온의 딸들의 핵심 역할이 무엇인지 보기 위해서는 Lee, *Lyrics of Lament*, 31-32 참조. Fokkelien van Dijk-Hemmes, "Traces of Women's Texts in the Hebrew Bible", in *On Gendering Texts: Female and Male Voices in the Hebrew Bible*, ed. Athalya Brenner and Fokkelien van Dijk-Hemmes, Biblical Interpretation Series 1 (Leiden: Brill 1993) 83-86도 참조.

그녀의 온몸이 슬픔의 무게로 산산이 부서진 듯 보였다. 예식 내내 그녀는 조용하고 차분하게 관 주위를 돌며 춤을 추고 팔을 곱게 뻗어 관을 끌어안으려 했다. 나는 그 전에도, 그 후에도 그렇게 아름다운 애도를 본 적이 없었다. 장례식 전체가 그리고 참석자 모두가 마치 슬픔에 찬 여인이 몸을 움직이면서 풍기는 아우라에 끌려가는 것 같았다. 그녀의 믿음은 슬픔과 사랑으로 죽음이라는 차디찬 현실에 맞서고 있었다.[27]

리츠파가 한 애도가 무슨 내용이었는지 우리는 알 수 없다. 낸시 리는 『애도의 노랫말』에서 고대부터 현대까지 세계 전역의 애가들을 수집했다. 이 선집은 어머니 리츠파가 아들들의 주검을 지키면서 입으로 내뱉었을 슬픔을 우리가 상상하도록 도와준다. 예를 들어, 성경의 애가에서 우리는 바빌론 제국의 손아귀에서 백성들이 겪은 끔찍한 폭력의 고통을 시온의 딸이 어떻게 표현했는지를 발견한다.

주님, 제 고통을 보소서, 원수가 의기양양해합니다.
보소서, 주님, 살펴보소서, 제가 멸시만 당합니다.

---

27 Peter J. Paris, "When Feeling Like a Motherless Child", in *Lament: Reclaiming Practices in Pulpit, Pew, and Public Square*, ed. Sally A. Brown and Patrick D. Miller (Louisville, KY: Westminster John Knox 2001) 119. 또한 Brenner, "I Am the Glow", 122, 131도 참조. 브레너는 이 대목에서 리츠파가 '매'(falcon)를 뜻하는 '아야'의 딸이라 불리는데, 그래서 새들에게 아들들의 시신을 더 모독하지 말고 지켜 달라고 요청할 수 있었을 것이라고 상상한다.

> 길을 지나가는 모든 이들이여, 살펴보고 또 보시오. 당신의 격렬한 진노의 날에 주님께서 고통을 내리시어 내가 겪는 이 내 아픔 같은 것이 또 있는지(애가 1,9ㄷ.11ㄷ-12).

그리고 초기 이슬람 애가에서 라합은 남편 후세인의 죽음을 이렇게 애도한다.

> 밝은 빛이었던 그가 죽임을 당했네
> 카발라에서 살해되어 묻히지도 못하네
> 예언자의 후손이여, 하느님께서 당신에게 갚아 주시기를
> 당신의 행적을 따져 보는 그날에 심판을 피할 수 있기를
> 당신은 산처럼 견고했기에, 나는 그곳으로 피신할 수 있었네
> 당신은 신앙을 따라 언제나 우리에게 친절을 베풀었네
> 오, 이제는 누가 고아를, 탄원하는 자를 위해 나설 것인가?
> 이 비참한 이들이 누구에게 보호받으며 누구에게서 피난처를 찾을 것인가?[28]

이 애가들을 보면, 여러 문화의 애가에 있는 공통점을 발견할 수 있는데 이는 리츠파의 애도를 해석하는 하나의 틀이 될 수 있다. 예를

---

[28] Lee, *Lyrics of Lament*, 38에서 재인용. Lynda Clark이 이 애가를 영어로 번역했으며, 그녀의 에세이 "Elegy on Husayn: Arabic and Persian", *Alserat* 12 (Spring and Autumn 1986) 20-36에서 볼 수 있다.

들어, 낸시 리에 따르면 사랑하는 이의 비극적인 죽음에 대한 원망, 죽었다는 사실과 어떻게 죽었는지 ― 특히 폭력으로 인한 것일 때 ― 에 대한 언급, 슬픔의 표현과 통곡 같은 공통된 모티프가 나타난다. 앞에서 언급한 예시 중 두 번째 애가에서 죽은 이를 향한 직접화법을 볼 수 있는데, 여기에는 죽은 이에 대한 칭송과 신을 향한 호소가 포함되어 있다.[29]

　리츠파의 애도가 덧없게 느껴질 수도 있다. 이미 끔찍한 폭력이 그녀의 아들들과 메랍의 아들들의 목숨을 앗아 갔기 때문이다. 물론 그녀의 애도로 아들들이 되살아오지 않는 것은 분명하다. 그러나 주디스 버틀러가 지적했듯이, "비통해하는 것, 비통함 자체를 정치를 위한 자원으로 바꾸는 것은 행동하지 않는 것이 아니라, [한 개인이] 고통 그 자체와 동일시되는 지점까지 나아가는 더딘 과정으로 이해될 수 있다."[30] 그러므로 리츠파의 애가는 폭력에 맞서는 저항이 무엇인지, 그 성격을 이해하는 중요한 관점을 우리에게 제공한다.

　첫째, 리츠파는 애도함으로써 존엄을 파괴하는 폭력의 영향을 뛰어넘을 수 있었다. 이는 인간이라면 누군가의 인간적 존엄을 훼손하고, 침해하고, 가로막으려는 어떤 힘들에도 저항한다는 보편적 진리를 입증한다. 리츠파의 애도에 나타난 저항의 행동은 비록 그것이 희생자의 상황을 결정적으로 바꾸지는 못한다 하더라도 애도하는

---

[29] 같은 책 52. 낸시 리는 일부 애가에는 "정의에 대한 요구, 보복 또는 저주"도 나타난다는 것을 보여 준다.

[30] Butler, *Precarious Life*, 30.

사람 자신은 인간됨이 무엇인지에 대한 기본적인 감각을 유지하고 있음을 드러내는 표지다. 낸시 리가 썼듯이, "애가는 본질적으로 사람들에게 카타르시스적 수단을 통해서 고통의 모든 측면을 표현하고 고난을 겪는 사람의 인간성과 가치 그리고 존엄을 가능한 한 지키도록 도와준다".[31] 광야에서 밤을 지새우며 애도한 데서 알 수 있듯이 매우 어려운 상황에서도 리츠파는 폭력에 맞서는 엄청난 용기를 보여 주었다.

둘째, 리츠파의 애도는 이미 저질러진 불의에 대한 조용하지만 공개적인 저항이며, 행위를 통해 공동체 전체에 영향을 미치는 폭력의 무의함을 증언하는 역할을 한다.[32] 제럴드 웨스트는 수동적 저항에 대한 제임스 스콧의 연구를 인용하여 리츠파의 애도를 해석한다. 리츠파의 애도는 권력자들의 지배 이데올로기와 신학에 맞서는 하나의 '숨겨진 기록'이다.[33] 웨스트에 따르면, 리츠파의 애도는 "권력을 가진 남자들이 살아 있는 자들을 살피지 않는 동안, 그리고 바로 그랬기 때문에 죽은 자들을 돌보았다"는 점에서 여성 저항의 으뜸 사례다.[34] 또한 마리테레즈 바커는 리츠파가 한 저항의 행위는 들

---

[31] Lee, *Lyrics of Lament*, 27.

[32] 같은 곳. 낸시 리는 "애도는 … 불의에 주의를 기울이라는 외침이며, 불의를 멈추고 희생자들을 위로하라는 고뇌에 찬 청원이며, 신에게는 물론 공동체, 나아가 세계를 향해서까지 이러한 불의에 개입하라고 요구하는 호소다."

[33] West, "Reading on the Boundaries", 530.

[34] 같은 곳. 또한 Brenner, "I Am the Glow", 127-27도 참조. 브레너는 리츠파의 애도를 비언어적인 저항의 오랜 전통의 흐름에서 바라보고 있다.

짐승과 날짐승을 향한 것일 뿐 아니라 다윗왕에 맞선 것이라고 지적한다.[35]

그러나 리츠파의 저항이 위험하지 않았던 것은 아니다. J. 셰릴 엑섬은 주디스 버틀러가 고전 안티고네 이야기에 대해 쓴 것을 리츠파의 애도와 연결시켜 인용한 바 있다.[36] "안티고네는 크레온왕의 칙령을 어기고 죽음의 위험 속에서 오빠의 장례를 치른다. 때는 왕이 권력이 강해지고 패권 국가로서 통합을 이뤄 가던 시기였다. 안티고네는 공적 애도를 금하는 명령에 도전하는 정치적 위험을 무릅쓴 모범이다."[37] 권력자들은 애도가 위험하다는 것을 잘 알고 있다. 여성들의 애도와 같은 '숨겨진 기록'을 가리키는 스코트의 잘 알려진 표현을 빌려 말하자면, "약자들의 무기"는 변화를 요구하고 권력 남용을 멈추라고 외치는 목소리들의 걷잡을 수 없는 물결을 촉발시킬 수 있다.[38] 그러므로 우리는 어떻게 리츠파가 아들들이 당한 폭력적인

---

35 Wacker, "Rizpah", 557-58.

36 Exum, "Rizpah", 261. 엑섬은 리츠파 이야기를 오빠들의 죽음을 애도한 안티고네 이야기와 연결시켜 읽어 낸다.

37 Butler, *Precarious Life*, 46. 또한 Bonnie Honig, "Antigone's Two Laws: Greek Tragedy and the Politics of Humanism", *New Literary History* 41, no. 1 (2010) 8-10, 특히 5쪽 참조. 호니그는 안티고네 서사를 버틀러가 적용한 방식이 새로운 (필멸론적) 휴머니즘의 근거가 된다고 비난한다. 또한 18쪽에서 호니그는 "애도 속에서 소리와 외침의 보편적인 휴머니즘을 찾으려는 이들과 달리, 나는 안티고네의 장송곡이 당파적인 정치적 개입이라고 주장해 왔다"고 밝힌다. 나아가 그녀는 "안티고네는 어머니가 아니다. 그녀는 어머니가 되기를 거절하고 그녀가 절대로 어머니가 되지 못하리라는 사실을 애도한다"라고 지적한다.

38 Lee, *Lyrics of Lament*, 24.

죽음을 애도해야 하는 의무를 날마다 스스로 부과하며 이어 갔는지를 알게 된다. 그녀는 공동체로 하여금 사울의 아들들이 당한 비극적 죽음에 직면해서 그 죽음들을 적절하게 애도할 수 있도록 나섰다는 점에서 애도를 온몸으로 구현한 모범으로 남을 것이다.

셋째, 리츠파의 애도는 사울의 아들들이 겪은 비실재화에 저항하는 강력한 수단이다. 그녀의 애도는 폭력의 희생자들을 위한 일종의 부고다. 여섯 달을 이어 간 그녀의 농성 덕분에 메랍의 아들들과 그녀의 아들들이 완전히 지워지지 않았다.[39] 주디스 버틀러는 부고의 본질에 대해 이렇게 말하고 있다.

> [부고는] 어떤 삶을 공적으로 애도할 만한 삶이 되게 하거나, 되지 못하게 하는 수단이며, 삶을 주목할 만한 가치 있는 것으로 만드는 수단이다. ⋯ 이 문제는 간단하지 않다. 삶이 애도할 만하지 않다면, 그것은 사실상 삶이 아니며 언급할 가치도 없기 때문이다. 그런 삶은 매장될 수 없는 삶이 아니라 해도, 이미 매장되지 못한 삶인 것이다.[40]

폭력에 희생당한 일곱 사람을 위해서 리츠파가 공개적으로 애도했

---

39 Brenner, "I Am the Glow", 127. 브레너는 리츠파의 목소리를 일인칭 화법으로 들려준다. "나는 아이들을 그들의 운명에서 구해 내지 못했다. 그러나 나는 그들에 대한 기억을, 무엇보다 내 아들들의 기억은 구해 낼 수 있었다. 왜 메랍의 아들들의 이름은 기록되지 못했는데, 내 아들은 이름이나마 기록되었겠는가?"

40 Butler, *Precarious Life*, 34.

기 때문에 그녀의 아들과 양자들의 삶은 인정되고 망각 속으로 사라지지 않을 수 있었다. 앞서 남편의 죽음을 애도한 라합의 애가에서 보았듯이, 우리는 리츠파가 이 젊은이들의 생애에 대한 소소한 이야기들을 들려주는 모습을 상상할 수 있다. 이것은 그들의 인간성을 다시 한번 재천명하는 기능을 한다. 다음에 나오는 현대 중국의 애가는 바로 이 점을 잘 보여 준다. 이 애가는 텐안먼 광장에서 총에 맞아 죽은 아들을 두고 그의 어머니(익명)가 부른 것인데, 낸시 리가 수집한 애가 중 하나다. 「아이를 안고 울다: 아홉 발을 맞고 죽은 아이를 위하여」의 마지막 부분에서 자식을 잃은 어머니는 총에 맞은 아들을 보는 충격과 아픔을 이렇게 외친다.

> 그들이 너더러 폭도란다
> 그들이 하는 말이지
> 네가 이천만이 목숨 바쳐 지은 위대한 궁궐을 파괴했단다
> 허나
> 이 어미는 안다
> 네가 얼마나 순수한 아이인지를
> 어제 어미의 손을 끌며
> 같이 공원에 가자고 조르던[41]

---

[41] "Crying over Child: To the Child Killed by Nine Gun Shots"는 Lee, *Lyrics of Lament*, 36에서 인용.

1장 전쟁의 폭력에 저항하다

죽은 아들의 어릴 적 모습을 떠올리는 이 중국인 어머니와 같았을 수많은 어머니를 떠올리며 리츠파의 애가를 상상해 보자. 이렇게 상상하는 것은 폭력의 희생자들의 인간성을 재천명하는 대안적인 이야기 틀이 될 것이다. 다음에서 보겠지만 이처럼 비인간화에 저항하는 행위에는 중요한 변혁의 힘이 있다. 이 점에서 리츠파의 애도는 그녀의 행위를 서술한 단 한 구절의 서사를 넘어서는 중요한 의미를 띠고 있다.[42]

3) 애도와 변혁

리츠파는 잔인하게 살해당한 아이들을 애도하면서 6개월 동안 농성을 했다. 이렇게 사울의 아들들과 손자들의 삶을 앗아 간 폭력을 애도하겠다는 그녀의 굳은 결단은 그것을 목격한 모두에게 변혁의 힘을 보여 주었다. 주디스 버틀러는 애도와 변혁이 관련됨을 이렇게 말한다. "그런 요구를 통해서, 그런 청원을 통해서 우리는 이미 새로운 존재가 된다. 우리는 바로 그러한 말걸기, 즉 가장 넓은 의미에서 언어로 표출되는 타인을 향한 필요와 욕망으로 구성되기 때문이다. 그러한 타인 없이 우리는 존재할 수 없다. … 그것은 무엇인가 '되기'를 요청하는 것, 변화를 부추기는 것, 언제나 타인과의 관계 속

---

42 엑섬은 리츠파의 행동이 "절대적으로 중추적인 역할을 하는 이유는 그것이 사건의 전개 과정을 완전히 바꾸어 놓았기 때문이다"라고 지적한다. Exum, "Rizpah", 261 참조. 그녀는 또한 이렇게 말한다. "이야기는 하느님의 불만, 속죄 그리고 위안으로 이어지는 인과관계를 설정하고 있었는데, 그 설정이 죽은 자들에게 그에 걸맞은 경외를 보내는 리츠파의 놀라운 모습에 의해 갑자기 깨진다." 같은 책 267.

에서 미래를 청원하는 것이다."[43]

 마침내 비가 내리기 시작할 때 우리는 하느님께서 리츠파의 외침을 들으시고 그녀의 애도를 보셨음을 알게 된다.[44] 앞에서 지적했듯이, 비는 기브온 사람들이 요구한 피의 희생으로 인해 내린 것이 아니라 리츠파의 애도와 밀접하게 연결된 것이다. 10절에 따르면, 리츠파는 그녀의 외로운 항의 농성을 비가 다시 내리기 시작할 때까지 꾸준히 이어 갔다. 다시 비를 내려 주는 하느님의 반응은 질서가 회복되었다는 상징으로, 폭력의 피해자들을 공동체가 충분히 애도했다는 뜻이다. 그리고 이 과정을 주도한 것은 다름 아닌 리츠파의 애도였다.[45]

 그뿐 아니라, 리츠파의 애도에는 다윗왕을 변화시킬 정도의 힘이 있었다.[46] 중요한 것은 그녀의 아들과 메랍의 아들들을 위해 농성

---

[43] Butler, *Precarious Life*, 44.

[44] West, "*Reading on the Boundaries*", 530 참조. 웨스트에 따르면, "하느님은 리츠파와 죽은 이들의 소리 없는 외침을 들으셨는데", "이렇게 먼저 하느님께서 반응하시자, 리츠파와 죽은 자들에게 비가 내렸고(10절), 그러고 나서야 (우리가 바라는 대로) 다윗도 더 믿을 만하고 책임감 있고 자비로운 신학을 깨닫고서 응답한 것이다". 같은 책 531.

[45] Exum, "Rizpah", 267. 비를 다시 내리는 하느님의 행위는 하느님 안에서 변화가 일어났다는 신호일지도 모른다. 하느님은 이때까지도 사울을 계속해서 벌주고 있는 것으로 보이기 때문이다. 사울의 가문 남자들 모두가 때 이른 죽음을 맞았으며 미칼은 자식도 없이 죽는 서러운 운명을 견뎌야 했다. 같은 책 266 참조.

[46] 아달랴 브레너는 리츠파가 다윗을 교육시키는 도구였다고 말한다. "Rizpah [Re]Membered: 2 Samuel 21,1-14 and Beyond", in *Performing Memory in Biblical Narrative and Beyond*, ed. Athalya Brenner and F. H. Polak (Sheffield, UK: Sheffield Phoenix 2009) 207-8 참조. Gooder, "Remembering Rizpah", 28도 참조.

을 한 리츠파에 반응해서 마침내 다윗왕이 폭력에 희생당한 이들을 제대로 매장하여 그들의 존엄에 맞는 예우를 하지 않을 수 없었다는 사실이다. 이런 행동을 통해 사울의 아들들의 인간성은 조금이나마 회복될 수 있었다. 게다가 리츠파가 한 일을 듣고서 다윗이 사울왕과 그 아들 요나탄의 유해를 매장하기로 한 것도(11-12절) 바로 이 일이 있고 난 후라는 사실도 의미심장하다. 리츠파가 슬픔을 드러낸 덕분에 다윗은 이전에 공동체가 과거의 비극들을 적절하게 애도하지 못한 것에 대응할 수 있었다.

주디스 버틀러에 따르면, 개인적 차원은 물론, 정치적 차원에까지 변화를 가져오는 애도 행위의 핵심에는 인간의 공통적 취약성에 대한 인식이 있다. 한편으로 그 인식이란 인간으로서 우리가 우리의 존재 자체를 말소할지도 모르는 폭력에 너무나도 취약한 존재임을 깨닫는 것이다. 다른 한편으로 이처럼 취약한 인간들이기에 우리는 우리 삶의 물리적 지탱을 위해 타인에게 의존하는 존재들이라는 깨달음이다.[47]

애도와 변화에 대한 버틀러의 관점에서 볼 때, 공통의 취약성을 형성하는 이러한 능력을 리츠파가 이미 모범적으로 보여 주었다고 할 수 있다. 중요한 점은 리츠파의 애도가 자기 아이들에게만 제한되지 않고 다른 여성의 아들들까지 아울렀다는 점이다. 리츠파는 메랍의 아이들을 위해서까지 통곡함으로써 버틀러가 말한 중요한 원

---

[47] Butler, *Precarious Life*, 31.

리, 즉 다른 사람의 고통도 인식할 수 있다는 원리를 체현했다.[48] (아일랜드 화해 자문단 공동의장인) 로드 임스는 이렇게 강력하게 선언했다. "어머니의 눈물에는 차이가 없습니다."[49] 이 선언은 인간의 유한성의 실상과 고통의 외침에 대한 보편성에 뿌리를 둔 휴머니즘적 가능성을 표현한다.

또한 제럴드 웨스트는 리츠파가 "밤낮이 바뀌고 달이 지나는 동안 사회의 주변부에서 살아가는 다른 자매들의 지지 없이는 살아남을 수 없었을 것"이라고 상상한다. 그는 과감하게 메랍(미칼)[리츠파가 애도한 다른 아이들의 어머니]도 리츠파와 연대하여 함께 행동했을 것이며 그래서 리츠파가 6개월의 항의 농성을 지속할 수 있었을 것이라고 말한다.[50]

마지막으로, 리츠파의 애도는 폭력에서 벗어나는 출구를 제공한다는 점에서 중요하다. 백성들에게 닥친 비극에 대한 리츠파의 애도는 이스라엘과 기브온 사람들 사이에 오랫동안 벌어졌던 폭력의 악순환을 중단시켰다.[51] 성경 전통에는 과거의 원한을 갚기 위해 보복과 더 강한 폭력을 요청하는 애가도 많이 있다. 예를 들어 시편

---

48 같은 책 43.

49 Honig, "Antigone's Two Laws", 5에서 재인용.

50 West, "Reading on the Boundaries", 531.

51 이 대목에서 에마뉘엘 레비나스도 참조할 수 있다. 사무엘기 하권 21장을 읽으면서 그는 정의에 대한 기브온 사람들의 잔인한 요구에서 끝내지 않고, 리츠파의 희생으로 끝맺는다. Gary Mole, "Cruel Justice, Responsibility, and Forgiveness: On Levinas's Reading of the Gibeonites", *Modern Judaism* 31, no. 3 (2011) 266.

137편 8-9절은 바빌론인들을 향해 그 아이들의 머리가 바위에 부딪쳐 부서지라고 잔인하게 빌고 있다.[52] 물론 우리는 6개월 동안 항의 농성을 하면서 리츠파가 부른 애가의 내용을 모른다. 그럼에도 사울의 아들들의 시신을 그들의 아버지 사울, 또 그 형제 요나탄의 유해와 함께 묻어 준 행위는 실로 폭력의 종식을 알리는 신호였으며 공동체가 슬픔에 제대로 대응하기 시작했다는 강력한 상징이다.[53] 이런 면에서 버틀러는 세상을 비폭력의 방향으로 변화시키기 위해서 과거 사건들을 새롭게 구성할 때 중요한 것은 인간 보편의 취약성을 인식하는 것이라고 주장한다.[54] 그녀는 이렇게 말한다.

> 그러나 정서적으로 죽거나, 폭력을 따라 하지 않고 살아갈 수 있는 다른 방법, 다시 말해 폭력의 순환에서 완전히 벗어나는 방법이 있을지도 모른다. 이 가능성은 신체적 취약성을 소멸시키지 않으면서 보호하는 세계를 요구하는 것 그리고 그 보호와 소멸

---

52 예레미야서에 나오는 "복수의 시"들에 대해서, 캐슬린 오코너는 트라우마에 직면해서 보복을 말하는 이런 문학적 표현들은 치유가 일어나는 공간을 만들어 준다는 점에서 건강한 회복 과정의 일부라고 말한다. *Jeremiah: Pain and Promise* (Minneapolis, MN: Fortress Press 2011) 119 참조. 반면, 낸시 리는 이런 본문이 사회정치적 폭력을 승인하는 데 사용된다면 위험할 수도 있다고 경고한다. Lee, *Lyrics of Lament*, 184 참조.

53 또한 바커는 사울과 요나탄의 유해를 매장한 것이 이스라엘의 첫 번째 왕인 사울의 가문의 재통합을 암시한다고 주장한다. Wacker, "Rizpah", 563. 이러한 회복의 행위를 통해서만 다시 한번 이스라엘 땅에 평화가 깃들 수 있었다. "그런 다음에야 하느님께서는 그 땅을 위한 간청을 들어주셨다"(2사무 21,14)라고 하는 이 성경 본문의 마지막 구절도 참조하라.

54 Butler, *Precarious Life*, 17.

사이 선을 지키는 것과 관련이 있다.[55]

이제 우리는 우리가 이미 겪고 있는 그런 류의 폭력에서 타인을 보호하겠다고 서약할 수 있는 하나의 원리를 끌어낼 수 있다. 그것은 다른 이의 관점을 통해서 우리 자신의 고통을 읽을 수 있어야 한다는 것이다. 버틀러의 말을 빌리면, 이것은 "어떤 인간들의 삶은 다른 이들보다 더 취약하며 그러므로 그들의 삶을 다른 이들보다 더 애도해야 한다"는 생각을 복돋운다.[56]

3. 아비가일의 환대(1사무 25장)

공동체를 파괴하려 위협하는 재앙적 폭력에 맞서 창조적인 방법으로 저항했던 여성 인물에 관한 이야기가 또 있다. 아비가일에 대한 흥미로운 이야기이다. 사무엘기 상권 25장은 나발의 아내였던 아비가일을 소개한다. (히브리어로 나발이라는 이름은 '어리석은 사람'이라는 뜻이 있다.) 그녀는 집안 남자들이 모두 숙청당할 뻔한 끔찍한 폭력의 위협에 저항한다. 그 방법은 다윗과 굶주린 부하들에게 입이 떡 벌어지게 음식을 차려 준 것이었다. 여성의 주체성에 관해 서

---

[55] 같은 책 42.

[56] 같은 책 30. 버틀러의 사유를 적용한 연구로, Ilka Saal, "Regarding the Pain of Self and Other: Trauma Transfer and Narrative Framing in Jonathan Safran Foer's Extremely Loud and Incredibly Close", *MFS Modern Fiction Studies* 57, no. 3 (2011) 451-76 참조.

술하는 이 이야기에서 특히 흥미로운 것은 폭력에 저항하면서 아비가일이 한 일이 음식을 베푸는 지극히 평범한 행동이었다는 점이다.

1) 폭력의 문화

아비가일이 사는 세계는 폭력으로 얼룩져 있었다. 폭력으로 손상된 세계라고 말할 수도 있다. 이제 살펴볼 이야기는 다윗과 그 부하들에게 음식을 베풀어 자기 가족을 구해 낸 아비가일의 친절함에 관한 것이다(1사무 25장). 이 이야기는 사울왕이 다윗을, 즉 나중에 자신을 이어 왕이 되겠지만 지금은 자신의 숙적인 인물을 죽이고자 갖은 애를 쓰는 중에 등장한다(1사무 19-26장).[57] 몇 장 앞에서 변덕스러운 사울은 다윗과 그의 부하들을 도왔다는 이유로 에돔인 도엑에게 놉의 사제 여든다섯 명을 살해하라고 명령하기도 했다(1사무 22,6-19). 우리가 앞서 사무엘기 하권 21장을 다룰 때 보았듯이, 사울이 사는 동안 만들어 놓았던 정적들에게 그의 후손들이 몰살당할 것이다. 다윗이 기브온 사람들에게 사울의 아들과 손자 일곱을 죽이게 허락하

---

[57] 더 자세히 살펴보면, 아비가일이 환대를 베푼 이야기는(1사무 25장) 사무엘기 상권 24장과 26장 사이에 있는데, 이때 도망자 신세인 다윗은 사울을 죽일 기회가 두 번이나 있었다. 나는 다른 지면에서 자비와 돌봄을 실천한 아비가일의 행동이 다윗을 변화시킨 결과로 이것이 가능했다고 주장한 바 있다. 그렇다면 아비가일 이야기는 사무엘기 상권 25장의 범위를 넘어서 다윗과 사울의 행동에 영향을 준다고 할 수 있다. 이 두 사람의 적대 관계는 24장과 26장에서 서술되었다. L. Juliana Claassens, "Cultivating Compassion? Abigail's Story (1 Samuel 25) as Space for Teaching Concern for Others", in *Considering Compassion: Global Ethics, Human Dignity, and the Compassionate God*, ed. Frits de Lange and L. Juliana Claassens (Eugene, OR: Wipf and Stock 2018).

고 그 유해를 매장도 하지 않고 들판에 버려두었던 것이다(2사무 21장). 아닌 게 아니라 사무엘기 상권 25장에 나온 것처럼 아비가일이 재빠르게 행동하지 않았더라면 나발의(혹자는 나발이 사울을 상징하는 인물이라고 주장하기도 한다[58]) 온 가족은 틀림없이 다음 날 빛을 보지 못했을 것이다.

사무엘기 상권 25장은 거의 학살에 가까운 사건을 보도한다. 이야기는 다윗과 그 주위에 모인 일군의 남자들이 음식을 달라고 요구하는 장면으로 별문제 없이 시작한다. 그들은 "곤경에 빠진 이들, 빚진 이들, 그 밖에 불만에 찬 사람들"(1사무 22,2)이었다. 이렇게 도망자 다윗과 그에게 모인 부랑자와 삶의 터전을 빼앗긴 이들은 굶주리고 있었다. 사회 주변부에 속한 나그네였던 다윗과 그 부하들은 그들이 살던 땅의 부유한 지주에게 음식을 구하면서 그간 나발을 위해 자기들이 한 일을 알아 달라고 부탁한다. 사무엘기 상권 25장 6절에서 다윗은 세 번이나 "샬롬"이라는 단어를 쓴다. 이것은 그가 평화를 위해 왔으며 나발의 재산을 약탈하지 않고 안전하게 지켜 주었다는 뜻이다. 그런데 나발은 뻔뻔하게 그 요구를 거절하여 다윗을 화나게 만든다. 21-22절을 보면 다윗은 아침까지 나발의 식솔 중 남자는

---

[58] Robert Polzin, *Samuel and the Deuteronomist: A Literary Study of the Deuteronomistic History* (San Francisco: Harper & Row 1989) 205-15; Barbara Green, "Enacting Imaginatively the Unthinkable: 1 Samuel 25 and the Story of Saul", *Biblical Interpretation* 11, no. 1 (2003) 1-10; Mark E. Biddle, "Ancestral Motifs in 1 Samuel 25: Intertextuality and Characterization", *Journal of Biblical Literature* 121, no. 4 (2002) 636-37.

한 명도 남기지 않고 전부 죽이겠노라고 맹세한다. 13절에 반복해서 나오는 단어 '칼'은 폭력의 위협이 극에 이르렀음을 나타낸다.

인물의 이름에서부터 알 수 있듯이, 이 이야기에서 폭력과 어리석음은 하나로 연결되어 있다. 다른 사람들은 배를 곯고 있는데, 재산을 쌓아 놓고 호화스런 식사를 하는["임금이나 차릴 만한 잔치를 벌여 놓고"(36절 참조)] 나발의 모습은 어리석음으로 해석된다. 결국 이 어리석음은 죽음을 부르고(나발의 경우 이것은 그의 이름대로 실현된다), 38절에 나와 있듯이 나발은 하느님이 치셔서 죽는다. 게다가 언제라도 폭력이 발발해 가족 전체가 위험에 빠질 수 있게 된 상황 역시 나발의 어리석음 때문이었다. 이러한 폭력적 상황 한가운데서 말과 행동으로 폭력의 지배 문화를 뛰어넘는 데 성공한 아비가일이라는 강렬한 모범을 만난다.

2) 환대와 저항

아비가일의 환대는 배고픈 자들, 땅 없는 자들, 소외된 사람들에게 먹을 것을 베푼 평범한 행위였다. 이렇듯 일상적인 환대의 행위가 폭력에서 벗어날 수 있는 강력한 수단이 된다고 이야기는 말한다. 지혜로운 아비가일은 잠언 9장 1-6절에서 잔치를 열고 모두를 초대해 고기와 포도주를 베푼 '여성 지혜'를 상기시킨다. 이 점에서 관대한 아비가일은 수전노 같은 어리석은 남편 나발과 대조된다.[59]

14절에서 나발의 종 하나가 상황이 절박함을 깨닫고 아비가일에게 온다. 3절에 따르면 아비가일은 슬기로웠(고 용모도 아름다웠)다. 그녀의 슬기로움은 재빨리 생각하고 또 그만큼 빠르게 행동한 데서 드러난다.[60] 그녀는 즉시 굶주린 군인들의 부대 하나를 먹이고도 남을 어마어마한 양의 음식을 마련한다. "빵 이백 덩이, 술 두 부대, 요리한 양 다섯 마리, 볶은 밀 다섯 스아, 건포도 백 뭉치, 말린 무화과 과자 이백 개"(18절). 아비가일은 이 잔치 음식을 자기보다 먼저 보내 놓고, 뒤이어 격노한 다윗을 만나러 길을 나선다. 분노에 휩싸인 다윗은 굉장히 위험한 상태였다. 27절에서 아비가일이 보낸 음식을 가리키는 단어는 일상적인 '선물'(minḥā) 대신 '축복'(bĕrakāh)으로 표현된다. 메리 쉴즈가 지적했듯이, 아비가일이 바친 "먹고 마실 것은 전쟁과 죽음이 임박한 상황에 평화와 생명을 가져올 수 있었다는 점에서 정말 축복이었다".[61] 이 이야기는 행복한 결말을 맺는다. 33-34절에서 장래에 왕이 될 다윗이 인정하듯이, 아비가일이 환대를 베풀지 않았더라면 나발의 가족은 모두 아침이 밝기 전에 죽었을 것이다.

---

59 Judith Mckinlay, "To Eat or Not to Eat: Where Is Wisdom in This Choice?", *Semeia* 86 (1999) 73-84. 또한 Mary Shields, "A Feast Fit for a King", in *The Fate of King David: The Past and Present of a Biblical Icon*, ed. Tod Linafeld et al. (London: T & T Clark 2010) 38-54도 참조. 무척 흥미로운 이 논문에서 쉴즈는 아비가일과 여성 지혜 사이의 폭넓은 유사점들을 찾아서 보여 준다. 예를 들어, 그녀는 이렇게 주장한다. "어리석은 나발은 잔칫상을 차려 먹지만 죽임을 당한 반면, 다윗은 잔칫상을 받아 삶으로 인도된다"(같은 책 51). 이러한 묘사는 잠언의 더 넓은 주제와도 관련되는데, 잠언에 따르면 어리석음의 길은 지혜의 길과 정반대로, 분명 죽음으로 이어지기 때문이다.

60 "서두르다"라는 단어가 세 번 반복됨을 주목하라(18, 23, 34절). 이러한 반복은 아비가일의 행동에서 긴급함을 느낄 수 있게 해 준다.

61 Mary Shields, "A Feast Fit for a King", 47.

음식을 베풂으로써 폭력에 맞선 여성을 등장시킨 이 이야기는 매우 흥미롭다. 한편 아비가일의 환대를 그린 이 이야기는 몇 가지 흥미로운 문제를 제기한다. 그 사회를 지배하는 폭력의 틀에서 개인을 빠져나오게 하는 것은 과연 무엇인가 하는 것이다. 버틀러에 따르면, 행동 및 사회규범들이 사람들에게 새겨지고 거듭해서 새겨지기 때문에 개인들은 뿌리 깊이 폭력에 의해 형성된다.[62] 그러므로 한 개인이 사회가 그들에게 제공한 거푸집을 벗어나려면, 아비가일처럼 자신이 속한 세계에 널리 퍼진 폭력의 현실에 저항하려면, 그는 전반적으로 비폭력을 가능하게 하는 인간과 세계에 관해 이해하고 있어야 한다.

이와 관련하여 베벌리 미첼은 폭력의 뿌리에는 타인의 얼굴을 보지 못하는 무능이 있다고, 다시 말해 타인을 인간으로 보지 못하기 때문에 폭력이 발생한다고 주장한다. 그녀에 따르면, "우리가 서로 기뻐하고 깊이 슬퍼하며, 즐거워하고 너무 아파하며, 행복에 겹다가도 큰 고통을 느낄 수 있는 능력을 공유하는 같은 인간으로 보지 못한다면, 서로 학대하고 잔인하게 대하고, 비하하고 파괴하려는

---

62 버틀러에 따르면, "그러므로, 비폭력으로 투쟁하는 단독자 '개인'은 자기 나름의 사회적 존재론을 언명하는 과정에 있다. 이 주제를 다루는 논쟁들은 자주 개인적 실천의 문제와 집단적 행동의 문제를 우리가 쉽게 구분할 수 있다고 전제한다. 그럼에도 비폭력의 도전은 실제로 그러한 이중의 존재론적 가정에 대한 도전일 것이다. 결국, 만일 그 "나"가 사회적 규범에 따르는 행동을 통해서 형성되고, 동시에 그와 불가분리하게 그 '나'를 이루는 사회적 결속들의 관계 안에서 형성된다면, 그렇다면 자연히 어떤 형태의 개별성이라해도 하나의 사회적 결정 사항임에 틀림없는 것이다". Butler, *Frames of War*, 166.

다음 단계로 넘어가는 일도 쉬워진다".[63] 역으로, 폭력에 저항하겠다는 개인의 결단에 핵심적인 것은 공감 개념에 뿌리를 둔 대안적 틀이다. 다시 말해, 폭력의 잠재적 희생자들을 인간으로, 곧 진짜 사람들로 인식하는 능력이다. 에릭 세이버트가 상기시킨 대로 "[누군가의] 어머니이며 아버지이고, 이모이고 삼촌이며, 형제이자 자매이고, 조카들이며, 할머니이며 할아버지들임을 … 우리와 마찬가지로 그들에게도 꿈과 희망이, 장점과 단점이, 미덕과 부덕이 있음"을 아는 능력이다.[64]

게다가, 우리가 폭력에 저항하기 위해서 자기 자신을 단수의 "자아"(ego)로 보지 않고 "타인과 떼려야 뗄 수 없고 되돌릴 수 없는 방식으로 묶여 있는 존재, 불안정하고 상호의존이라는 일반화된 조건 속에 있는 존재"로 바라보는 것이 중요하다.[65] 버틀러는 폭력에 직면했을 때 "그 장면 안에 있는 잠재적 행위자 모두가 동등하게 취약하다"고 주장하면서, 이것을 "위태로움의 한가운데 있는 평등성"으로 설명한다.[66] 그러나 버틀러는 한 개인이 이러한 상호적 취약성

---

[63] Beverly Eileen Mitchell, *Plantations and Death Camps: Religion, Ideology, and Human Dignity* (Minneapolis, MN: Fortress Press 2009) 3.

[64] Eric Seibert, *The Violence of Scripture: Overcoming the Old Testament's Troubling Legacy* (Minneapolis, MN: Fortress Press 2012) 101. 또한 버틀러가 인간됨을 "살 만하고 애도할 만한 것으로 여겨지는 삶들"로 정의한 것을 보기 위해서는, Butler, *Frames of War*, 180 참조.

[65] Butler, *Frames of War*, 181.

[66] 같은 곳. 특히 공통의 취약성에 대한 이러한 이해는 타자에 대한 폭력이 부지불식간에 자신을 미래의 폭력 행위에 훨씬 더 취약하게 만든다는 통찰과도 관련된다.

을 인식하기 위해서 "그것이 모든 인간 주체에 적용되는 것이라면, 어떤 인식의 규범이 있어야 한다"고 지적한다.[67] 그러므로 버틀러가 주장하듯이 "하나의 삶이 … 삶으로 이해되기 위해서, 인식될 만한 것이 되기 위해서는 삶이란 무엇인가에 대한 특정한 개념에 부합해야 한다".[68]

폭력에 저항하기 위해서 음식을 대접한 행위는 실제로 존재하는 이러한 인식의 규범을 잘 보여 주는 예다. 먹을 것을 제공한다는 것은 '타자' 속에 있는 음식에 대한 기본적인 인간의 욕구를 인식하고 그 '타자'에게 먹고 마실 것을 제공함으로써 응답한다는 의미일 수밖에 없다. 그것은 '당신'이 배고프고, 춥고, 무서우며, 나와 마찬가지로 양식과 입을 것과 위로를 필요로 한다는 것을 이해하는 것, 그래서 주는 이와 받는 이 사이에 취약성에 대한 공통의 감각이 있음을 깨닫는 것이다.

그러므로 사무엘기 상권 25장에서 살펴본 아비가일의 환대는 이렇듯 존재하는 인식의 규범에 제대로 뿌리를 내리고 있다고 주장할 수 있다. 아비가일은 다윗과 그의 부하들이 배고프다는 것을 인식했고, 후하게 식사를 대접하여 그들의 가장 기본적인 욕구를 채워

---

[67] Butler, *Precarious Life*, 43. 버틀러는 "취약성이 인간화의 한 가지 전제 조건이고, 인간화가 다양한 인식 규범을 통해 다르게 이루어진다면, 자연히 취약성은 어떤 인간 주체에게나 적용될 수 있는 기존의 인식의 규범에 근본적으로 의존한다"라고 쓴다.

[68] Butler, *Frames of War*, 7. 버틀러는 계속해서 말한다. "인식 가능성의 규범이 인식을 위한 길을 예비하는 것과 마찬가지로 이해 가능성의 도식들이 인식 가능성의 규범을 조건 짓고 생산한다."

주었다. 음식의 양이 넉넉하고 종류도 다양했다는 것은 이것이 단지 허기를 면하기 위한 음식을 넘어 오랫동안 떠돌이 생활을 하는 집 없는 이들에게 위안을 주었다. 이는 잔치와 고향의 기억을 떠올리게 하는 것이었음을 짐작할 수 있다.

먹을 것을 대접하는 매우 일상적인 행위가 당면한 폭력에 저항하기 위해 아비가일이 쓴 전략이라는 점은 특히 의미심장하다. 이런 행위는 사랑하는 사람들에게 음식을 주면서 돌봐 주는 여성들의 관습적 행동과 관련될 때가 많다. 이와 관련해서 여성들과 음식의 관계를 보여 주는 오랜 역사가 있다. 로라 셰넌은 그녀의 책 『가마솥 앞에서의 천 년: 음식, 조리법, 기억으로 전해진 미국 여성의 역사』에서 다음과 같이 주장한다. "왕들과 귀족들을 위해서는 남자들이 요리를 했을 것이다. 그러나 인류의 더 나은 부분을 위해 놀라운 힘을 다해 먹을 것을 찾고 기르고 준비해서 대접한 이는 다름 아닌 여성들이었다."[69] 이는 태곳적부터 여성들의 삶에 심오한 영향을 미쳤던 현실이다. 여성과 음식 사이의 이러한 관련성을 감안하면 비인간화의 상황 속에서 여성들이 음식을 저항의 수단으로 사용했다는 것도 이해할 수 있다. 일례로, '레닌그라드 포위전' 동안(1941~1944), 여성들은 자기들만을 위해서가 아니라 자녀들은 물론 도시에 남은 몇 안 되는 남자들을 위해서 음식을 찾느라 애를 썼다. 900일 가까이

---

[69] Laura Schenone, *A Thousand Years Over a Hot Stove: A History of American Women Told Through Food, Recipes, and Remembrances* (New York and London: W. W. Norton and Company 2003) xii-xiii.

이어진 포위 기간 동안 백만 명이 기아로 죽었다. 생존자들은 먹을 것을 구하기 위해 더 창의적인 방안을 강구해야 했다. "책을 뜯어서 아이들에게 제본풀을 먹이고, 나무껍질과 톱밥과 솔잎, 쐐기풀 같은 풀떼기 등을 가져가 죽이든 떡이든 만들었다."[70] 대라 골드스타인은 나이 많은 여성 농민들의 토속 지혜들이 당시 레닌그라드 사람들이 생존하는 데 결정적이었다고 말한다. 이들은 주변의 다른 (젊은) 여성들에게 그들이 가진 지식을 전수해 주었다. "전에 집 안의 위급 상황을 생각해 본 적이 없는 여성들이 나무껍질을 말린 후 갈아서 가루를 만들고, 잇몸에서 피가 나는 것을 예방하기 위해 솔잎에서 비타민씨를 추출하는 것을 배웠다."[71]

이토록 절망적인 상황에서도 여성들이 음식을 저항의 수단으로 삼은 것은 두 가지를 위해서였다. 첫째, 특히 그들의 인간성이 부정되는 상황 속에서 음식은 가해자들이 저지르는 폭력적이고 억압적이고 비인간화하는 행동들에 맞서서 하나의 대안적 의식을 창출하고자 하는 노력이다. 그러한 노력이 여성들로 하여금 기본적인 자기 인식을 지탱하는 방법이 되어 주었다.[72] 레닌그라드에서 여성들은 그들에게 남은, 사실상 거의 없는 것이나 다름없는 음식을 온갖 창의적인 방식으로 불렸다. 빵 조각에 물을 부어 국을 끓이면 빵 한 조

---

70   Darra Goldstein, "Women under Siege: Leningrad 1941~1942", in *From Betty Crocker to Feminist Food Studies: Critical Perspectives on Women and Food*, ed. Arlene Voski Avakian and Barbara Haber (Amherst and Boston, MA: University of Massachusetts Press 2005) 144, 150-54.

71   같은 책 152.

각을 그냥 먹는 것보다 적어도 더 많이 포만감을 느낄 수 있었다. 어떤 생존자가 기록했듯이, "사람들은 빵으로 밀가루 죽을 만들고, 밀가루 죽으로 빵을 만들었다". 정말로 "포위 중에 요리는 예술을 닮아 갔다".[73] 이렇듯 음식은 존엄이 부정당하는 상황 속에서도 정체성과 주체성을 유지하는 한 방식이 되었다.

둘째, 음식을 베푸는 것은 아무리 힘든 상황 속에서도 타인을 돌보는 행위를 이어 가게 해 준다. 타인을 돌보는 행위는 현실에서 여성들이 자주 담당해 왔다. 극한의 상황 속에서도 여성들은 서로에게 음식을 주는 등 선물을 베풀곤 했다.[74] 홀로코스트 동안 라벤스브뤼크 포로수용소에서 동료 포로들에게 준 손으로 만든 선물과 예술품들을 보여 주는 전시회가 열렸다. 전시회에는 이 친절한 행위를 설명하는 다음과 같은 글이 있었다.

---

[72] 재클린 버시는 셰릴 타운센드 길커스의 연구를 가져와 대안적 의식을 창조해 내려는 이러한 시도를 "저항의 문화"라는 개념으로 서술한다. 이 문화를 통해 개인과 집단은 권력을 가진 자들이 만들어 내는 억압적인 체제에 맞설 수 있는 "하나의 대안적·비판적 세계관"을 유지한다. "Flowers in the Dark: African American Consciousness, Laughter, and Resistance in Toni Morrison's Beloved", chap. 5 in *The Laughter of the Oppressed: Ethical and Theological Resistance in Wiesel, Morrison, and Endo* (New York: T & T Clark 2007) 147 참조.

[73] Lidiya Ginzburg, *Blockade Diary*, trans. Alan Myers (London: The Harvill Press 1995) 65; Goldstein, "Women under Siege", 157에서 인용.

[74] 레닌그라드의 한 병원에서 일하는 젊은 여성 키라는 작은 사각 빵에 비축 설탕을 뿌려 동료들에게 선물로 주었다. 그녀는 "봉쇄 구역의 파티시에"라 불렸다. Goldstein, "Women under Siege", 155-56.

창조적이고 관대한 이 행위는 "우리가 폭력과 공포 그리고 증오에 대항하는 존재의 다른 방식을 기억해야 한다는 것을 뜻한다. 또한 우리는 자신의 고통이 아무리 클 때도 다른 누군가를 인정해야 한다. 이런 상황에서 선물을 주는 행위는 우리의 인격 깊은 곳에 내재한 '절멸에 도전하는 용기'를 끌어낸다. 그것은 축하와 친절이라는 오랜 전통에 연결함으로써 우리의 인간성을 재천명하는 용기다".[75]

이런 예들을 통해 알 수 있듯이, 음식과 관련된 여성들의 저항이 다른 사람들을 돌보는 행동과 밀접하게 관련되어 있다는 사실은 특히 의미심장하다. 폭력적 행위들이 삶을 파괴하려 하는 상황에서 여성들은 자기 자신을 위해서는 물론 그들에게 기대고 있는 타인들을 위해 음식으로 삶을 꾸려 나간다.

음식을 저항의 수단으로 삼는 여성들 사이의 연계라는 측면에서 보면, 아비가일이 음식을 통해서 전쟁을 멈추었다는 사실도 그다지 놀랍지 않다. 앨리스 바흐는 아비가일을 향해 "변혁의 부양자 어머니"라고 부른다. 이 칭호는 양고기나 빵 덩이 같은 음식을 마련해서 강력한 효과를 내는 것처럼 "날 것의 재료"로 "구원의 영양분"을 만들었음을 부각시킨다.[76] 또한 여성과 음식의 관련성을 신랄하게

---

[75] Rochelle G. Saidel, "Resistance that Lifted the Spirit", chap. 4 in *The Jewish Women of Revenbrück Concentration Camp* (Madison, WI: University of Wisconsin Press 2006) 60에서 재인용.

묘사하는 킴 체르닌의 말을 인용하면, 아비가일은 "어머니-마법사"다. "물 한 잔과 가루 한 줌, 소금 한 꼬집으로 빵을 만들어 내는 신비에 능숙한 여인들은 생명의 빵이나 다름없는 빵 한 덩이를 대접한다. 그녀가 집 안의 연금술을 행하는 그릇과 찜통에는 물질을 돌봄으로 변혁시키는 경이로운 힘이 들어 있다."[77]

그러나 이보다 훨씬 더 중요한 사실은, 아비가일이 풍족하게 음식을 선사한 행동이 음식 제공을 거부함으로써 불러올 치명적인 상황을 반전시켜 생명을 가져왔다는 사실이다.[78] 아비가일이 생명이 되는 양식을 베푼 것은 다윗과 그의 부하들만 배고픔에서 구한 것이 아니다. 음식을 줌으로써 그녀의 가족을 죽음에서 구원했다. 음식을 제공한 행위는 다윗과 그 부하들의 필요를 알아주었을 뿐 아니라 나발의 집안에 속한 소년들과 청년들도 인정해 준 것이다. 그들이 폭력을 끝낼 방도로 그녀로 하여금 음식을 사용하도록 청했다.[79]▶ 버틀러가 한 다음의 말은 옳다. "공통의 위태로움을 인정하는 것은 평등에 대한 강한 규범적 약속을 이끌어 내고 권리에 대한 더욱 강력한 보편화를 유도한다. 이 권리란 음식, 주거와 같은 지속과 번영을

---

[76] Alice Bach, "The Pleasure of Her Text", in *The Pleasures of Her Text: Feminist Readings of Biblical and Historical Texts*, ed. Alice Bach (Philadelphia: Trinity Press International 1990) 49.

[77] Kim Chernin, *The Hungry Self: Women, Eating, and Identity* (New York: Harper & Row 1985) 200. 체르닌에 따르면 "사실 음식은 그간 침묵되어 왔던 여성들의 힘의 역사를 보존한다. 어린 시절부터 그리고 이후 발달 과정을 거치면서 여성들은 그들이 삶의 여러 측면들에서 포기했던 능력과 자질을 음식과 관련하여 보여 주었다".

[78] McKinlay, "To Eat or Not to Eat", 79-80; Shields, "A Feast Fit for a King", 54.

위한 여러 조건에 대한 인간의 기본 필요를 해결하려는 것이다."[80]

아비가일은 그녀의 관심 범위 안팎의 모든 사람을 인정하고 그것에 근거해서 음식을 제공했다. 그녀의 사례는 공동체의 안녕을 파괴하는 괴멸적 폭력에 직면하여 여성들의 주체성을 강력하게 보여 준다. "약자들의 무기"라는 스코트의 표현을 상기해 보면, 음식을 베푼 아비가일의 행동은 비인간적인 상황 속에서 자아감을 유지하는 방법일 뿐 아니라 도움이 필요한 사람을 계속 돌보는 일을 하게 하는 방법이다.

그러나 이성애 중심 사회에서 여성과 저항의 연계는 또한 여성의 역할과 관련된 복잡한 문제를 제기한다. 한편으로 음식을 준비하는 것은 많은 문화에서 여성 고유의 역할이었다. 그래서 이것이 "젠더 사회화"의 수단이 되어, "여성을 종속시키고, 여성의 노동을 평가 절하하며, 남성과 여성들에게 공적 영역과 사적 영역을 구분하는 생

---

[79] 이 점에서 우리는 나발의 가문에 속한 그 많은 아들의 어머니가 누구였고, 다윗이 아침까지 모두 없애겠다고 한 이가 누구인지 물어야 한다. 본문은 말이 없다. 아비가일을 "어머니-보호자"로 부르기는 하지만 앨리스 바흐는 아비가일이 자녀가 없었다고, 그래서 죽는 날까지 자녀가 없었다고 명시적으로 언급되는 다윗의 다른 아내 미갈(2사무 6,23)과 마찬가지였다고 가정한다. Bach, "The Pleasure of Her Text", 49. 그러나 이후에 아비가일이 다윗과의 사이에서 아들(킬압)을 낳았음을 알게 된다(2사무 3,3; 1역대 3,1 참조). 그녀는 성경의 다른 중요한 여성 인물처럼 불임이 아니었다는 것은 분명하다. 그렇다면 아비가일은 자기 아들들의 생명을 위해 목소리는 냈던 것인가? 특히 자녀가 결혼의 당연한 일부였던 당시 문화적 맥락에서라면 이 여인이 그녀의 자녀들을 위해 행동한다고 가정할 수도 있다. 그러므로 아비가일이 생물학적 어머니이든, 아니면 어머니의 역할을 수행하는 것이든, 그녀가 어머니의 역할을 하고 있는 것은 분명하며, 다윗과 그의 부하에게 먹고 마실 것을 주어 식구들을 구한다는 점에서 매우 타자 지향적인 행위라 할 수 있다.

80 Butler, *Frames of War*, 28-29.

각을 유지하는 데 사용되었다."⁸¹ 반면에 베로니카 라임베리는 여성과 음식 그리고 저항에 대한 매우 흥미로운 연구에서 음식이 여성이 자신들의 정체성을 주장하고 지배 문화에 맞서 그들의 자율권을 행사할 수 있는 중요한 수단임을 잘 보여 준다.

그렇다면 요리는 정체성과 공동체를 구성하고 강화하는 공간 그 이상이다. 즉, 그것은 권력과 저항을 타협하게 하는 공간이 된다. 요리는 여성들의 역사 및 삶의 자원이자 문화적 정체성의 구현으로서 권력과 저항이 싸우는 원천으로 드러난다. 한 차원에서 요리는 여성과 음식에 관한 문화적 기대를 규정하고 강화시킨다. 그러나 다른 차원에서 요리는 여성들이 그러한 기대들에 이의를 제기하면서 재규정할 공간도 만들어 준다.⁸²

그러므로 음식을 제공한다는 점에서 아비가일의 저항은 아비가일의 상황이 얼마나 그녀 시대의 사회문화적 규범에 의해 형성되었는지

---

[81] Sherrie Inness, *Dinner Roles: American Women and Culinary Culture* (Iowa City, IA: University of Iowa Press 2001).

[82] Veronica Limeberry, "Eating in Opposition: Strategies of Resistance through Good in the Lives of Rural Andean and Appalachian Mountain Women", (석사 학위 논문, East Tennessee State University 2014) 29. 여기서 라임베리는 엘리자베스 플라이츠를 인용한다. 플라이츠는 요리책은 여성들의 저항을 보여 주는 상징이라고 말하면서 요리책에서 "여성들은 그들이 현실을 통제하고 스스로 억압에서 자유로워지기 위해서 창의적인 방식으로 언어를 사용해 왔다"고 주장한다. Fleitz, "Cooking Codes: Cookbook Discourses as Women's Rhetorical Practices", *Present Tense: A Journal of Rhetoric in Society* 1, no. 1 (2010) 92.

를 보여 준다. 그러나 다른 한편으로 그녀를 가정에서 순종하는 역할에 매어 두려 한 당시 문화의 헤테라키적 관습을 아비가일이 얼마나 넘어서고 있는지 볼 수 있는 좋은 모범일지 모른다.

사무엘기 상권 25장에서 음식을 베푼 아비가일의 행동은 사적 영역에 제한된 여성의 전형적인 역할과 관련되면서도, 매우 잘 베풀어진 환대가 피의 학살을 멈추는 수단이 될 때 그 한계를 부수고 나와 정치적 영역으로 침투할 수 있음을 보여 준다.[83] 평화를 만드는 아비가일의 노력은 폭력에 저항하려는 의도에서 나온 그녀의 행동과 말들에 핵심이 있다. 따라서 그녀의 노력은 어머니로서 생명을 보존하려는 헌신이 — 그녀 자신의 헌신이든 또 다른 어머니의 헌신이든 — 자연스럽게 확장된 것으로 이해되어야 한다. 그 헌신은 음식을 제공하는 행위로 구현된 것이다.[84]

3) 말의 힘

음식 대접과 함께 폭력에 저항하기 위해 아비가일이 사용한 두 번째 방법이 있다. 아마도 아비가일이 위계적 사회에서 그녀의 전통

---

[83] 세라 러디크는 "세계를 보호하는 노력은 모성적 노동의 '자연스러운' 확장으로 볼 수 있다"고 말한다. Ruddick, *Maternal Thinking: Toward a Politics of Peace* (New York: Ballantine Books 1989) 57, 81 참조.

[84] 나는 아비가일에 관한 첫 번째 강의 "아비가일의 관점: 교차적으로 구약성경 읽기"에서 이 점을 충분히 논의했다. 이 강의는 "An Abigail Optic: Agency, Resistance, and Discernment in 1 Samuel 25", in *Feminist Frameworks: Power, Ambiguity, and Intersectionality*, ed. L. Juliana Classens and Carolyn Sharp (London: Bloomsbury T & T Clark 2017)으로 출간되었다.

적 역할을 넘어서고 있음을 보여 주려는 목적이 있었을 것인데, 그것은 폭력을 끝내는 방법으로서 말의 힘에 관한 것이다. 사실 그녀의 말은 구약성경 전체에서 여성의 발언으로 가장 긴 한 구절의 산문체 연설이다.[85] 아비가일은 엄청난 통찰과 설득 능력을 보여 주는 발언을 통해 격노한 다윗으로 하여금 살인 동기를 재고하고 더한 폭력을 초래할 것이 확실한 폭력을 멈추게 만든다.

아비가일은 연설에서 다윗을 미래의 왕이라 부르는데 이는 예언으로 볼 수 있다. 이 점에서 엘렌 판 볼데는 예언자 사무엘이 없는 상황에서 아비가일이 하느님의 대변인이 되어 놀라운 통찰을 보여 주고 지혜와 분별의 모범이 되었다고 주장한다. 사실 이야기의 이 대목에서 다윗은 죽어라 도망치던 중이었다. 나발이 쉽게 무시해 버리는, 집 없고, 땅 없는 난민이었던 것이다. 그러나 아비가일은 다윗이 장래 왕이 될 것을 안다. 이는 그녀의 예리한 통찰과 이해력을 보여 준다.[86] 가망이 전혀 없는 장소나 사람 안에서 위대함을 인식하는 것은 지혜의 징표이다.[87]▶ 그래서 아비가일은 다윗을 나기드(nāgîd),

---

[85] 쉴즈는 아비가일의 발언이 131 단어로 되어 있다고 지적한다. 판관기 5장의 드보라의 노래만 이보다 길다. Shield, "A Feast Fit for a King", 44.

[86] Ellen van Wolde, "A Leader Led by a Lady: David and Abigail in 1 Samuel 25", *Zeitschrift für die Alttestamentliche Wissenschaft* 114 (2002) 367. 실비아 슈로어는 아비가일에 대한 이러한 서술이 이스라엘 역사 속 여성들의 삶을 더 섬세하게 이해할 수 있게 해 준다고 주장한다. "초기 야훼 종교에서 하느님이 여성을 대변인으로 세운다는 개념이 전혀 불쾌한 것이 아니었으며 여성들이 종교적 언어의 책임을 맡고 있었다는 사실을 보여 준다." Schroer, "Abigail: A Wise Woman Works for Peace", chap. 5 in *Wisdom Has Built Her House: Studies of the Figure of Sophia in the Bible* (Collegeville, MN: Liturgical Press 2000) 82.

곧 백성의 안녕을 위해 신이 임명한 지도자라고 부른 최초의 사람이다(1사무 25,30).[88] 나기드란 단어는 아직 다윗을 가리켜 쓰이지 않았고, 심지어 사무엘기 상권 16장 11-13절에서 사무엘이 다윗에게 기름을 부을 때도 나오지 않았다. 이제, 사무엘이 없는 상황에서 아비가일은 다윗에게 그의 진정한 정체를 보여 주고 있다. 곧, 백성의 목자로 부름 받은 이스라엘의 나기드라는 것이다(2사무 7,8-9에서 아비가일의 말을 나탄이 확증해 주는 것도 볼 수 있다).[89] 더욱이 아비가일의 말은 다윗에게 이 뜻대로 진정으로 지도자가 되기 위해서는 손에 피를 묻히지 않도록 노력하고 자비롭게 행동하는 것을 배우고 부하들의 필요에 관심을 기울이도록 해야 한다는 것을 깨우쳐 주었다.[90]

사무엘기 상권 25장에서 아비가일의 말은 구약성경에 나타난 여성의 저항이 지닌 의미와 그 성격을 보는 중요한 관점을 보탠다. 아비가일의 말은 자기 자신의 상황은 물론 그녀 주변 사람들의 상황을 바꾸는 데 무력한 피해자가 되는 것과는 거리가 멀다. 그녀가 베푼 음식과 마찬가지로 그녀의 말도 본질적으로 생명을 주는 것이다. 그녀는 지혜의 정수를 구현한 존재, 곧 정의를 행하고 자비를 보여

---

[87] Mckinlay, "To Eat or Not to Eat", 80-81; Bach, "The Pleasure of Her Text", 45.

[88] Van Wolde, "A Leader Led by a Lacy", 365-66.

[89] 같은 책 370-71.

[90] 사무엘기 상권 24장과 26장에서 다윗은 두 번이나 사울을 죽일 기회가 있었음에도 그러지 않았다. 이러한 맥락 안에 아비가일의 말이 자리한 것을 근거로 판 볼데는 "다윗이 나기드가 된 것은 아비가일의 설득 덕분에 나발을 죽이지 않았으며 그 이후 사울을 죽이지 않기로 다윗이 결정한 것과 관련이 있다"고 제시한다. Van Wolde, "A Leader Led by a Lady", 374; Claassens, "Cultivating Compassion?"도 참조.

주는 존재에 대한 최고 모범으로 등장한다. 이 과정에서 아비가일은 왕들에게 조언하는 자로서 여성 지혜의 역할을 한다(잠언 8,15).[91] 지혜 전통에 존재하는 음식과 말의 관련성에 근거해서, (그리고 신구약 중간기에서 매우 중요해진) 지혜의 말을 자신의 것으로 만드는 것은 음식을 섭취하는 은유로 생각하면 생명의 빵이라 할 수 있다.[92]

이렇게 폭력을 끝내는 힘이 말에 있음을 강조하는 것은 전쟁 상황에서 특히 중요하다. 실비아 슈로어는 아비가일의 말이 평화를 만드는 중요한 모범이라고 강조하면서 이렇게 주장한다. "아비가일의 이야기는 삶을 위협하는 갈등을 해결할 때 외교와 협상 그리고 비폭력이 있어야 한다고 분명하게 요청한다. 평화를 만드는 일은 명료함, 통찰, 무엇보다 위험을 무릅쓸 각오를 요구한다."[93] 그녀가 잘 지적했듯이, "협상하고, 타협하고, 때론 양보하는 일이 군사력을 가동하는 일보다 더 많은 지성과 용기가 요구된다는 것은 명백하다."[94]

---

[91] Shields, "A Feast Fit for a King", 54. 이런 점에서 메리 쉴즈는 사무엘기 상권 25장에 나오는 두 번의 잔치가 너무도 대조적이라고 주장한다. 어리석은 나발은 "임금이나 차릴 만한 잔치"를 벌여 취할 대로 취해 있고, 아비가일은 미래의 왕 다윗에게 생명을 주는 잔치를 열어 주었다. 쉴즈는 다음과 같이 주장한다. "나발의 '임금이나 차릴 만한 잔치'는 그의 죽음으로 끝나는 반면, 아비가일이 제공하고 다윗이 받아들인 잔치는 '임금에게 적합한 잔치'였다."

[92] L. Juliana Claassens, "'Come, Eat of My Bread and Drink of the Wine I Have Mixed': The Relation of Woman Wisdom as Nourisher to the God Who Feeds", chap 5 in *The God Who Provides: Images of Divine Nourishment* (Nashville, TN: Abingdon 2004) 83-98.

[93] Schroer, "Abigail", 82.

[94] 같은 책 83.

그러므로 우리는 아비가일의 사례를 통해 영양이 풍부한 음식과 지혜로운 말의 뿌리에는 인간 보편의 취약성에 대한 인식 외에도 자비가 자리하고 있어서 강력한 무기가 될 수 있음을 보았다. 바로 이것을 무기로 한 여성은 사회가 그녀에게 부과한 역할에서 빠져나와 폭력에 저항함으로써 폭력이 지배하는 문화를 (잠깐 동안이라 해도) 중단시킬 수 있었던 것이다.

4) 창의적인 가능성들과 복합성

이처럼 사무엘기 상권 25장에서 아비가일이 베푼 환대에는 폭력에 맞서는 여성의 저항이 분명히 나타난다. 그러나 이 저항에 대한 강렬한 묘사는 자주 구약성경의 여성 주체성과 관련된 복합성 문제와 분리되지 않는다. 혹자의 주장처럼 아비가일은 다윗을 보고 더 나은 결혼 가능성을 점친 계산적인 기회주의자였을까? 슈로어가 물었듯이 "어느 여인이 생명을 갈망하면서 부유한 바보이자 술꾼인 남편보다 젊고 매력적인 게릴라 지도자를 더 좋아하지 않을 수 있을까?"[95] 또한 31절에서 다윗이 이스라엘의 지도자가 될 것이라고 아비가일이 예언을 하는 상황에 대해 쉴즈는 이렇게 추측한다. "지금 그녀는 세워질 왕정에서 정치적 지위를 노리고 있는 것인지도 모른다."[96] 아닌 게 아니라 나발이 죽자, 다윗이 아비가일에게 구애를 하여 그녀를 아내로 맞는다(39-42절). 그러나 이것은 로맨스 영화가 아

---

95 같은 책 82.
96 Shields, "A Feast Fit for a King", 48-49.

니다. 43절에서 다윗은 아비가일과 동시에 이즈르엘의 아히노암을 아내로 삼는다는 언급으로 이야기가 끝나고 있기 때문이다.

아비가일의 말이 장래 왕에게 변화를 일으킬 만한 영향을 미쳐서 — 엘렌 판 볼데는 "수사적 곡예"라고 부른다 — 다윗의 눈을 뜨게 한 것은 맞다.[97] 그러나 엄청난 신학적 통찰과 정치적 분별력을 드러내는 그녀의 말은 그녀의 굴종을 강조하고 지배적인 권력 구조에 전혀 저항하지 않는 언어의 외피를 입고 있다. 거듭 그녀는 다윗을 "나의 주(나리)"(25-31절에서 여덟 번)로 부르고, 스스로는 "당신의 여종"(28절과 31절)으로 부르는데 이 호칭은 권력이 전혀 없는 하층계급 여성을 의미한다.[98] 아비가일은 왕 앞에 엎드려서(23-24절) 아첨의 말을 하고 자신이 직접 남편의 행동을 비난한다.[99] 아비가일이 비폭력 저항의 모범이라 여겨지긴 하지만, 사실 그녀가 한 비난과 상충하는 면이 있다. 29절에 다윗의 적들이 팔맷돌처럼 팽개쳐질 것이라고 아비가일이 바람을 말했을 때, 이 적은 현재 다윗이 당면한 문제인 나발을 가리킬 것이다. 그리고 정말로 몇 구절 후에 하느님이 나발을 치셔서 죽는 것을 보면 아비가일의 발언에는 폭력과 연관될 만한 당혹스러운 암시들이 있기 때문이다.

그러나 여성주의적 관점에서 볼 때 가장 충격적인 것은, [자신

---

[97] Van Wolde, "A Leader Led by a Lady", 374. 다윗 자신이 32-34절에서 인정하듯이, 아비가일이 그녀의 가족을 학살의 위기에서 구해 낼 수 있었던 것은 설득력 있는 말뿐 아니라 재치 있는 행동이 있었기 때문이다.

[98] Bach, "The Pleasure of Her Text", 42.

[99] Schroer, "Abigail", 79.

과 남들을] 구원하는 행동과 여성의 주체성을 드러내는 신랄한 말을 한 후에 아비가일이 이야기에서 사라지고 만다는 점이다. 앨리스 바흐가 제대로 지적했듯이, "우리는 그녀의 지혜로운 음성을 다시는 듣지 못한다".[100] 이야기 전반에서 지도자를 자처하며 가족과 공동체의 삶뿐 아니라 장래 왕의 삶에까지 깊은 영향을 미치던 활동이 끝나자 아비가일의 목소리는 사라진다.[101]

우리는 아비가일의 이야기에서 표면적으로는 자신이 속한 사회의 전통적 권력 구조의 관습에 순응하면서 그에 맞는 언어를 사용하고 권력자들의 발아래 절하는 여인을 발견한다. 이는 성경 본문의 헤테라키적 성격을 감안하면 그리 놀라운 일은 아니다. 더욱이 폭력과 어느 정도 관련된다는 점은 아비가일이 당시 상황을 좌우했던 폭력의 흐름을 완전히 넘어선 것인가 하는 의문이 제기된다. 그럼에도 음식을 베푼 아비가일의 행동에서 분명하게 나타난 대로, 우리는 전통에서 벗어난 방식으로, 관습으로 여겨지던 것들을 초월할 수 있는 대안적 공간을 개척하는 여성의 모범을 본다. 이것은 여성 저항의

---

[100] Bach, "The Pleasure of her Text", 55. 바흐는 아비가일의 목소리가 사라져 버린 것을 그녀가 과부가 된 것과 관련시킨다. "다윗과 혼인을 했음에도 본문에서 아비가일은 과부로 남아 말없이 살아가는 것이다."

[101] 아비가일은 단 한 번 더 등장한다. 그녀와 다윗의 또 다른 아내인 아히노암이 아말렉인들이 벌이는 폭력적인 인질극에 휘말렸을 때인데 성폭력까지는 아니더라도 위협당했던 것은 분명했을 것이다(1사무 30장). 데이비드 조블링의 지적에 따르면, 아비가일과 아히노암은 여러 날 동안 적들의 수중에 있었고(1사무 30,13), 난잡한 술판이 벌어졌다(16절). 조블링은 그들이 강간을 당했을 것이라고 도발적인 주장을 한다. Jobling, *1 Samuel, Berit Olam* (Collegeville, MN: Liturgical Press 1998) 184.

복합성에도 불구하고 계속해서 삶이 부정당하는 상황에서 생명을 가져오려고 노력하는 현대의 모범적인 여성들에게도 해당된다.

4. '오늘날'의 리츠파와 아비가일

리츠파와 아비가일 이야기는 용감한 두 여인의 저항을 우리에게 보여 준다. 매우 다른 방식이긴 하지만 이 두 여인은 그들이 사랑하는 이들을 말살시키겠다고 위협하고, (리츠파의 경우처럼) 사랑하는 아들들의 생명을 앗아 가 버린 폭력을 받아들이기를 거부한다. 이 두 이야기의 힘은 독자들로 하여금 끝도 없는 폭력의 악순환에 자기 아들과 딸들을 잃은 전 세계의 부모들이 느끼는 고통을 헤아리고 폭력에서 벗어나는 방법을 창의적으로 모색하도록 해 주었다는 사실에 있다.

리츠파 이야기는 독자들이 서로 다른 트라우마 경험들을 이해할 수 있는 공간을 열어 주었다. 이는 여러 끔찍한 상황들에 대해 나누는 하나의 대화로서, 폭력의 고통으로 신음하는 개인들과 집단들 사이의 연관성을 인식할 수 있게 해 준다.[102] 이 점에서 리츠파의 애

---

102 사알은 흥미롭게도 조너선 사프란 포어의 소설『엄청나게 시끄럽고 믿을 수 없게 가까운』*Extremely Loud and Incredibly Close*을 예로 든다. 이 작품은 트라우마 전이의 행위 속에서 9·11의 트라우마를 제2차 세계대전 동안 드레스덴 폭격과 연결시켜 읽고자 한다. 사알은 주디스 버틀러의 "폭력, 애도, 정치"를 접목해 포어의 소설에서 이러한 서사적 전이가 얼마나 성공적으로 이루어지는지 숙고한다. Saal, "Regarding the Pain of Self and Other", 464-65.

가를 수용해 온 역사를 언급하는 것은 흥미로울 수 있다. 일례로 아달랴 브레너는 호주의 시인 헨리 켄달의 시를 인용한다. 켄달은 19세기에 "오늘날과 같은 현대에도 우리들의 리츠파들은 아무 죄도 없는데 피 튀기는 전장과 전쟁의 구렁에서 가족들을 잃고 있다"고 말했다. "5년이라는 긴 시간 동안 미국을 뒤흔든" 전쟁과 연관 지어 켄달은 라마의 라헬과 마찬가지로 자기 자녀들을 위해 애곡하며 위로받기를 거절했던 리츠파를 언급하고 있다.[103] 또한 낸시 리는 현대의 여러 저항운동에 관심을 돌린다. 예를 들면, 1988년 예루살렘에서 일단의 유다인과 팔레스타인 여성이 검은 옷을 입고 공공장소에 모여서 전쟁, 죽음, 폭력에 대항하는 데서 시작된 '검은 옷을 입는 여성 운동'을 들 수 있다.[104]

그뿐 아니라 전쟁을 끝내기 위해 음식을 베풀었던 바지런한 아비가일의 모범은 평화운동에 참여하는 현대의 해석자들에게 영감을 주었다. 그들은 실비아 슈로어가 한 것처럼 아비가일을 "자매이자 전우"라고 선포한다. 슈로어가 주장하는 대로 "남자들이 우리를

---

103 Brenner, "Rizpah [Re]Membered", 223에서 재인용. 사알은 트라우마 상황에서 주체성의 문제에 대한 흥미로운 논점을 제기한다. 그녀는 "어떤 부상이 국적, 종교, 이념과 상관없는 부상이라면, … 그것은 그 부상이 누가 가해자이며, 무슨 이유로 가한 것인지가 정말로 중요하다"라고 말한다. Saal, "Regarding the Pain of Self and Other", 469.

104 리는 톈안먼 어머니의 캠페인에서 나온 침묵의 애도를 묘사한다. 이것은 체현된 애도의 으뜸 사례다. Lee, *Lyrics of Lament*, 34-35. 또한 남아프리카의 아파르트헤이트 체제에 저항하는 블랙 사쉬의 침묵 시위도 참조하라. Denise Ackermann, "On Hearing and Lamenting: Faith and Truth-Telling", in *To Remember and to Heal: Theological and Psychological Reflections on Truth and Reconciliation*, ed H. Russel Botman and Robin M. Petersen (Cape Town: Human & Rousseau 1996) 47-56.

제쳐 놓고 전쟁을 준비하고 지구를 생태학적 파산 상태로 몰아갈 때, 우리는 아비가일과 같이 ― 남편이나 다른 남자에게 묻지 않고 ― 평화를 위해 나선다. 우리는 독립적이고 용기 있는 행동을 하도록 부름 받은 것이다".[105]

이런 점에서 평화 만들기라는 끝없는 여정에서 주도적인 행위로서 흥미를 끄는 사례가 여럿 있는데 이것들은 평화를 일구기 위해 음식을 사용한 주도성과 관련된다. 런던의 팝업 식당인 '컨플릭트 키친'은 음식이 인간의 공통적인 경험을 압축적으로 담고 있으며, 그래서 우리 의식儀式의 한 형태가 될 수 있다는 전제에서 세워졌다. (예를 들어, 중동에서는 화해 의식의 일부로 함께 식사하는 관습이 아직도 존재한다.[106]) 미얀마, 요르단, 페루와 같이 충돌이 잦은 지역들에서 음식을 제공하는 팝업 식당들은 적대적인 분파들 사이에 만남을 주선하고, 아비가일이 노력했던 평화 만들기의 정신으로 밥상 나눔을 평화로 가는 길로 삼는다.[107]

---

105 Schroer, "Abigail", 83.

106 필 챔페인은 "중동의 '설'sulh(문자적 의미는 '평화')의 의례 과정"이 공공장소에서 행해지는 무살라하('화해')라는 의례에서 어떻게 끝맺는지 쓴다. 피해자와 가해자 두 가문이 길 양쪽에 줄서서 인사하고 사과를 받아 준다. 이 의식에는 가해자 가족이 피해자의 집을 방문해서 쓴 커피 한 잔을 마시고, 가해자 가족이 식사를 대접하는 순서도 포함된다. Champain, "Conflict Kitchen Puts Peace on the Table", *Guardian*, September 10, 2014, http://www.theguardian.com/global-development/poverty-matters/2014/sep/10/conflict-kitchen-puts-peace-on-the-table.

107 이와 유사한 것이 미국의 '컨플릭트 키친'Conflict Kitchen이다. 미국과 갈등을 겪고 있는 나라들의 음식을 대접한다. 미국에서 시작된 이 식당이 런던 컨플릭트 키친에 영감을 주었다. http://conflictkitchen.org/.

그러므로 이 여성들이 행한 용감한 저항 행위들은 세계 전역의 분쟁 지역에서 남녀노소를 막론하고 그들의 존엄을 계속 침해하는 폭력에 저항하는 모범이 된다. 앞서 시온의 딸의 애도에 대해 인용할 때 우리는 남아프리카공화국의 아파르트헤이트로 인한 비인간화의 상황을 보았다. 데스몬드 투투 주교는 이 상황에 대해 신랄하게 설교했다. 이렇게 투투 주교 또한 리츠파의 애도에 동참한다.

> 당신의 존엄은 그냥 먼지가 묻은 정도가 아닙니다. 짓밟히고 모욕당했습니다. 우리 민중들은 파리 목숨처럼 죽임을 당하고 있습니다. 그것이 당신에게는 보고도 그냥 지나칠 수 있는 아무것도 아닌 일입니까? 그동안은 말하지 못했지만 이제 우리는 무엇을 말해야 하겠습니까? 하느님께서 우리에게 말할 힘을 주신 것은 우리가 원하는 것을 세상이 듣고 인정할 수 있도록 하기 위한 것입니다. 우리는 다름 아닌 당신의 형상으로 창조된 사람들이기 때문입니다.[108]

리츠파가 아들들의 시신들 앞에서 침묵 속에 애도했던 것은 너무도 오래전이다. 그러나 이 설교를 보면 리츠파의 애도가 폭력에 저항하고 그들의 존엄이 "먼지 구덩이에 뒹굴고", "짓밟히고", "모욕당하는" 피해자들에게 인간으로서의 존엄을 회복시켜 달라고 요청하는 모든

---

108 Lee, *Lyrics of Lament*, 167에서 인용.

곳에 메아리치고 있음을 볼 수 있다. 그리고 환대를 베푼 아비가일의 자비로운 행동은 가족이든 원수든 타인을 계속해서 돌보는 여성들의 창의적인 방법, 곧 자비와 친절함을 드러낸다. 결국 리츠파의 힘과 아비가일의 저항은 폭력 없는 더욱 인간적인 세상을 만들고자 애쓰도록 수백 년 후에도 독자들에게 영감을 줄 것이다.

2장

강간의 폭력에 저항하다

1. 끔찍한 강간 실태

남아프리카에서는 17초마다 여성 한 명이 강간을 당한다. 미국에서는 2분마다 (정확히 말하면 107초마다) 강간이 발생한다. 이 통계는 실제로 신고되는 강간과 성폭력 건수에 20을 곱해서 나온 것이다. 20번의 강간 사례 중 단 한 건만 실제로 당국에 신고되기 때문이다. 이런 통계는 매우 충격적인데, 특히 여성의 몸이 폭력에 취약하다는 암울한 사실을 상기시킨다.[1] 그러나 이런 통계에서 드러나지 않는 사실도 있다. 그것은 강간이 각각의 피해자에게만이 아니라 전 세계 여성 전체에게 파괴적인 영향을 미친다는 점이다.

강간은 여성의 몸만 공격하는 것이 아니라 인간됨의 가장 내밀한 정수까지 위협한다. 주디스 허먼에 따르면, 정신적 외상을 겪고 있는 생존자들이 "'나는 이제 다른 사람이에요'라고 말하는데, 그중에서도 가장 심각한 피해를 입은 이들은 '나는 사람이 아니에요'라고 말한다"라고 한다.[2] 특히 강간의 경우, 허먼은 "공격의 목적 자체가 피해자의 자율성과 존엄에 대한 멸시를 드러내는 것"이라고 주장한다.[3] 남아프리카에서 강간에 관한 중요한 연구를 수행한 바 있는 루이즈 뒤 투아도 강간이 가해자의 세계를 고양시키면서 피해자의 세계를 파괴하는 결과를 가져온다고 강조한다. 일레인 스캐리의 연구를 인용하여 뒤 투아는 이렇게 말한다.

> 그러므로 내 주장은 다른 사람을 강간할 때의 흥분은 구체적으로 권력을 구현하고 현시하는 데서 일어난다는 것이다. 이때 권력은 강간을 행한 가해자가 스스로에게 부여한 전권이다. 가해자는 피

---

[1] "South Africa, World's Rape Capital: Interpol", SABC News, April 19, 2012, http://www.sabc.co.za/news/a/a424c0804af19b5e9583fd7db529e2d0/SouthAfrica-worlds-rape-capital:-Interpol-20121904. 2013년에 SAPS가 내놓은 성범죄 통계도 참조할 수 있다. 이 통계에 따르면, 66,196명의 남녀와 아이들이 성범죄 피해를 입는다. 이 수치는 가정 폭력, 강간, 성폭력이 포함된 것인데, 2012년에 비해 2.9퍼센트 증가한 것이다. http://www.saps.gov.za/resource_centre/publications/statistics/crimestats/2014/crime_stats.php. 이 수치도 저조한 신고율을 감안하여 20을 곱해서 나온 것인데, 여기에 따르면 1년에 160만 건가량의 강간이 일어난다. 이스턴케이프주가 진행한 2009년의 연구에 따르면, 조사에 참가한 남성 네 명 중 한 명이 과거에 강간을 저지른 적이 있다고 말했다. David Smith, "Quarter of Men in South Africa Admit Rape, Survey Found", *Guardian*, Jun 17, 2009, http://www.theguardian.com/world/2009/june/17/south-africa-rape-survey. 미국의 통계를 보려면, http://rainn.org/statistics 참조.

[2] Judith Herman, *Trauma and Recovery: The Aftermath of Violence; From Domestic Abuse to Political Terror* (New York: Basic Books 1997) 94.

[3] 같은 책 53.

해자의 세계를 파괴하고 그 잔해 위에 새로운 왕국을 세운다. 스캐리는 고문 피해자의 세계가 쪼그라들다가 결국에 소멸되는 데 비례해서 가해자의 세계는 점점 커진다고 주장한다. … 피해자는 처음에 말로, 다음에는 애원으로, 마지막에는 (고통에 신음하는) 소리로 자기 존재가 점점 파괴되고 있음을 증언하고, 그녀의 주체성이 소멸되고 있음을 몸으로 드러낸다. 그러나 바로 이 동일한 과정에서 가해자는 자신의 목소리와 의지, 인간성이 더없이 높이 비약하는 경험을 한다. 가해자는 강간하면서 무적의 존재가 되고 그 어떤 지상의 법에서도 벗어나 그 자신이 스스로에게 법이 된다.[4]

그러나 강간은 그 폭력의 피해자인 개인에게만 영향을 미치는 것이 아니다. 캐롤 셰필드가 주장했듯이 강간과 아내 구타, 친족 성폭력, 성희롱 같은 여러 성폭력은 여성들에게 공포를 심어 주고, 이 두려움은 여성들을 제자리에서 꼼짝 못하도록 통제하고 지배하는 수단이 된다.[5] 셰필드에 따르면 이러한 "성적 테러리즘"은 다른 형태의 성폭력에도 해당되는데, 여기에는 강간과 친족 성폭력 같은 "분명한 성

---

[4] 같은 곳.

[5] Carole J. Sheffield, "Sexual Terrorism", in *Gender Violence: Interdisciplinary Perspectives*, 2nd ed., ed. Laura L. O'Toole, Jessica R. Schiffman, and Margie L. Kiter Edwards (New York: New York University Press 2007) 111. 그리고 수전 브라운밀러는 강간이 "남성 전체가 여성 전체를 두려움의 상태에 있게 만드는 의식적인 위협의 과정과 다름없다"고 주장한다. Sheffield, "Sexual Terrorism", 113에서 재인용.

폭력"뿐 아니라 "폭력적인 협박"이나 "폭력이 동반되지 않은 성적 위협"도 포함된다.[6]

두려움은 강간을 비롯한 성폭력의 신고 비율이 이례적으로 낮은 이유이기도 하다. 이것은 많은 강간 피해자가 정작 도움을 받아야 할 사람들에게 2차 피해를 입는 상황과 무관하지 않다. 경찰, 병원 직원들, 법정 사람들과 일반 대중에 이르기까지 피해자가 당한 일에 대해서 피해자를 비난하는 모종의 남성적 편견이 분명 존재한다. 스텔렌보스 대학에서 정치학을 가르치는 동료이자 가까운 친구인 어맨다 고우즈와 내가 함께 쓴 논문이 있다. 거기서 우리는 남아프리카공화국 법정에서 강간 피해자들이 겪는 2차 피해를 설명하면서 "여성들의 경험이 '합리적인 남성'의 경험에 비추어 평가되는데, 여기서 합리적인 남성이란 여성들이 성관계에서 무엇을 원하는지를 '잘 아는', 그리고 '싫어!'는 사실 '좋아!'를 뜻한다는 것을 '아는' 남자일 경우가 많다"는 사실에 주목했다.[7]

강간에 대한 모종의 신화가 있는데, 가령 "그녀가 그것을 원했다", "'싫다'는 사실 '좋다'는 뜻이다", "원하지도 않는데 강간당하는 여성은 없다"와 같은 것들이다. 이러한 강간 신화는 여성의 동의 여부에 지나치게 초점을 맞추는 것을 계속해서 널리 퍼트리고, 전반적

---

[6] Sheffield, "Sexual Terrorism", 113.

[7] L. Juliana Claassens and Amanda Gouws, "From Esther to Kwezi: Sexual Violence in South Africa Twenty Years after Democracy", *International Journal of Public Theology* 9, no. 4 (2014) 484-85.

으로 강간과 성폭력이 일상화되는 폭력 문화를 암묵적 또는 명시적으로 양산하고 있다.[8] 이러한 점에서, 강간에 대한 인식을 변화시키고 법적 절차를 피해자들 입장에서 진행하려는 개혁이 전개되어야 한다.[9] 예를 들어, 남아프리카공화국에서는 동의 여부보다 강압적 상황이 있었는지에 초점을 맞추어 강간이 새롭게 규정되고 있다. 피해자의 동의 여부보다 강간이라는 폭력 자체에 중점을 두는 것은 눈에 띄는 개선이다. ('비동의'를 중심으로 법률 제정을 요구하는 우리 상황과 다르다 – 역자 주.) 가해자와 피해자 사이의 불균형한 권력 관계를 인정한 데서 더 나아가, 남아프리카공화국 사법위원회가 권고한 대로 강압에는 "물리적 힘과 그것을 사용한 위협뿐 아니라 타인에 대한 정서적·심리적·경제적·사회적·조직적 권력 행사도 포함된다"는 점을 인지했기 때문이다.[10]

이토록 끔찍하고 공포스러운 강간의 현실에 저항하기 위한 탐색에서는 강간을 묘사하는 고대와 현대의 이야기들이 중요하다고 생각한다. 오펄 파머 아디사는 토니 모리슨, 앨리스 워커, 응토자케 샹게를 비롯한 아프리카계 미국인 작가들이 아프리카계 미국인 여

---

[8] Laura L. O'Toole, Jessica R. Schiffman, and Margie L. Kiter Edwards, "Section 2: Rape", in O'Toole et al., *Gender Violence,* 199; Sheffield, "Sexual Terrorism", 124.

[9] O'Toole et al., "Section 2: Rape", 198.

[10] The South African Law Commission, "Sexual Offences: The Substantive Law", Discussion Paper 85 / Project 107 (1999), http://salawreform.justice.gov.za/dpapers/dp85.pdf. 또한 Louise du Toit, "The Conditions of Consent", in *Choice and Consent: Feminist Engagements with Law and Subjectivity*, ed. Rosemary Hunter and Sharon Cowan (London: GlassHouse Press 2007) 58-73 참조.

성들의 삶에 "끈질기게 따라붙는" 강간을 어떻게 서술했는지 주목한다. 아디사의 묘사를 빌리면, 이 작가들은 특히 "그들이 가진 가장 강력한 무기인 펜을 그들을 지켜 내기 위한 방패로, 즉 그들의 상처를 치유하고, 힘을 끌어모으기 위한 것으로 바꾸었다".[11]

이 장에서 살펴볼 성경의 두 이야기는 서로 다른 시공간을 살았던 여성들이 어떻게 강간의 현실과 위협에 대응했는지 보여 준다.[12] 하나는 사무엘기 하권 13장에 나오는 타마르 이야기고, 다른 하나는 다니엘서의 수산나 이야기다. 강간의 트라우마를 서술한 이 이야기들은 오늘날까지도 지속되는 강간의 현실에 대한 인식을 일깨우는 데 중요한 역할을 할 수 있다. 나아가 이 이야기들은 허먼이 지적한 대로 "그들이 입은 내상들을 이름 짓지 못하게 하는 부인, 은폐, 수치의 장애물들을 여성이 극복할 수 있게" 해 줄 것이다.[13] 이 장에

---

11 Opal Palmer Adisa, "Undeclared War: African-American Women Writers Explicating Rape", in O'Toole et al., *Gender Violence*, 232-33.

12 성경 전통에는 강간의 실상을 묘사하는 이야기가 많다. 주자네 숄츠는 『거룩한 증언』에서 히브리 성경에 나타난 강간 현상을 현대의 강간 논의와 관련시켜 폭넓게 다룬다. Susanne Scholz, *Sacred Witness: Rape in the Hebrew Bible* (Minneapolis, MN: Fortress Press 2010) 참조. 프랭크 야마다도 히브리 성경의 강간 이야기 세 편을 문학적으로 분석한 바 있는데, 그는 복잡한 사회적 상호작용과 강간에 대한 남성의 대응들에 초점을 맞추고 있다. Frank Yamada, *Configurations of Rape in the Hebrew Bible: A Literary Analysis of Three Rape Narratives*, Studies in Biblical Literature 109 (New York: Peter Lang 2008).

13 Herman, *Trauma and Recovery*, 28-29. 예로 「버자이너 모놀로그」에 나오는 충격적인 독백을 보자. 저자이자 연기자인 이브 엔슬러는 보스니아와 코소보 전쟁 동안 일어난 강간과 파괴를 연결한다. 이 연극은 전쟁의 조직적 전술의 하나로 강간이 벌어질 때 그 피해를 입는 2만에서 7만가량의 여성에게 헌정되었다. 여성에게 가해지는 폭력을 종식시키기 위해 세계 곳곳에서 이 연극이 공연되고 있는데, 이것은 V-데이 운동의 일부다.

서 다룰 이야기를 비롯해 성경의 이야기들은 강간의 복잡한 실상을 반영할 뿐 아니라 피해자들의 용기 있는 대응도 보여 준다. 강간의 일상화를 받아들이는 것을 거부하고 가능한 모든 방법을 써서 거기에 저항했던 여성들의 이야기는 독자들에게 도덕적 성찰을 할 수 있는 (안전한) 공간을 만들어 줄 것이다. 독자들 중에는 강간과 성폭력 피해자도 있을 것이고, 그러한 피해를 입은 이들과 연대하고자 하는 여성과 남성도 있을 것이다. 이 모두에게 타마르의 외침과 수산나의 기도는 강간의 폭력에 저항하고 어떤 미미한 방식으로라도 강간의 문화를 개혁하고자 하는 개인과 공동체 전체에 무엇이 필요한지를 성찰할 수 있는 풍요로운 공간을 제공할 것이다.

2. 타마르의 외침(2사무 13장)[14]

1) 파괴된 여성

사무엘기 하권 13장에는 타마르와 그의 이복 오빠인 암논의 이야기가 나온다. 이 이야기는 강간의 실상을 생생하게 그릴 뿐 아니라 (성)폭력에 맞서 저항한 한 여성에 대한 강렬한 증언이다. 이 심란하기 그지없는 이야기는 암논이 휘두르는 압도적인 폭력 앞에서

---

[14] 이 장의 일부는 미국 성경문학학회(SBL) '성서 문학과 트라우마 해석학' 분야에서 발표된 글을 모은 논문집에 수록되었다. L. Juliana Claassens, "Trauma and Recovery: A New Hermeneutical Framework for the Rape of Tamar (2 Samuel 13)", in *Bible Through the Lens of Trauma*, ed. Elizabeth Boase and Christopher G. Frechette, Semeia Studies Series (Atlanta: SBL Press 2016).

타마르가 얼마나 무력했는지 보여 준다. 그런데 실제로 강간이 일어나기 전에 암논은 그의 간교한 친구 여호나답과 함께 타마르가 빠져나갈 수 없도록 음모를 꾸민다.¹⁵ 이 두 친구가 치밀하게 세운 계획 속에서 타마르는 말없이 따를 수밖에 없는 거듭된 명령의 대상일 뿐이다. 암논이 보는 데서 타마르가 음식을 만들어 그의 침실로 가져가자, 암논은 그녀를 폭력적으로 붙잡는다. 11절과 14절은 동사 '하자크'(ḥzq)를 써서 이 행동을 묘사한다. 14절에서 강간은 단 두 단어로 서술되고 재빨리 다음으로 넘어간다. "[그가 그녀를] 강간했다"(way'annehâ) 그리고 "[그는 그녀와] 누웠다"(yiškab'ōtâ). 이 동사들은 타마르가 어느 정도로 대상화되고 있는지를 보여 준다. 또한 프랭크 야마다는 암논이 소리 지를 때 사용한 비인칭 '이것'(zō't)을 지적한다. "이것을 내 앞에서 치워라"(17절)라는 말은 타마르를 더욱 비인간화한다. 야마다는 "암논이 강간으로 타마르에게 수치를 준 것도 모자라 그녀의 인간성을 무시함으로써 모욕까지 하고 있다"고 주장한다.¹⁶ 필리스 트리블도 암논이 타마르를 "폐기 가능한 물건"으로 취급했다고 말한다. 암논은 "이 '물건'을 내다 버리고 싶어졌다. 타마르가 쓰레기가 된 것이다".¹⁷

---

15 필리스 트리블은 두 친구가 꾸민 사악한 계획 앞에서 타마르가 얼마나 무력했는지를 다음과 같이 설명한다. "초반에 두 형제가 그녀를 둘러싸고, 중반에 질병과 치밀하게 계획된 폭력이 그녀에게 덫을 놓더니, 결국 이 교활한 여호나답이 타마르를 압도한다." Phyllis Trible, "Tamar: The Royal Rape of Wisdom", in *Texts of Terror: Literary-Feminist Readings of Biblical Narratives* (Philadelphia: Fortress Press 1984) 39-40.

16 Frank Yamada, *Configurations of Rape*, 120.

또한 우리는 타마르의 남성 가족이 그녀에게 돌봄의 지원망이 되어 주기는커녕 부지불식간에 괴로움만 더해 주는 것을 보게 된다. 다윗은 딸이 당한 피해보다 강간범인 아들의 죽음을 더 애달파하는 있으나마나 한 아버지로 묘사된다. 압살롬도 가족의 비밀을 지키려고 20절에서 가족이라는 말로 타마르의 입을 다물게 한다.[18] "네 오라비 암논이 너와 함께 있었느냐? 그렇다면 얘야, 지금은 입을 다물어라. 어떻든 그는 네 오빠이다. 이 일에 마음을 두지 마라."

마지막으로, 타마르가 겪은 사건을 가장 극적으로 묘사하는 대목은 마지막 문장이다. "타마르는 제 오빠 압살롬의 집에서 처량하게 지냈다"(2사무 13,20). '처량하게'로 번역된 '쇼메마'(šōmēmâ)와 그 의미에 대해서는 많은 논의가 이루어졌다. 울리케 바일은 이 구절과 이 단어가 사용된 다른 구절을 연결시킨다. 이사야서 54장 1절에서 '쇼멤'(šōmēm)은 불임 상태를 묘사한다. 같은 장 3절에서도 '쇼멤'은 파괴되고 무너져 사람이 살 수 없게 된 도시나 땅을 가리킨다.[19] 이

---

17 Trible, "Tamar", 48.

18 야마다는 히브리어 본문이 "그녀의 오빠"로 시작해서 "너의 오빠", "나의 자매", "너의 오빠", "그녀의 오빠"로 이어짐에 주목한다. "그녀의 오빠" 압살롬은 20절의 처음과 끝에서 "나의 자매"를 둘러싸고 있는데, 이 구조는 강간을 덮는 비밀의 장막이다. Yamada, *Configurations of Rape*, 125. 트리블는 "압살롬의 조언은 여동생을 그녀를 강간한 오빠로 둘러싸는 구조다. 이 반복되는 순환 구조는 초반부터 타마르를 옭아매고 있다"고 주장한다. Trible, "Tamar", 51.

19 Ulrike Bail, *Gegen das Schweigen Klagen: Eine Intertextuelle Studie zu den Klagepsalmen Ps 6 und Ps 55 und der Erzählung von der Verwaltigung Tamars* (Gütersloh: Chr Kaiser Gütersloher Verlagshaus 1998) 196; Ilse Müllner, *Gewalt im Hause Davids: Die Erzählung von Tamar und Amnon (2 Sam 13,1-22)* (Freiburg: Herder 1997) 324.

것을 참고하여 바일은 타마르가 오빠 암논에게 강간당한 후 남은 생애를 압살롬의 집에서 완전히 "폐인으로" 살았다고 주장한다. 아니면 누군가는 "파괴된 여성"이라고 말할 수도 있을 것이다. 그렇다면 독일어에서 이 구절을 "생매장된 사람"(eine lebene Begrabene)으로 번역한 것도 적절해 보인다.[20] 그러므로 우리는 한편으로 이 강간의 정신적 외상이 타마르에게 파괴적인 영향을 미쳤다고 주장할 수 있다. 그녀가 여생을 압살롬의 집에서 살았기 때문이다. 특히 강간 피해자가 회복 과정을 회피하면 "의식이 협소해지고 타인과의 관계에서 후퇴하며, 피폐한 삶을 사는" 결과로 이어질 수 있다고 한 허먼의 경고에 귀를 기울인다면, 이러한 주장은 설득력이 있다.[21]

그러나 우리가 놓치지 말아야 할 것은 타마르에게 꺼질 듯 사라지지 않는 저항의 조짐이 있다는 사실이다. 베벌리 미첼은 인간의 존엄성을 파괴할 수 없다는 것을 보여 주는 첫 신호가 "속에서 나오는 저항의 외침"이라고 말한다. 다시 말해, 시몬 베유가 말한 것처럼 우리는 모두 "우리의 인간성이 부정당하고 존엄성이 훼손되는 경험에 본능적으로 대응하게 되어 있다".[22] 타마르가 보여 준 분노의 부르짖음은 성폭력의 비인간화에 저항하는 중요한 첫 단계다.

---

[20] Bail, *Gegen das Schweigen Klagen*, 155, 198; Pamela Cooper-White, *The Cry of Tamar: Violence against Women and the Church's Response* (Minneapolis, MN: Augsburg Fortress Press 1995) 8.

[21] Herman, *Trauma and Recovery*, 42.

[22] Beverly Eileen Mitchell, *Plantations and Death Camps: Religion, Ideology, and Human Dignity* (Minneapolis, MN: Fortress Press 2009) 4, 33.

2) 애도와 저항

사무엘기 하권 13장에는 성폭력에 맞서서 타마르가 저항했음을 보여 주는 암시들이 있다. 이 암시들은 의붓오빠에게 강간당하는 끔찍한 시련을 잘 포착한다. 이러한 저항의 암시들은 타마르가 강간 후 회복 과정을 거쳤다면 중요한 의미를 갖지만, 성경 본문은 당연히 강간 이후 타마르의 경험에 초점을 맞추기보다는 그녀의 남성 가족이 이 비극적인 사건에 보인 반응에 더 초점을 맞추고 있다.[23]

『트라우마와 회복』이라는 중요한 책의 저자인 주디스 허먼은 피해자가 안전을 확보한 뒤에 회복 과정에서 중요한 두 번째 단계는 피해자가 트라우마를 남긴 사건을 재구성하고 그로 인한 상실을 애도하는 것이라고 제안한다.[24] 허먼은 피해자가 슬픔에 온전히 몰두하는 것이 중요하다고 주장한다. 애도하는 데 실패하면 피해자가 트라우마에 갇혀 버릴 수 있기 때문이다.[25]▶

허먼에 따르면, 회복 과정의 이 애도 단계에서 궁극적 목적은 트라우마를 남긴 사건을 말로 표현하는 것이다. 처음에는 끔찍한 사건의

---

23 야마다는 강간 이후 남성들이 보인 반응에 초점을 맞춘다. 예를 들어, 이후 압살롬은 암논을 살해한다. 야마다에 따르면 이것은 단순한 보복 행위가 아니라 계획적인 살인이다. 암논은 압살롬이 미워했던 이복형이자, 다윗의 장자로서 왕위를 두고 경쟁해야 하는 상대였기 때문이다. Yamada, *Configurations of Rape*, 127-28. 아달랴 브레너는 타마르에게 저지른 강간이 "암논이 왕위를 차지할 자격이 없다는 은밀하지만 결정적인 주장"이라고 해석한다. Athalya Brenner, "A Double Date: We are Tamar and Tamar", in *I Am: Biblical Women Tell Their Own Stories* (Minneapolis, MN: Fortress Press 2004) 141.

24 주디스 허먼은 트라우마를 남긴 사건 다음에 이어져야 하는 회복 과정을 세 단계로 제시한다. (1) 안전을 확보하기, (2) 트라우마를 남긴 사건을 기억하고 애도하기, (3) 일상생활을 다시 시작하기. Herman, *Trauma and Recovery*, 3, 155.

생존자가 말을 하는 것 자체가 어려울 수도 있고, 충격적인 사건을 처음 이야기로 푸는 것이니만큼 말이 뒤엉킬지도 모른다. 그러나 이렇게 "충격적인 기억들을 공포, 분노, 슬픔 같은 모든 감정을 동원해 되살리는 카타르시스적 경험은" 회복 과정에서 무엇보다 중요한 단계다.[26] 이렇게 충격적인 사건을 말하는 동안에 "그 이야기는 증언이 된다".[27] 쇼샤나 펠만에 따르면, 이것은 그 자체로 "일종의 치료의 성격을 띠며, 이해하기는 어려워도 이미 치유 과정에 속한다".[28]

더욱이 애도 행위는 트라우마 생존자가 자신에게 닥친 폭력에 저항할 수 있는 수단이 된다. 허먼은 애도와 저항의 이러한 관련성을 다음과 같이 설명한다. "슬픔을 비롯한 다양한 감정을 느끼는 능력을 되찾는 것은 가해자의 의도에 굴복하는 것이 아니라 저항하는 행위로 이해되어야 한다. 트라우마 환자는 그녀가 잃어버린 모든 것을 애도함으로써만 아무도 파괴할 수 없는 내면의 생명력을 발견할 수 있다."[29] 이런 점에서 허먼은 충격적 사건을 재구성하는 과정에서 "보통 사람들이 신학자가 되고 철학자가 되고 법학자가 된다"고 말

---

[25] Herman, *Trauma and Recovery*, 69. 허먼에 따르면, 정신적 외상의 피해자들이 애도에 몰두하기를 두려워하는 이유는 "한번 애도를 시작하면 멈출 수 없을 것"이라고 생각하기 때문이다. 또한 허먼은 "충격적인 경험을 되살리는 것은 … 실제 그 사건을 겪을 때와 같은 강도의 정서적 충격을 동반한다"는 것을 유념해야 한다고 말하는데, 이는 적절한 지적이다. 같은 책 42.

[26] Herman, *Trauma and Recovery*, 25.

[27] 같은 곳.

[28] Shoshana Felman, "Education and Crisis", in *Trauma: Explorations in Memory*, ed. Cathy Caruth (Baltimore, MD: Johns Hopkins University Press 1995) 16.

한다.³⁰ 충격적 사건을 의미화하는 과정에서 생존자는 자신에게 일어난 일을 트라우마가 자신의 삶에 끼어들기 전에 자신이 품고 있던 가치관과 신념에 비추어서 해석한다. 애도를 통해서 끔찍한 사건의 생존자는 자신의 목소리를 되찾고 다시 한번 주체가 되어 그 사건 때문에 경험한 비인간화에 저항한다. 이런 점에서 허먼은 가까운 이들이 피해자에게 "생존자의 존엄성과 가치를 확인해 주는 것"이 매우 중요하다고 지적한다.³¹

사무엘기 하권 13장에 대한 대부분의 해석은 타마르가 당한 강간이라는 사건에 초점을 맞춘다. 그러나 본문에는 주디스 허먼이 제시한 회복 과정의 두 번째 단계로 해석 가능한 예도 여럿 나타난다. 첫 번째로, 타마르는 끔찍한 시련을 당하는 가운데 저항의 명백한 신호를 보여 준다.³² 그녀의 오빠가 그녀를 완력으로 밀어붙일 때, 그녀는 네 차례나 "안 된다"라고 대응한다.

---

29 Herman, *Trauma and Recovery*, 188. 또한 플로라 케시지지언은 회복 과정의 핵심은 과거의 상처와 부당함을 기억하고, 미래를 향해 나가는 것 둘 다여야 한다고 주장한다. "이 과정은 치유되지 않은 상처가 끈질기게 따라다니는 것을 인정하면서 죽은 이들을 기리고 고통을 기억하라는 명령에 귀 기울인다. 그러나 동시에 이 과정은 삶의 열망에 응답한다. … 그것은 죽음과 상실을 회피하지 않고 직면하면서도, 삶에 새롭게, 다시 연결될 수 있게 해 준다." Flora Keshgegian, *Redeeming Memories: A Theology of Healing and Transformation* (Nashville, TN: Abingdon 2000) 43, 88.

30 Herman, *Trauma and Recovery*, 179.

31 같은 책 179. 또한 펠만은 "증언하는 것은 구체적으로 자기 자신의 고유한 이름, 즉 서명을 재발견하는 과정에 참여하는 것이다"라고 주장한다. Felman, "Education and Crisis", 53.

32 Trible, "Tamar", 45; Cooper-White, *The Cry of Tamar*, 13.

그러자 타마르가 그에게 말하였다. "[나의] 오라버니, **안 됩니다**! 저를 욕보이지 **마십시오**. 이스라엘에서 이런 짓을 해서는 **안 됩니다**. 이런 추잡한 짓을 저지르지 **마십시오**. 제가 이 수치를 안고 어디로 가겠습니까? 또한 오라버니는 이스라엘에서 추잡한 자들 가운데 하나가 될 것입니다. 그러니 제발 임금님께 청하십시오. 그분께서 저를 오라버니에게 주시기를 거절하지 않으실 것입니다"(2사무 13,12-13).

우리는 먼저 타마르의 말에서 그녀가 언어를 어떻게 사용하는지 보게 된다. 암논에게 따져 보자고 하면서 그녀는 "나의 오라버니"라고 그를 부른다. 이 호칭은 그가 하려는 성행위가 근친상간으로 여겨질 수 있음을 상기시킨다. 그리고 타마르는 이 끔찍한 사건을 이름 짓는데, 닥칠 범죄를 묘사하면서 강간을 가리키는 전문용어('al tĕ'anēnî)를 사용한다. 계속해서 그녀는 이 사건을 이야기하면서, 그것이 "어리석은" 또는 "무분별한"(nĕbālāh) 짓이고, 이스라엘에서 수치스러운 일로 여겨질 것이라고 말함으로써 암논이 의도한 행동에 대한 도덕적 판단을 내린다. 또한 타마르는 이 폭력적 행동이 그녀에게 어떤 영향을 미칠지["제가 이 수치를 안고 어디로 가겠습니까?"(13절)], 또 이 강간이 가해자인 그에게는 어떤 결과를 초래할지 생각해 보라고 애원한다. 좀 전에 강간 행위를 가리키면서 사용했던 단어 "어리석음"을 반복하면서, 타마르는 암논에게 이스라엘에서 어리석은 자(hanĕbālîm)가 될 것이라고 경고한다.[33] 프랭크 야마다에 따르면, 타마르는 암논의 폭력 행위에 저항할 길을 찾느라 그를 부끄럽게 만드는 말을 한다. 그녀는 그 부끄러운 짓이 다름 아닌 "어리석음"(nĕbālāh)이라고 명명한다.[34] 그리고 이 모든 노력이 실패했을 때, 타마르는 현실적인 해결책을 제안한다. 그것은 그녀와 암논 둘 다 체면을 지킬 수 있도록 아버지에게 축복을 받자고 애원한 것이다.[35] 우리는 많은 강간 피해자들이 "강간범의 인간성에 호소하거나 그와 공감대를 만들려고" 노력한다는 허먼의 지적을 참조하여 타마르의 행동을 이해할 수 있다. 그러나 허먼도 지적했듯이, "이것은 대부분 헛된 노력에 그치고 만다".[36]

다음 구절에서 암논은 폭력적으로 그녀를 강간한 후 그녀를 수치스러움 속에 돌려보낸다. 이렇게 타마르의 저항도 덧없는 수고에 그치고 말았다. 그럼에도 우리는 그녀의 저항에서 트라우마의 회복 과정에서 중요한 부분을 발견할 수 있다. 히브리 성경의 다른 강간

---

33 야마다에 따르면, "'부끄러운 짓'을 가리키는 이 단어(nĕbālāh)는 구약성경의 강간 사건 세 군데 모두 나온다(창세 34,7; 판관 19,23; 20,6). 모든 경우에 … 이 단어는 서술자(창세 34,7) 또는 이야기 속 인물들이(판관 19,23; 20,6) 강간 행위나 강간 계획에 명시적인 판결을 내렸음을 의미한다. … 타마르가 이 단어(nĕbālāh)를 사용한 것은 암논의 명령에 대한 도덕적 판단을 내린 것이며, 이 관점을 독자들도 공유하게 된다." Yamada, *Configurations of Rape*, 115.

34 같은 책 117.

35 아달랴 브레너는 이집트의 어떤 왕정 문화에서 "왕족 중 남매 간 근친상간이 행해졌는데, 이것은 정치권력과 정부의 결속을 강화하기 위한 것이었다"고 주장한다. Brenner, "A Double Date", 140. 이스라엘에는 이런 관행을 금지하는 법이 있었다(레위 18,9; 20,17; 신명 27,22). 그러나 브레너가 추측한 것처럼 "다윗 가문의 남자들이 … 여성을 대할 때 그들이 율법 위에 있는 것처럼 자주 행동"했을 가능성도 있다. Brenner, "A Double Date", 140.

36 Herman, *Trauma and Recovery*, 59.

이야기, 예를 들면 판관기 19장의 레위인의 소실 이야기나 창세기 34장의 디나 이야기와는 대조적으로, 타마르는 목소리가 있었고, 또 목소리를 내기까지 했다. 포켈린 판 데이크헤메스는 타마르의 저항이 "감동적이고 깊은 뜻이 있다"고 말하면서 이렇게 서술한다.[37] "[타마르는] 자신의 명예를 지키고자 단호한 태도로 암논이 한 행위의 진짜 의미를 들추어내 그의 진짜 모습을 드러낸다. 암논은 이스라엘에서 '수치스럽고' 어리석은 자다."[38]

강간이 일어난 후에도 타마르의 저항은 계속된다. 그녀는 암논에게 자신을 돌려보내지 말라고 애원하면서 또 한 번 자신을 무도하게 취급하는 그를 표현할 말을 찾아낸다.[39] 자신을 돌려보내는 암논의 의도는 "잘못되었다". 누군가는 더 강한 표현으로 "악하다"($rā'āh$)고 말할 수도 있다. 그녀가 묘사한 대로 그가 그녀에게 저지른 다른 짓, 즉 성폭력보다 훨씬 더 악한 일이기 때문이다.[40] 일제 뮐너는 이야기의 화자가 타마르의 입을 통해 이스라엘의 윤리, 즉 무엇이 옳고 그른지에 대한 감각을 일깨우고 있다고 지적하는데, 옳은 주장이

---

[37] Fokkelien van Dijk-Hemmes, "Tamar and the Limits of Patriarchy: Between Rape and Seduction (2 Samuel 13 and Genesis 38)", in *Anti-Covenant: Counter-Reading of Women's Lives in the Hebrew Bible*, ed. Mieke Bal (Sheffield, UK: Continuum 1989) 142.

[38] 같은 책 145.

[39] Trible, "Tamar", 47.

[40] Yamada, *Configurations of Rape*, 120. 타마르는 암논에게 호소하면서 율법의 언어를 사용하는데 이것은 그녀를 돌려보내지 못하게 하려는 시도다. 신명기 22장 28-29절에 따르면, 결혼하지 않은 여성과 성관계를 한 이스라엘 남성은 그녀와 결혼하여 그녀의 삶을 책임지고 평생 이혼할 수 없다.

다.⁴¹ 물론 우리는 타마르가 엄청난 결단을 보여 주면서도 그녀가 할 수 있는 일이 너무 제한되어 있다는 점도 인정해야 할 것이다. 판 데이크헤메스가 상기시키는 것처럼, "[타마르]는 권력 구조를 쳐부수는 방향으로는 전혀 가지 않는다. 그녀는 단지 그것의 정체를 밝힐 수 있을 뿐이다".⁴²

그러므로 우리는 끔찍한 시련 한가운데서 타마르가 자신에게 닥친 폭력에 어떻게 저항하는지를 알게 된다. 타마르의 저항에서 우리는 회복으로 가는 첫걸음, 즉 충격적 사건을 서술하는 언어를 찾아내어 성폭력 행위를 도덕적으로 판단하는 해석 행위에 참여하려는 노력을 발견한다. 무엇보다 타마르는 강간을 당한 직후에 자신이 방금 경험한 트라우마를 애도하는 모습을 생생하게 보여 준다.

> 타마르는 재를 머리에 뒤집어쓰고 자기가 입고 있는 긴 겉옷을 찢었다. 그리고 머리에 손을 얹은 채 울부짖으며 계속 걸었다(2사무 13,19).

타마르가 한 행동들은 전부 고전적인 애도 의식에 해당된다. 서술자는 그녀의 애도를 정교하게 묘사함으로써 그녀의 괴로움이 얼마나 크고 오래 지속되는지 강조한다.⁴³▶ 울리케 바일은 동사 '자아크'(*z'q*)가 시사하듯이 큰 소리로 통곡하고 목소리를 높여 외치는 것은 애곡

---

41 Ilse Müllner, *Gewalt im Hause Davids*, 343.
42 Van Dijk-Hemmes, "Tamar and the Limits of Patriarchy", 145.

의 어휘에 속한다고 지적한다.[44] 타마르의 애도가 무슨 내용이었는지 우리는 알 수 없다. 그러나 옷을 찢는 행동으로 우리는 그녀가 겪은 폭력을 볼 수 있다. 이런 상징적 행동을 통해서, 암논이 타마르에게 저지른 잘못은 공공연하게 드러난다. 그뿐 아니라 '자아크'(z'q)는 특히 법정 용어로 사용될 때, 정의가 없는 상황에 처한 사람들의 기본적인 호소를 의미한다. 독일어에서 애곡과 판결이 이와 같이 연관된다는 사실은 단어 '애도'(Klage)와 '고발'(Anklage)의 관계에서 잘 표현된다.[45] 그러므로 타마르의 애곡은 암논의 행동이 불의했음을 공개적으로 고발하는 역할을 한다.

우리는 20절에서 압살롬이 타마르의 애곡을 들었음을 알게 된다. 그러므로 압살롬은 타마르가 겪은 트라우마의 증인이다. 그러나 그는 타마르를 입 다물게 하는데, 이러한 행위는 회복 과정의 핵심 과제라 할 수 있는 애도와 기억의 임무와 상반된다. 울리케 바일은

---

[43] 브레너는 타마르의 일인칭 목소리를 살려 내면서, 이처럼 매우 시각적으로 표출된 애도 의식은 "내가 겪은 모든 일을 다 배출하는 것"이라고 제안한다. Brenner, "A Double-Date", 141. Yamada, *Configurations of Rape*, 121-22도 참조. 플로라 케시지언은 애도의 중요성은 "사람들에게 자기 경험을 트라우마로 이름 붙이는 틀을 제공한다는 데 있다"고 말한다. Keshgegian, *Time for Hope: Practices for Living in Today's World* (New York: Continuum 2006) 104.

[44] Bail, *Gegen das Schweigen Klagen*, 147. 바일은 젠더와 애곡의 관련성을 지적하면서 신구약 중간기 여러 문헌 중에서 여성들의 애도로 여겨지는 것들을 언급한다. 예를 들어, 위僞필론의 저작에 나오는 입다의 딸의 기도, 에스테르기에 있는 에스테르의 애곡이 있고, 토빗기 3장 11-15절에서 사라는 하느님이 도와주시든지, 아니면 죽을 지경이라며 애곡을 한다. 같은 책 81.

[45] 같은 책 147, 215.

타마르를 침묵시킨 압살롬의 시도를 깨고 타마르에게 목소리를 돌려주려 한다. 그것을 위해 바일은 탄식 시편들을 타마르의 애곡을 해석하는 상황으로 상상하는데,[46] 예를 들어 시편 6편은 글자 그대로 타마르의 애가로 볼 수 있다. 이 시편이 노래하는 질병과 불의의 상황에는 성폭력의 트라우마도 포함될 수 있기 때문이다. 바일은 상상력을 발휘하여 시편 6편의 표제를 이렇게 읽어 낸다. "폭력으로 몸과 언어가 파괴된 타마르의 애가. 침묵에 맞서 외치는 노래."[47]

이 점에서 바일은 애가가 고통받는 이들에게 발언의 존엄성을 제공하는 저항 행위라고 주장한다. 어려움에 처한 자들에게 외침은 가장 기본적인 형태의 저항이다. 이것은 '인간이라는 것은 무엇인가' 하는 질문의 핵심에 있다.[48] 바일에 따르면 탄식 시편, 특히 시편 6편의 구절과 연결시켜 보면, 타마르는 목소리를 부여받아 이미 성경 본문 자체에서 시작된 애도의 과정을 이어 갈 수 있다.[49] 그래서

---

[46] 울리케 바일에 따르면, 애가는 폭력을 발언으로 옮기는 기능을 한다. 구약성경에서 탄식 시편들은 개인의 사회적·신체적·심리적 안녕이 위협받는 상황을 증언한다. Bail, *Gegen das Schweigen Klagen*, 24.

[47] 독일어로는, "Ein Klagelied Tamars, der die Gewalt Körper und Sprache zerstört hat. Zu sprechen gegen das Schwigen." Bail, *Gegen das Schweigen Klagen*, 159. 그녀는 시편 55편도 타마르의 이야기와 연관 지어 읽어 낸다. 같은 책 160-212.

[48] 같은 책 49, 59-61. 돕스알소프는 "윤리적 차원에서, 말로 표현된 고통은 저항 행위가 된다"고 주장한다. F. W. Dobbs-Allsopp, *Lamentations, Interpretation: A Biblical Commentary for Teaching and Preaching* (Louisville, KY: Westminster John Knox, 2002) 35.

[49] 또한 브레너는 타마르가 처녀성과 자신의 삶, 그리고 가족과 보호에 대한 감각을 상실한 것을 애도하면서 압살롬의 집에 머무르는 모습을 상상한다. Brenner, "A Double-Date", 141.

우리는 시편 6편 7-8절에서 끔찍한 사건을 애도하는 희생자를 생생하게 묘사하는 것을 볼 수 있다. 앞에서 보았듯이, 이러한 애도는 회복 과정의 필수적 측면이다.

> 저는 탄식으로 기진하고
> 밤마다 울음으로 잠자리를 적시며
> 눈물로 제 침상을 물들입니다.
> 저의 눈은 시름으로 멀어지고
> 저의 모든 적들 때문에 어두워집니다.

그뿐 아니라 시편 6편은 '애도'(Klage)와 '고발'(Anklage)의 연관성을 훨씬 더 분명하게 표현하고 있다. 11절에서 가해자가 자기의 행위를 직면하고 부끄러움을 느끼기 때문이다("내 원수들은 모두 부끄러워 몹시 떨리라. 부끄러워하며 순식간에 물러가리라"). 이것은 자신의 부끄러움을 어떻게 해야 할지 모르는 타마르의 모습과 대조된다(2사무 13,12).[50] 마지막으로, 시편 6편은 고통받는 자와 연대하는 하느님을 이야기 안으로 끌어들인다. 사무엘기 하권 13장에서 타마르의 강간을 이야기할 때 두드러지는 것은 하느님의 부재였다. 이것은 트라우마로 인해 믿음이 산산이 부서져 버린 상황을 반영하는 것일 수도 있다. 그러나 그와는 대조적으로, 시편 6편 9-10절에서 끔찍한 사건의 생존자는 하느님

---

50 Bail, *Gegen das Schweigen Klagen*, 158.

이 그녀의 통곡 소리를 듣고 기도를 받아 주셨다고 고백한다. 이러한 고백은 생존자들이 트라우마에서 회복되는 과정을 도와줄 귀중한 신학적 원천이 될 것이다.[51]

3) 살아남는 것이 저항의 궁극적 형태다

강간의 트라우마에서 살아남는 것이야말로 결국 저항의 궁극적 형태다. 플로라 케시지지언에 따르면, "실존의 위협을 경험한 자들에게는 계속해서 살아가는 것이 가장 기본적인 보복이다."[52] 이것은 타마르의 이야기에서도 옳은 말이다. 일제 뮐너는 성폭력이 그 사람의 소멸을 목적으로 삼는 한, 피해자가 살아남는다는 단순한 행동도 (성)폭력에 저항하는 행위로 이해될 수 있다고 주장한다.[53]

주디스 허먼에 따르면, 회복 과정에서 세 번째이자 마지막 과제는 피해자가 더 큰 공동체와의 연대를 재구축하는 것이다. 이것이야말로 강간의 폭력에서 살아남는 가장 중요한 수단이 된다.

> 생존자는 끔찍한 과거를 받아들이느라 애쓰면서, 미래를 창조하는 과제에 맞닥뜨린다. 그녀는 트라우마를 남긴 사건이 파괴해 버린 예전의 자기를 애도했다. 그리고 이제 새로운 자기를 계발해야 한다. 그녀가 맺었던 관계들은 트라우마를 통해 시험을 거

---

51 같은 곳.
52 Keshgegian, *Redeeming Memories*, 66.
53 Bail, *Gegen das Schweigen Klagen*, 204; Müllner, *Gewalt im Hause Davids*, 348.

쳤으며 그것으로 인해 완전히 변화되었다. 이제 그녀는 새로운 관계를 계발해야 한다. 그녀의 삶에 의미를 주던 낡은 믿음들은 도전을 받은 것이다. 이제 그녀는 삶을 지탱해 줄 새로운 신앙을 찾아야 한다.[54]

타마르가 과연 회복 과정에서 이 단계에까지 도달했는지는 알 수 없다. 이런 흐름에서 에이드리언 블레드스타인은 상상의 나래를 펼쳐 "타마르가 … 자신의 트라우마를 이해하고 온 이스라엘을 위해 그녀의 재능을 펼쳤다고 상상하고 싶다"고 말한다.[55] 그녀는 타마르가 이야기와 시를 짓고 치유를 위한 기도를 드리는 모습을 상상하는데,[56] 이러한 해석은 허먼이 회복 과정에 관해 말했던 것과 매우 유사하다. "잔혹한 폭력을 보상할 길은 없지만, 그 경험을 타인을 위한 선물로 만듦으로써 그것을 넘어설 수 있는 방법은 있다."[57]

그뿐 아니라, 허먼에 따르면 회복의 세 번째이자 마지막 단계에서 "생존자가 트라우마를 자기의 삶 안으로 받아들이면서 아이들과 새로운 형태의 관계를 맺는 데 더 개방적일 수 있다. … 혹 그녀에게 아이가 없다면 젊은 사람들에게 새롭고 더 폭넓은 관심을 가지기 시

---

54 Herman, *Trauma and Recovery*, 196.

55 Adrien Janis Bledstein, "Tamar and the 'Coat of Many Colors'", in *Samuel and Kings*, ed. Athalya Brenner, A Feminist Companion to the Bible, Second Series (Sheffield, UK: Sheffield Academic Press 2000) 82.

56 같은 책 73-74.

57 Herman, *Trauma and Recovery*, 207.

작할지도 모른다. 어쩌면 처음으로 세상 속으로 아이들을 데려오는 것을 바라게 될지도 모른다."⁵⁸

이야기의 범위를 넘어서는 추측이 되기는 하겠지만 대부분의 해석자들은 타마르가 아이를 가지지 않았을 것이라고 가정한다.⁵⁹ 그러나 압살롬이 딸을 타마르라 이름 지었는데, 그 딸이 고모를 닮아 아름다웠다는 언급(2사무 14,27 참조)을 보면 보다 큰 공동체와 중요한 연결점이며 회복에 매우 중요한 생명을 주는 연대의 재구축을 입증해 준다.⁶⁰ 주디스 허먼은 한 베트남전 참전 군인의 증언을 인용한다. 그는 자신의 전우가 세례식에서 그의 갓난아기를 안고 있는 것을 보았을 때의 느낌을 이렇게 묘사했다. "세례식을 하는 중에 나는 이겼다는 기분이 들면서 극복되었음을 느낄 수 있었다."⁶¹

그러므로 희생자의 관점에서 생존과 회복에 초점을 두고 타마르의 이야기를 전하는 것은 그 자체로 저항의 행위라 할 수 있다. 타마르의 저항을 상상하는 것은 그녀에게 주체성을 주고, 비극적 사건을 애도하는 그녀를 숙고하며, 성경 보도에서 시작된 희생자 만들기와 주체성 말살의 과정을 그만두는 것이다.

---

58 같은 책 206-207.

59 Cooper-White, *The Cry of Tamar*, 8-9.

60 자신의 딸로, "압살롬은 여동생에 대한 살아 있는 기념비를 만들었다"고 트리블은 제안한다. Trible, "Tamar", 55.

61 Herman, *Trauma and Recovery*, 207.

4) 저항의 공간 창출하기

이 이야기를 어떻게 읽어도 타마르가 겪은 폭력을 되돌릴 수는 없다. 일상적으로 성폭력의 고통과 모욕을 겪어 온 수십만의 남성과 여성이나 아이들의 경우도 마찬가지다. 그럼에도 타마르의 이야기를 읽는 것은 트라우마에 대한 솔직한 묘사를 접하고 폭력에 저항한다는 면에서 의식을 깨우는 수단이 될 수 있다. 그녀의 이야기가 당시의 독자들은 물론 지금까지도 (성)폭력에 저항하도록 도전하는 살아 있는 기념비가 되었다는 사실이 이를 가리킨다.

콰줄루나탈주에 있는 우자마 센터는 놀라운 일을 해 오고 있다. 「성경 이야기가 캠페인이 되다」라는 논문에서, 제럴드 웨스트와 품질레 존디마비젤라가 간략하게 들려준 바에 따르면 1990년대 우자마 센터의 연구원들은 타마르의 이야기를 '맥락적 성경 공부'(CBS)의 한 부분으로 사용하기 시작했다. 이 성경 공부는 다음의 두 가지가 일어날 수 있는 안전한 공간들을 만들고자 했다. 첫째, 성경 공부 인도자들은 신중하게 준비된 질문들을 통해서 타마르 이야기 안으로 독자들을 이끌어 참가자들이 속한 각각의 공동체에서 일어나는 성폭력의 현실에 대한 의식을 일깨우고자 한다. 두 번째, 성경 공부가 끝날 때는 다 함께 공동체에서 일어나는 폭력에 저항할 수 있는 창의적인 행동 계획을 생각해 보자고 격려한다.[62] 타마르 이야기에

---

[62] Gerald West and Phumzile Zondi-Mabizela, "The Bible Story That Became a Campaign: The Tamar Campaign in South Africa (and Beyond)", *Ministerial Formation* 103 (2004) 4-12.

대한 이 성경 공부는 아주 성공적이어서 폭력에 맞서서 공개적으로 목소리를 내자는 '타마르 캠페인'에 영감을 주었다. 웨스트와 존디 마비젤라는 이 캠페인이 어떤 결과를 낳았는지 말한다.

> 이 캠페인은 여러 사람의 삶을 변화시켰다. 타마르의 저항은 많은 여성에게 목소리를 부여했다. 젊은 남성들은 그 이야기 속에서 타마르의 강간에 공범이었던 여러 남자의 행동에 격분했다. 이것은 그 남성들에게 사랑하는 이들을 존중하고 보호하는 대안적 문화를 만들자는 격려가 되었다. 교회 지도자들은 이 본문을 교회 내의 개방의 정신을 여는 도구로 사용했다. … 강간을 당하는 아이들과 여성들이 늘어 가는 현실에서 교회는 예언자적 목소리를 회복시키지 않을 수 없었고, 여기서 타마르의 이야기는 이렇게 할 수 있는 역량을 기르는 중요한 원천이 되었다. 투쟁은 계속된다!(Aluta continua!). 투쟁은 정말로 계속되고 있다. 그러나 우리가 함께한다면 우리는 젠더 폭력과 HIV와 에이즈의 전파에 맞선 전투에서 승리할 수 있다.[63]

샬린 판 데르 발트는 교차 문화적 성경 읽기 과정의 기초로 타마르 이야기를 사용한다. 서로 다른 사회적·민족적 구성에서 온 여러 사람이 함께 모여서 그들이 성경 본문을 읽는 방식을 공유하는 것이다.

---

63 같은 책 12.

판 데르 발트는 경험적 연구를 통해 교차 문화적 읽기 공간에서 일어나는 힘의 역학을 생각한다. 그리고 그는 교차 문화적 성경 읽기 과정이 "내재된 복잡한 힘의 역학을 피할 수는 없지만, 인간의 존엄성을 증진시키고 사회 변화를 촉진하는 고유한 역량을 가진 공간임이 입증되었다"[64]라고 주장한다. 그녀에 따르면, 성경 본문을 함께 읽으면서 서로 다른 문화를 만나는 교차 문화적 경험은 함께한 참가자들 모두에게 변화를 가져올 수 있는 잠재적 효과를 보여 주는 "역동적인 만남 장소"다. 판 데르 발트는 자기와는 완전히 다른 민족적·사회문화적 환경에 있는 여성들과 함께 타마르 이야기를 읽는 이러한 과정의 결과를 이렇게 설명한다.

> 문화 간 대화는 여성들에게 자기 이야기를 나누고 폭력과 불의에 관한 주제들을 탐색할 기회를 제공한다. 그러므로 여성들이 타마르 이야기를 해석하는 열쇠로 자기 자신의 경험을 사용할 것은 분명해 보인다. 어떤 이들에게 이 대화는 희망을 주고 용기를 북돋워 줄 것이고, 다른 이들에게는 폭력과 강간의 현실을 경험한 여성들에게 다시 한번 애도를 표현할 것이다. 여성들은 자신의 이야기를 사용해서 폭력과 강간의 고통을 애도할 뿐 아니라 서로

---

64 Charlene van der Walt, "Hearing Tamar's Voice: Contextual Readings of 2 Samuel 13,1-22", *Old Testament Essays* 25, no. 1 (2012) 182-206, http://www.scielo.org.za/pdf/ots/v25n1/10.pdf. 그녀의 최근 책 Van der Walt, *Toward a Communal Reading of 2 Samuel 13: Power and Ideology within the Intercultural Bible Reading Process*, Intercultural Biblical Hermeneutics Series 2 (Elkhart, IN: AMBS 2015)도 참조하라.

를 격려하고 대안을 꿈꾸기도 한다.[65]

이렇게 타마르는 성경 본문을 넘어서 살아가고 있다. 그녀의 이야기와 그녀의 저항은 다른 이들을 도와줄 것이다. 삶의 상황에 따라 어떤 이들에게는 살아남도록, 어떤 이들에게는 인식하고 변화를 이끌어 내도록 도울 것이다. 다양한 공동체 안에서 벌어지는 강간 폭력은 많은 성폭력 희생자들의 삶을 지속적으로 파괴하는 것은 물론, 노소나 빈부, 교육 여부를 막론하고 자신 또한 강간 피해자가 될까 봐 두려워하는 모든 여성의 안전과 안정감을 위협한다. 남아프리카공화국의 여러 지역에서 진행되는 맥락적 성경 공부의 사례들은 이러한 강간 폭력에 저항하기 위해 안전한 공간들을 만들고 성경 읽기를 중심으로 사람들을 모으며, 서로를 위로하고 강간 폭력에 맞서 집단적 전략을 수립하는 일 등에서 충분히 그 가치를 입증하고 있다.

3. 수산나의 기도

1) 안전한 정원은 없다

강간의 폭력에 대응한 여성 저항의 놀라운 모범을 제시하는 두 번째 사례는 수산나 이야기이다. 사실 수산나에 대해서는 비슷한 이야기의 여러 판본이 있는데, 그것들은 성폭력에 맞선 여성 저항을

---

65 Van der Walt, "Hearing Tamar's Voice", 203.

깊이 생각해 보는 데 유익하다. 이 판본들 가운데 가장 오래된 것은 가톨릭 성경 다니엘서 13장이다. 이는 총 46절로 이루어진 고대 그리스어 판본이었다. 나중에 이 고대 그리스어 판본은 64절로 된 약간 더 긴 테오도시우스 판본으로 대체되었는데, 이 본문은 기원후 2세기의 전형적인 특징을 보여 준다.[66] 주자네 숄츠는 구약성경에 나타나는 강간을 분석하는 자신의 책 『성스러운 증언』에서 수산나를 다루는데, 숄츠가 소개하는 본문은 우리가 아는 것과는 다른 이야기다. 이 사마리아 판본에서 아므람의 딸은 아랍어로 전해진 수산나 이야기와 놀랍도록 비슷하면서도 매우 흥미로운 (그리고 중요한) 차이점들을 보여 주는데, 이것이 구약성경에 나타난 여성의 저항을 연구하는 데 특히 중요하다.[67]

수산나 전승들은 이스라엘이 제국 치하에서 유다인의 정체성을 지키며 살아가려고 무척 분투하던 시기에 나온 것이다. 우리는 에스테르기와 유딧기 그리고 수산나 이야기가 첨부된 다니엘서에서 이와 같은 정체성 투쟁이 일어나고 있음을 볼 수 있다. 수산나 이야기에서 사건이 일어나는 배경은 바빌론 포로기다. 그러나 에이미질 리

---

[66] Nicole Tildford, "The Greek Book of Daniel", in *Women's Bible Commentary*, 3rd ed., ed. Carol A. Newsom, Sharon H. Ringe, and Jacqueline E. Lapsley (Louisville, KY: Westminster John Knox 2012) 426-27.

[67] Susanne Scholz, *Sacred Witness: Rape in the Hebrew Bible* (Minneapolis, MN: Fortress Press 2010) 45-47. André LaCocque, *The Feminine Unconventional: Four Subversive Figures in Israel's Tradition,* Overtures to Biblical Theology (Minneapolis, MN: Fortress Press 1990) 26-28도 참조.

바인이 지적했듯이 유다인들은 비교적 풍요로운 삶을 누린 것으로 묘사된다. 수산나는 한가롭게 정원을 거닐고 날마다 목욕을 한다. 리바인에 따르면, "1절에 바빌론이라는 배경이 강조되긴 하지만, 유배지에서 그녀나 그녀의 가족이 고생하는 것은 아니다. 그녀는 바빌론 강가에서 슬피 울지 않고, 목욕을 즐기고 있다".[68] 그러나 수산나 이야기는 부나 재산도 그녀를 성폭력에서 지켜 줄 수 없음을 입증하는 강력한 사례다. 리바인이 정확하게 지적한 것처럼, "위협받는 계약 공동체를 대표하는 수산나는 이방 환경에서 사회적 특권을 영위하고 있는 사람들에게 어떤 정원도 안전하지 않다고 경고하고 있다".[69] 그러나 수산나와 동시대를 살았던 에스테르, 유딧, 심지어 다니엘에게 위협은 외부에서 오는 것이었다. 이와 반대로 수산나에게 위협은 내부에서 온 것이었는데, 그녀의 가해자로 등장한 것이 다름 아닌 영향력 있는 두 재판관이었기 때문이다.[70]

테오도시우스 판본에 따르면, 이야기는 이렇게 전개된다. 요야킴이라는 이름의 어떤 부자에게 수산나라는 아내가 있었다. 그녀는

---

68 Amy-Jill Levine, "'Hemmed in on Every Side': Jews and Women in the Book of Susanna", in *A Feminist Companion to Esther, Judith, and Susanna*, ed. Athalya Brenner (Sheffield, UK: JSOT 1995) 312.

69 같은 곳.

70 앙드레 라코크는 공동체가 이 원로들의 권위에 의존하고 있다는 것을 다음과 같이 설명한다. "그들은 탐욕을 품고 간음했으며(41절), 그들은 거짓 고발을 하였다(62절). … 무죄한 자들의 호소를 묵살하였다(60절). 그들은 악한 자들이다(62절)". LaCocque, *The Feminine Unconventional*, 30.

매우 아름답고, 주님을 경외하며, 교육까지 잘 받은 여인이었다. 그녀는 정원을 거닐고, 안전하다고 생각해서 자기 집 뜰에서 목욕을 즐긴다. 두 재판관은 서로 모르게 정원을 거니는 수산나를 눈여겨보았다. 그러던 어느 날 수산나를 몰래 훔쳐보던 이 둘이 서로 마주친다. 이 아름다운 여인에게 깊은 음욕을 품었다고 실토한 그들은 함께 그녀를 차지할 음모를 꾸민다. 그들은 수산나가 그들과 성관계를 하지 않을 수 없는 상황을 만든다(19-21절). 그녀가 거부한다면 두 사람은 그녀를 간통으로 거짓 고발하겠다고 맹세하는데, 당시 간통은 사형에 처해지는 범죄였다. 이런 위협을 들은 수산나는 그들의 요구를 거절하면서 강력한 말로 자신이 "꼼짝 못할" 곤경에 빠졌음을 호소한다(22절). 그러고는 소리를 지른다(24절). 이 때문에 강간 시도는 좌절되지만, 재판관들이 그녀를 간통으로 고발하겠다는 뜻을 실행에 옮김으로써 사실상 수산나는 처형 직전까지 몰린다. 법정에서 그녀를 고발한 두 사람은 수산나의 베일을 벗겨 수치를 주는데, 본문이 분명하게 증언하는 대로 그녀의 "아름다움을 보고 즐기려는 속셈"(32절)이었다. 그들은 그녀를 끊임없이 대상화한다. 두 사람의 증언이 일치하는 데다, 공동체의 원로이자 재판관이었던 그들의 지위를 고려한 법정은 그들의 말만 믿고 수산나에게 사형을 선고한다(41절). 완전히 혼자가 된 수산나는 큰 소리로 하늘을 향해 부르짖는다(35, 42-43절). 사람들이 수산나를 처형하러 끌고 가는 최후의 순간에, 하느님이 그녀의 기도에 응답하셔서 젊은 다니엘을 보내신다. 그는 놀라운 지혜로 두 재판관을 서로 떼어 놓고, 그들이 같은 질문에 다른 대답을 하자 그들의 거짓을 드러내고, 죽음을 눈앞에 둔 수산나를 구해 낸다(60-62절).

2) 강간이라는 구조적 폭력

수산나 이야기는 복잡하게 얽힌 여러 겹의 폭력과 강압을 드러내면서 강간의 구조적 성격을 강조한다. 이는 불행히도 우리 시대 전 세계 많은 여성이 겪고 있는 경험을 반영한다. 그러나 강간 폭력을 묘사하는 이 서사에서 우리는 수산나가 속한 공동체는 물론 수산나가 저항한 분명한 표지를 발견하게 될 것이다.

우선 수산나에게 일어난 일을 제대로 인식하는 것이 중요하다. 그녀가 용감하게 저항했기에 좌절되었을 뿐이지, 그것은 명백한 강간 미수였다.[71] 그렇지만 이것은 자명한 사실이 아니었다. 글랜시가 지적한 대로, 많은 이가 수산나 이야기를 해석하면서 이 원로들이 수산나를 유혹했다는 데 초점을 맞추었다. 그들은 일종의 "중년의 위기"에 놓인 남자들이 "구혼자들"처럼 행동하는 것으로 묘사했고, 그 결과 이 이야기는 흥미진진한 불륜 이야기로 바뀌었다. 합의가 가능한 성인들 사이에서 일어난 일이므로 수산나는 정중히 "그 제안을 거절할 수 있다"는 식이다.[72]

---

[71] Scholz, *Sacred Witness*, 49-50. Carey A. Moore, "Susanna: A Case of Sexual Harassment in Ancient Babylon", *Bible Review* 8, no. 3 (1992) 20-29, 32도 참조하라.

[72] Jennifer A. Glancy, "The Accused: Susanna and Her Readers", in Brenner, *A Feminist Companion to Esther, Judith, and Susanna*, 111-12.

사건을 이런 식으로 해석하는 경향은 예술 전통에서 특히 분명하게 나타난다. 예술 작품들은 음욕을 품고 원로들이 지켜보는 동안에 정원에서 목욕하고 있는 벌거벗은 수산나의 아름다움을 묘사하는 데 주력한다. 도발적으로 노출된 육체를 부각시킨 이런 그림들은 제니퍼 글랜시와 미케 발이 지적한 대로 관객들을 훔쳐보는 위치에 놓음으로써 남성 가해자들의 시선에 동참하게 만든다.[73] 이런 회화 작품들에서 관능적인 묘사는 서사의 세부적인 서술에 의해 더욱 배가된다. 가령 "올리브 기름과 비누(물분)"를 언급하는 본문은(17절) 수산나의 정원을 아가雅歌가 연상되는 기쁨의 정원으로 탈바꿈시킨다.[74] 그런 해석은 어느 정도 공격을 받을 만한 행동을 수산나가 했다는, 결국은 그녀에게 빠져든 구혼자들을 유혹한 것은 수산나 자신이라는 인상을 만들어 낸다. 본은 다음과 같이 지적한다. "수산나의 몸이 남성의 욕망의 이유가 된 것처럼 수산나의 순진무구는 암묵적으로 죄책으로 바뀌고, 하와처럼 그녀도 죄를 저지르게 유혹하는 모습으로 그려진다."[75]

그뿐 아니라 지난 오랜 세월 동안 수산나가 원로들의 음욕에 굴

---

[73] 글랜시는 수산나가 "일관되게 바라봄의 대상으로 … 그래서 여성성을 '바라보는 대상'으로 제시한다"고 지적한다. Glancy, "The Accused", 107.

[74] Levine, "Hemmed in on Every Side", 315, 317. 미케 발은 "언어적 포르노의 가능성, … 보는 것의 상상적 본질만큼이나 언어적 표현의 시각적 성격을 보여 주는 증거로서" 말하고 있다. Bal, "The Elders and Susanna", Biblical Interpretation 1, no. 1 (1993) 11.

[75] Babette Bohn, "Rape and the Gendered Gaze: Susanna and the Elders in Early Modern Bologna", *Biblical Interpretation* 9, no. 3 (2001) 265.

복하지 않았다고 주장했던 많은 해석은 그녀가 어느 정도 선택권을 가지고 있었다고 주장한다. 슈뢰더가 지적했듯이, 사실상 "수산나 이야기는 처녀 순교자들의 이야기들처럼 여성들이 자신의 뜻에 반하여 강간당할 수 없다고 주장하는 데 사용되어 왔다".[76]

이와 같은 강간 신화는 널리 퍼져서 강간과 여성의 성생활을 연구하는 해석자들의 태도에 반영되고 있다.[77] 페미니스트 해석자들은 이러한 신화들에 날카롭게 도전해야 했고, 실제로 그래 왔다. 그래서 중요한 것은 수산나에게 발생한(일어날 뻔한) 일이 위압적인 힘의 맥락에서 벌어졌기 때문에 실패한 유혹이 아니라 강간 공격으로 이해되어야 한다고 인정하는 것이다. 숄츠에 따르면, 이것이 강간 시도라는 점이 오래된 그리스어 판본에 특히 분명하게 나타난다. 이 판본은 "강요하다"라고 번역되는 그리스어 단어를 사용해서 원로들의 행동의 강압적 성격을 폭력과 위력으로 표현한다.[78] 글랜시는 이 점을 정확하게 지적한다. "원로들은 수산나를 유혹한 것이 아니다. 그들은 수산나를 달래서 그녀 자신의 욕망을 따르도록 만들고 있는 것이 아니다. 그들은 강압을 사용하여 사형에 처할 수치스러운 범죄

---

[76] Joy Schroeder, *Dinah's Lament: The Biblical Legacy of Sexual Violence in Christian Interpretation* (Minneapolis, MN: Fortress Press 2007) 209.

[77] 예를 들어 본은 수산나를 그리는 16세기 베네치아의 많은 회화 작품이 "초기 르네상스 시대 베네치아에서 강간이 심각한 범죄로 여겨지지 않았던" 풍토를 반영하고 있다고 설명한다. Bohn, "Rape and the Gendered Gaze", 266.

[78] 숄츠에 따르면, 테오도시우스 판본에서는 원로들이 수산나를 유혹하는 것처럼 보이지만, 오래된 그리스어 판본은 분명한 용어로 원로들이 그녀를 강간하려고 한 것을 심각한 공격으로 기술한다. Scholz, *Sacred Witness*, 49.

로 위협하면서 그녀가 굴복하지 않을 수 없도록 만들고 있다."[79] 수산나 자신도 어쩌지 못할 상황에 처했음을 안다는 것은 "꼼짝 못할 곤경에 처해 있다"(22절)고 인정하는 데서도 분명하게 나타난다. 22절은 정말로 아무런 힘도 없는 그녀가 위력과 강제로 점철된 상황에 처해 있음을 잘 포착하고 있다.[80]

이런 면에서 수산나 이야기 속 폭력이 단순한 성폭력 사건을 훨씬 넘어선다는 것을 인식하는 것이 중요하다. 우리는 강간 시도라는 폭력이 어떻게 이후 사건들로 비화되는지 보게 된다. 강간 시도 이후 원로들은 수산나에 대한 남성들의 권력의 원천인 그들끼리의 연대를 드러내면서 수산나에게 누명을 씌운다. "그들[남자들]의 단합은 그들의 공격을 가능하게 만든다"라는 미케 발의 주장은 옳다.[81] 나아가 미케 발은 원로들의 높은 사회적 지위가 욕망에 따라 행동할 수 있는 힘을 부여했다고 지적한다. 그러나 그녀가 지적한 대로, "재판관으로서 삶과 죽음에 대해 그들이 가진 권력은 그들이 각자의 음욕에 따라 독자적으로 행동하게 할 정도는 아니었다. 그들은 협력해야 했는데, 그것은 그들이 서로 주고받은 도덕적 지지가 문화적 지지의 허구적 재현이기 때문이다."[82] 그러나 바로 이 점이 그들의 권력을

---

79 Glancy, "The Accused", 111-12.

80 같은 책 113. 글랜시는 이렇듯 난감한 상황을 다음과 같이 묘사한다. "수산나가 어떤 결정을 내리든지 그것은 그녀를 원로들의 수중에 떨어지게 만든다. 그녀가 양자택일 가운데 끼어 있다는 언어들은 그녀 스스로 사실상 선택권이 없다고 인지했음을 보여 준다. 그녀에 대한 원로들의 권력은 이 상황에서 빠져나갈 수 없다는 현실로서 제시된다."

81 Bal, "The Elders and Susanna", 6.

취약하게 만든다. 그들이 분리되자마자 그들의 권력도 분쇄된다.

게다가 재판관들의 음모는 수산나에 대한 허위 진술에 집중된다. 그리고 이 엄청난 거짓말은 그녀의 신실함에 의심을 제기하고 그녀를 간통을 범한 사람으로 묘사한다. 혼자였던 수산나는 공동체에서 명망 있고 존경받는 이들의 엄청난 세력 과시에 맞설 기회조차 없었다. 그리고 그녀가 사형 판결을 받았다는 사실은 그녀에 대한 원로들의 힘이 절대적이었음을 나타낸다.

이 점에서 수산나와 억지로 성관계를 맺으려 한 재판관들의 시도가 하나의 독립된 사건이 아니라 더 큰 구조적 문제를 반영한다는 사실을 유념해야 한다. 이것은 판관들을 향해 다니엘이 한 말에서 분명하게 나타난다. 다니엘은 판관들이 여성에게 피해를 입힌 것이 처음이 아니라고 밝힌다. "당신들은 이스라엘의 딸들을 그런 식으로 다루어 왔소. 그 여자들은 겁에 질려 당신들과 관계한 것이오. 그러나 이 유다의 딸은 당신들의 죄악을 허용하지 않았소"(57절).

어떻게 해서 이 두 판관이 이전에 성폭력을 저지르고도 빠져나갔는지를 질문하지 않을 수 없다. 그 질문에 대한 답은 두려움이다. 그러므로 본문에는 이름 없는 피해자들, 강간의 공포에 위협당한 젊은 여인들이 숨어 있다. 캐롤 셰필드와 루이즈 뒤 투아는 강간의 위협적 특성에 대해 말한다.[83] 그러므로 이 남자들은 수산나를 유혹하

---

82 같은 책 7.
83 Sheffield, "Sexual Terrorism", 111; Du Toit, "Rumours of Rape."

거나, "여성들의 욕망에 장단을 맞춘 것이" 아니라, 여성들의 두려움을 이용한 것이다. 이 점에서 "우리는 이 두려움을 강간으로 인식하도록 배워야 한다"라고 한 글랜시의 말은 적절하다.[84]

수산나 이야기는 강간 피해자들이 불의한 사법 체계에서 겪는 폭력 또한 드러낸다. 법정에서 수산나의 목소리는 들리지 않는다. 증언을 하라는 요청을 받지 않았기 때문에 그녀는 함정에 빠졌다고 말할 수도 없다. 독자들은 앞서 원로들의 공격에 수산나가 보인 반응에서 이 사실을 알고 있을 뿐이다. 수산나의 운명은 이 음탕하고 계획적인 판관들이 날조한 정교한 거짓말로 결정된다. 최후의 순간에 하느님의 개입이 없었다면 수산나는 죽었을 것이 확실하다. 법정에서 수산나가 겪은 불의는 오늘날 많은 강간 희생자가 겪고 있는 피해를 그대로 반영한다. 사법 시스템은 2차 가해자 또는 정신적 외상의 반복으로 묘사된다.[85]

마지막으로, 해석사史 전체적으로 보아도 수산나를 침묵시키는 식으로 계속 폭력이 행해져 왔음을 발견할 수 있다. 성경 본문 안에서 이미 범죄를 당한 여성 인물들에게 해석자들이 또 다시 폭력을 가해 왔다. 이것을 가리켜 J. 셰릴 엑섬은 "펜으로 강간당한다"라고 신랄하게 표현했다.[86] 그래서 슈뢰더는 히에로니무스와 암브로시우스를 비롯한 다수의 해석자들이 얼마나 수산나의 큰 목소리를 적당

---

[84] Glancy, "The Accused", 113.

[85] Carol Smart, *Feminism and the Power of Law* (New York: Routledge 1989) 26; Sheffield, "Sexual Terrorism", 123.

히 얼버무리려고 애쓰는지 보여 준다. 슈뢰더에 따르면 불가타에는 '그녀는 크게 소리 지르며 외쳤다'(exclamavit voce magna)라는 구절이 네 차례 나온다. 그러나 수산나와 관련해 '큰 목소리'(magna vox)라는 표현이 나올 때마다 주석가들은 이 표현을 완화시키거나 완전히 없애 버린다. 그러므로 "본문이 그녀의 큰 목소리 때문이라고 명백하게 말함에도 불구하고, 수산나는 자꾸만 침묵했다는 이유로 칭찬받는다".[87] 슈뢰더에 따르면,

> 수백 년의 해석사에서, 주석가들은 수산나의 "큰 목소리"를 하느님을 향한 고요한 내면의 기도로 둔갑시키느라 엄청난 양의 잉크를 소모했다. 똑같은 구절이 사용된 다니엘서의 경우에는 그렇게 하지 않았는데도 말이다. 여인이 "큰 목소리"를 낸다는 것이 정숙하고 얌전한 여인으로 수산나를 그리는 전통과 모순되었을 것이기 때문이다.[88]

---

[86] J. Cheryl Exum, "Raped by the Pen", in *Fragmented Women: Feminist (Sub)versions of Biblical Narratives*, Journal for the Study of the Old Testament Supplement 163 (Sheffield, UK: Sheffield Academic Press 1993) 170-201. 예를 들어, 엑섬은 밧세바 이야기(2사무 11장)의 맥락에서 이 표현을 쓰고 있다. 독자들이 "당황하지 않고 이 벌거벗은 여인을 직시하게" 만드는 동시에 "밧세바의 잘못"을 시사하는 서사 전략을 묘사하는 것이다. 같은 책 197.

[87] Schroeder, *Dinah's Lament*, 210-11.

[88] 같은 책 210.

수산나를 침묵시킨 해석사는 사방으로 꼼짝 못할 곤경에 빠졌다는 수산나의 고백에서 드러나듯 그녀의 존엄이 계속 침해당하는 데 기여했다. 더욱이 수산나가 겪은 폭력은 어쩌지 못하는 상황에 처한 많은 여인들의 현실을 그대로 반영한다. 수산나 이야기 아래에 깔린 다층적 폭력은 일터와 가정에서 많은 여성이 겪고 있는 성폭력을 상기시킨다. 이러한 다층적 폭력은 강간이라는 행위로 대표되지만 훨씬 광범위한 문제를 드러낸다.

3) 강간 거부하기

수산나 이야기는 강간과 성폭력의 다층적 특성을 가감 없이 묘사하고 있다. 그럼에도 수산나 이야기는 저항의 중요한 표현뿐 아니라 다양한 표현 방법을 보여 준다. 이것은 강간의 폭력에 "아니요"라고 말하기 위해 여성들(과 남성들)이 지속적으로 노력해 왔음을 생각해 보도록 우리를 초대한다.

우선, 강간에 저항한 수산나의 노력이 성공했고, 이 사건의 경우는 비교적 행복한 결말을 맺었다는 점을 지적하고 축하해야 한다. 그러나 성경 본문에서와 오늘날의 현실에서 다른 숱한 강간 이야기들은 그렇지 못하다. 강간을 당할 위협 앞에서 수산나는 그녀가 겪는 폭력에 맞서 온갖 형태의 저항을 한다. 재판관들을 향해 자신이 함정에 빠졌다고 말함으로써 수산나는 재판관들의 행동이 부도덕하다고 분명하게 고발한다. 재판관들이 그녀를 이러지도 저러지도 못할 상황에 빠뜨렸다고 그녀가 정확히 밝힐 때 이 발언은 그 자체로 저항 행위가 된다. 또한 수산나는 정원에서 큰 소리를 질러서 판관들이 하는 짓을 가까스로 멈추게 했을 뿐 아니라 그녀의 몸이 폭행당하지 않도록 보호할 수 있었다.[89]

수산나의 저항은 재판관들의 의표를 찌른다. 다니엘의 발언을 통해(56-57절), 과거에 재판관들이 강제로 성관계를 한 다른 무고한 피해자들이 있었음에도 아무 문제 없이 빠져나갔다는 것을 분명히 알 수 있다. 실제로 수산나의 저항은 모세 율법에 관한 그녀의 지식과 관련이 있을 수 있다(3절). 그녀는 강간 피해자를 보호하기 위해 마련된 신명기 22장 23-27절의 율법에 따라 크고 분명한 말로 "안 된다"고 말하면서 저항하여 부르짖고 있기 때문이다. 이복 오빠의 성폭력을 거부했던 타마르와는 대조적으로, 수산나의 경우 그녀의 저항은 성공을 거두었다.

이 점에서 수산나의 저항에 관한 글랜시의 평가는 엇갈린다. 그녀에 따르면, 궁극적으로 수산나의 저항은 아버지와 남편의 명예를 지키는 데 근거하며, 가족을 수치스럽게 만드느니 죽는 게 낫다고 말한다. 수산나가 그녀의 저항에 영향을 끼친 자신의 상황에 깔린 근본적인 전제에 도전한다는 점에서 글랜시는 그녀의 용기를 적극

---

[89] Glancy, "The Accused", 115. 발레타의 견해도 참조할 수 있다. 그녀에 따르면 수산나의 저항은 그녀가 피해자를 넘어 승리자라는 징표다. "그녀의 저항은 이런 식으로 행동한 공동체의 지도자들을 고발하고 나아가 성폭력과 공격이 받아들여질 수 없는 일임을 선언한다." David M. Valeta, "Crossing Boundaries: Feminist Perspectives on the Stories of Daniel and Susannah", in *Feminist Interpretation of the Hebrew Bible in Retrospect*, vol. 1, *Biblical Books*, ed. Susanne Scholz (Sheffield, UK: Sheffield Phoenix Press 2014) 302.

적으로 평가해야 한다고 쓴다.[90] 실제로 수산나의 행동을 설명하는 방법으로, 명예와 수치에 바탕을 둔 사회에서 남성의 명예를 보존하는 일이 중요했다고 주장할 수 있다. 그러나 우리가 또한 놓치지 말아야 할 것은 자신의 몸, 나아가 존재의 본질을 침해하는 상황 속에서 스스로를 보호하려고 애쓴 한 여성의 깊은 인간 지향이다. 이 점에서 수산나의 저항은 자신의 신체적·정서적 안녕에 대한 어떤 공격도 거부하려는 깊은 인간적 대응을 상징한다.

그러나 앞에서 보았듯 이것이 이야기의 끝은 아니다. 수산나에 대한 범죄는 계속되어 재판관들은 악의적인 누명으로 그녀를 죽음 직전까지 몰고 간다. 이 계속되는 폭력 상황 속에서 수산나의 두 번째 저항을 볼 수 있다. 그녀는 하늘을 향해 눈을 들어 하느님께 큰 소리로 기도한다.

> 아, 영원하신 하느님! 당신께서는 감추어진 것을 아시고 무슨 일이든 일어나기 전에 미리 다 아십니다. 또한 당신께서는 이자들이 저에 관하여 거짓된 증언을 하였음도 알고 계십니다. 이자들이 저를 해치려고 악의로 꾸며 낸 것들을 하나도 하지 않았는데, 저는 이제 죽게 되었습니다(42-43절).[91]

---

[90] 그러나 글랜시는 다음과 같이 인정한다. "현대의 독자들이 상황에 대한 자신의 판단에 동의하지 않을지 몰라도, … 수산나는 그녀의 상황을 분석하고 그에 따라 행동하는 능력을 보여 준다." Glancy, "The Accused", 115.

수산나의 기도가 언제나 저항 행위로 여겨진 것은 아니다. 앞서 언급했지만, 수산나의 외침을 의도적으로 축소하고 사소하게 만들려는 작업들이 있었다. 이러한 해석 전통은 침묵의 미덕을 강조하고 수산나를 경건한 아내의 모범으로 내세우려고 했다.

그러나 이것이 수산나의 외침에 대한 유일한 해석은 아니었다. 나는 여기서 기도와 저항, 이 둘 사이에는 강한 연관이 있다고 주장한다.[92] 수산나가 하느님께 기도한 것은 "안 된다"고 말하는 것과 불의를 받아들이기를 거부했다는 분명한 표지로 이해될 수 있다.[93] 수산나는 자신이 아는 대로 모든 것을 아시는 창조주인 하느님께 의지하여 최고 재판관이신 그분께 자신의 송사를 상고한다. 하느님에게는 이 인간 재판관들의 고소를 기각할 힘이 있다.

---

91 본은 수산나와 원로들의 이야기가 원래는 "세속의 민담이었다가, 강력한 종교적 이야기로 진화되어 하느님을 열다섯 번이나 언급 내지 암시하게 되었다"고 주장한다. Bohn, "Rape and the Gendered Gaze", 260.

92 니코 쿠프먼은 기도와 저항의 연관성을 잘 보여 주는 인상적인 글을 썼다. 거기서 그는 남아프리카공화국의 아파르트헤이트 체제에 맞서는 저항에 기도가 어떤 역할을 했는지를 조사한다. 일례로 그는 윌리엄 도메리스를 인용한다. 도메리스는 "당신의 나라가 오게 하소서"라는 기도는 이 나라가 이 세상의 악의 심장을 공격하고 "이곳 지상 위에 세워질 새 나라"가 서는 것을 상상하게 하는 "혁명적 기도다"라고 말한다. William Domeris, "Prayer and the Transformation of Public Life in South Africa", *Interpretation* 68, no. 1 (2014) 62-63.

93 토니 크레이븐은 외경의 책들에 나오는 여성들의 기도 사례들을 보여 준다. Toni Craven, "'From Where Will My Help Come?' Women and Prayer in the Apocalyphal/Deuterocanonical Books", in *Worship and the Hebrew Bible: Essays in Honor of John T. Willis*, ed. M. Patrick Graham (Sheffield, UK: Sheffield Academic Press 1999) 95-109. 또한 Valeta, "Crossing Boundaries", 306.

아우구스티누스는 수산나의 목소리의 힘을 하느님께 올리는 기도에서 분명하게 강조했다. 그는 시편 34편 5절과 연결하여 "이것은 수산나가 했던 기도이며, 그녀의 기도가 인간들에게는 들리지 않았지만 하느님께서는 그것을 들으셨다"고 썼다. 또 시편 3편과 연결시켜 다음과 같이 통절한 해석을 제시한다.

> 내 목소리로 내가 주님께 부르짖었다. 그것은 내 몸에서 나오는 소리, 공기를 진동시키며 코에서 만들어지는 소리가 아니었다. 그것은 마음에서 나오는 소리로 다른 이들은 듣지 못했지만 하느님께는 함성 같은 소리였다. 수산나가 바로 이렇게 크게 말함으로써 하느님께 전해졌다.[94]

마지막으로, 강간을 거부했던 가장 강력한 여성 인물의 예는 수산나 전승의 사마리아 판본에서 발견된다. 거기서 (이 판본에서 아므람의 딸인) 수산나라는 인물은 가해자들보다 한수 앞서는 고단수로 등장한다. 다른 두 판본과는 대조적으로, 이 아므람의 딸은 독신 여성으로 성경을 공부한 명민한 학생이면서 교사다. 숄츠에 따르면, 그녀는 외경 문헌에서 부정적인 판단 없이 이런 식으로 묘사되는 유일한 여성이다. 또한 성경을 공부하고 가르치려는 그녀의 열정은 강간 시도로 이어지는 일련의 사건을 촉발시킨다. 아므람의 딸은 아버지에게

---

[94] Schroeder, *Dinah's Lament*, 212에서 재인용.

공부할 수 있도록 1년만 독립할 수 있게 해 달라고 청한다. 그리고 가까운 산으로 올라가서 일종의 나지르인(민수 6장 참조)으로 지낸다. 그 산에는 그녀와 함께 토라를 연구하는 남자 두 명이 있었다. 그들은 하느님과 그분께 맹세한 수도 서약을 잊고 그녀와 강제로 성관계할 음모를 꾸미는데 이 부분은 수산나 이야기의 재판관들과 매우 유사하다. 그러나 아므람의 딸은 훨씬 더 강력하게 저항하면서 그녀를 강간하려는 그들의 시도에 맞선다.

> 이 젊은 여인은 강력하게 그들을 나무라면서 하느님께서 명하신 모든 것을 상기시키려 했지만 그들은 그녀의 말에 귀 기울이지 않았다. 그들이 저지르는 폭력을 보고서, 그녀는 그들에게 말했다. "당신들은 이 악행을 정녕 하려고 하는군요." 그러자 그들이 말했다. "그렇다, 우리는 정말 그러고 싶다. 네가 자진해서 하지 않겠다면 우리는 네 뜻을 거슬러서라도 할 것이다." 그녀는 말했다. "듣고 보니 내가 따라야겠군요. 그러나 잠깐 집에 다녀올게요. 옷을 갈아입고 기름을 바르고 이보다 더 좋은 옷을 입어야겠어요. 그러면 당신들이 하고 싶은 대로 나와 즐길 수 있을 거예요."[95]

이야기는 이 남자들에게 그녀가 "그들의 뜻대로가 아니라 내 욕망에 따라 이것을 하겠다"라고 할 때까지 계속된다. 그 결과 그녀는 "몸단

---

[95] Scholz, *Sacred Witness*, 46에서 재인용.

장을 하러" 다녀온다고 그들을 설득할 수 있었다. 일단 자기 집에 들어가 안전을 확보한 후 그녀는 문을 닫고 밤새 하느님께 기도를 드린다. 그녀는 이들이 그녀에게 하려는 짓이 "악한 일"이며, "역겨운 짓"이고 "사악하기 그지없는 일"이라고 명명한다. 기도하면서 그녀는 이 남자들이 저지르는 악에서 자신을 구해 줄 구원자가 없다는 것을 한탄하고 그녀의 유일한 희망인 하느님께 요청한다. 하느님께서는 아므람의 딸이 밤새워 하는 기도를 들으시고 그 남자들이 그녀의 집을 찾지 못하도록 혼란스럽게 만드는데, 이는 창세기 19장 11절의 소돔 이야기를 떠오르게 한다.[96]

아므람의 딸에게 속은 것을 깨달은 남자들은 수산나 이야기의 재판관들처럼 그녀가 낯선 사람과 부정한 관계를 맺었다고 비난하면서 고발한다. 수산나의 경우처럼 사람들은 이 남자들의 말만 믿고 그녀에게 사형을 선고한다. 이번에는 구원이 사마리아인 아이들의 모습을 한 천사에게서 온다. 이 아이들은 법적 절차와 두 남자의 증언에 대항한다.[97] 이렇게 아므람의 딸은 구원을 받지만, 그것은 그녀가 먼저 강간범들을 속여서 스스로를 구제할 방도를 확보하고 난 다음이었다.

놀랍도록 강렬한 사마리아 판본의 이야기에서 아므람의 딸은 먼저 율법의 가르침을 통해 이 남자들로 하여금 자신의 어리석음을

---

[96] 같은 책 47.
[97] 같은 책 47-48.

보게 하려고 애쓴다. 그리고 이것이 실패했을 때, 그녀는 자신의 아름다움과 성적 매력으로 남자들을 속여 성관계를 더 즐겁게 하기 위해서 치장하고 올 것이라고 믿게 만든다. 이 서술은 동시대의 다른 이야기를 상기시킨다. 유딧과 에스테르는 그들의 여성적인 책략을 활용해서 백성을 구한 자들이다. 그러나 이번에 아므람의 딸은 강간의 수난에서 스스로를 구하는 데 집중하고 있다.

4) 수산나 구하기?

우리는 수산나 이야기를 통해서 강간의 구조적 성격에 대한 거리낌 없는 묘사뿐 아니라 강간을 거부하는 여성 저항의 놀라운 묘사도 볼 수 있었다. 수산나에 관한 다양한 전통들은 이 여성 인물이 가해자의 원치 않는 관심에 얼마나 다양한 방식으로 저항했는지를 보여 준다. 그녀는 반항하며 소리 질렀고, 필사적으로 하느님께 기도했으며, 사마리아 판본에 따르면 속임수를 써서 강간의 폭력에서 벗어났다.

그러나 이 서사가 수산나의 저항을 서술한 방식을 어떻게 판단할 것인가를 두고 페미니스트 해석자들의 의견이 갈린다. 리바인은 수산나가 "인물이자 본문으로서 찬사뿐 아니라 비난을 받을 수도 있다"[98]고 지적하는데 이것은 옳다. 그녀에 따르면,

---

[98] Levine, "Hemmed in on Every Side", 307.

어떤 관점에서 찬사를 받을 만한 것이 다른 관점에서는 비난을 받을지 모른다. 누군가에게 그녀는 의롭다고 하늘이 인정할 만한 영웅이다. 그러나 다른 이들에게 그녀는 때가 너무 늦었다고 할 때까지 공적 영역에서 자신의 무죄를 지켜 낼 수 없거나 그럴 마음이 없었던 약자다.[99]

사실, 수산나는 물론 에스테르와 유딧을 비롯한 그 시대의 여성들은 공동체에서 취약한 지위에 있는 하찮은 사람이었다. 그들이 적대적인 환경에서 살아남기 위해 무엇을 감수해야 했는지 의식하면서 그들의 이야기를 읽어야 한다. 리바인에 따르면, 여성들의 몸은 "(남성) 공동체에 대한 두려움 ― 무능, 패거리 문화, 체계의 파괴 ― 을 드러내고, 일시적으로라도 그 두려움을 누그러뜨릴 수도 있는 스크린"으로 기능한다.[100]

그러나 수산나의 저항 이야기는 또한 그 자체로 강간 폭력에 저항하는 한 가지 방식이 된다는 점에서 강력한 대항 서사로 읽을 수 있다.[101] 그 사건이 일어나게 된 상황의 모든 사회적·문화적 인습에

---

99 같은 책 322.

100 같은 책 310. 또한 이 여성들의 이야기를 "표면을 꾸민 자와 벌거벗겨진 자, 안전한 자와 위험에 처한 자, 가해자와 피해자 사이의 투쟁이 아로새겨져 있다"라고 언급한 것도 참조하라. 같은 책 309.

101 수산나를 "여성의 목소리에 신경 쓰지 않고 여성의 몸을 열등한 것으로 치부하는 사회적 관습에 도전하는 변화의 주체"로 보는 발레타의 견해 또한 참조하라. Valeta, "Crossing Boundaries", 307.

도 불구하고, 어떻게 이 이야기가 폭력의 정상화라 일컬어지는 현 상태를 뒤집는 대안적 서사가 되는지, 그래서 강간을 거부하는 서사의 해석적 잠재력을 지속시킬 수 있는지 보면 참 흥미롭다. 이것은 해석사에서 두 가지 흥미로운 예에서 분명하게 볼 수 있다. 예를 들어, 수산나의 벗은 몸에 집중함으로써 관객들까지도 남성 재판관들의 시선에 합류하도록 만들었던 전통 속에서 한 여성 화가가 그린 수산나 그림은 주목할 만하다. 16세기 베네치아 출신의 아르테미시아 젠틸레스키는 우리에게 완전히 다른 시각적 경험을 선사한다. 강간 피해자였던 아르테미시아는 성폭력 피해자들이 경험하는 공포와 괴로움을 어떻게든 전달하고자 한다. 동시대인들의 그림과는 대조적으로 젠틸레스키의 그림은 수산나를 성적 욕망의 대상, 그러니까 유혹하는 여인으로 그리지 않는다. 그녀의 그림은 분명 자신과 수산나를 동일시하며, 메리 개러드가 지적한 것처럼 수산나의 연약함뿐만 아니라 강간을 거부하는 그녀의 결단력도 포착하려 애쓴다.[102] 퍼트리샤 클린딘스트 조플린에 따르면, 이 과정에서 젠틸레스키는 "다니엘의 역할을 맡아 처음으로 여성이 말할 수 있고 스스로를 자유롭게 할 수 있게 — 물론 법과 문화의 전반적 차원까지는 아니었지만 예술적으로 — 만들고 있다".[103] 이것은 수산나의 저항이

---

[102] Mary Garrard, "Artemisia and Susanna", in *Feminism and Art History: Questioning the Litany*, ed. Norma Broude and Mary D. Garrard (New York: Harper & Row 1982) 147-72. 또한 Bohn, "Rape and the Gendered Gaze", 266-67.

[103] Patricia Klindienst Joplin, "The Voice of the Shuttle Is Ours", in *Rape and Representation*, ed. Lynn A. Higgins (New York: Columbia University Press 2013).

본문의 이후 역사에서 어떻게 이어지는지 보여 주는 아주 좋은 사례다. 아르테미시아의 그림은 강간의 폭력에 이름을 붙이고 거기에 맞서는 저항의 도구가 되고, 그 과정에서 동시대인들을 지배했던 예술적 전통까지 뛰어넘었다.

또한 빙엔의 힐데가르트는 수산나의 목소리를 복원하려고 애썼(고 가까스로 그것을 해냈)던 좋은 모범이다. 예를 들어, 베네딕도의 규칙을 엄격하게 해석했다는 이유로 동료 수녀들에게 부당한 처우를 받았던 자신의 경험을 이야기하면서, 힐데가르트는 수산나의 저항을 예로 들며 이렇게 말한다.

> 그러나 몇 사람은 나를 의심스러운 눈으로 바라보며, 집 안에서 나를 험담했고 내가 엄격한 훈육으로 그들을 절제시키려 하는 말을 더 이상 참을 수 없다고 했다. 그러나 하느님은 선하고 지혜로운 자매들을 보내어 나를 위로하셨다. 이 자매들은 내가 그 모든 고난을 겪을 때 내 옆을 지켜 주었는데 마치 나에 대한 거짓 증언을 하는 자들에 저항하는 수산나 같았다(다니 13장).[104]

강간에 저항한 수산나는 힐데가르트에게 다른 종류의 침해에 맞서 도록 해 준 격려의 원천이었다. 글을 쓰는 행위 자체가 그녀의 목소리를 들어줄 때까지 폭력에 맞서 버티게 해 준 방법이었던 셈이다.

---

104 Schroeder, *Dinah's Lament*, 215에서 재인용.

수산나 "구하기" 또는 "구원하기"를 숙고하면서 나는 수산나 이야기의 몇 가지 측면을 강조하고자 한다. 이는 여성 주체에게 가해지는 강간을 비롯한 여러 형태의 폭력과 강압을 일반적인 것으로 받아들이지 않는 강력한 대항 세계를 만드는 데 기여할 것이다.

첫째, 수산나 이야기에서 하느님의 역할이 무엇인지에 대해서는 많은 논의가 이루어지지 않았다. 필리스 트리블은 그녀의 책『성서에 나타난 여성의 희생』에서 입타의 딸에 대한 고전적인 논의와 관련해서 입타의 딸을 비극적인 죽음에서 구해 내기 위해 하느님이 개입하지 않는다고 한탄한다. 누군가는 판관기 19장에 나오는 레위인의 소실에 대한 너무도 비극적인 이야기에 대해서도 비슷한 의문을 가질 수 있을 것이다.[105] 수산나 사례에서 구원자 하느님의 이미지는 본문에 뚜렷하게 나타난다. 젊은 다니엘이, 혹은 사마리아 판본에는 훨씬 더 어린 아이들이 수산나를 구하려고 등장한 것은 하느님이 개입하셨기 때문이다. 하느님이 개입해서 구원하는 이미지는 그 자체로 수산나에게 자행된 불의에 결정적으로 도전하는 강력한 전망을 제시한다. 이 서사에 따르면, 하느님은 한쪽 편, 즉 이 이야기에서 힘 있고 영향력 있는 재판관들에 맞서서 폭력에 희생당한 여성의 편을 들고, 폭력의 모든 현상 중에서도 강간의 폭력에 대응하여 강력한 저항 감각을 전달한다. 이러한 하느님의 이미지는 현재

---

105 Phyllis Trible, "The Daughter of Jephthah: An Inhuman Sacrifice", in *Texts of Terror: Literary-Feminist Readings of Biblical Narratives* (Philadelphia: Fortress Press 1984) 101-2. [『성서에 나타난 여성의 희생』 최만자 옮김 (전망사 1989)]

에 힘을 갖는다. 강간과 (남성의) 권력 남용에 대해 "안 돼"라고 말하는 하느님을 고백하는 것은 성폭력의 고통에 맞서서 얼마나 힘 있는 증언인가!

둘째, 이 이야기 구성의 핵심에 젊은 예언자 다니엘의 역할이 있다. 그는 이 곤경을 해결한 인물이다. 남성 구원자가 나타나 곤경에 처해 아무것도 할 수 없는 여자를 구해 낸다는 개념은 실제로 부정적으로 읽힐 수 있다. 수산나의 저항이 결국 책의 주인공인 남성 구원자 다니엘에 의해 가려지기 때문이다. 리바인이 말한 대로 "부가물로 흡수되어 버려서" "남자의 관심사 중심으로 진행되는 이야기 속에 안전하게 숨겨져 있다".[106] 그러나 다니엘의 긍정적인 역할을 무시해 버리면, 정의를 위해 나서서 불의에 맞서고, 무고한 젊은 여성을 짓밟는 권력 구조를 쳐부수려는 한 개인이 (그리고 사마리아 판본의 경우에는 일군의 아이들이) 있다는 사실을 놓치게 되지는 않을까? 성폭력을 근절하고 강간 문화를 변혁시키기 위한 투쟁의 전장에서, 여성들은 할 수 있는 모든 도움을 받아야 한다. 여성들과 함께 싸워 줄 남자들이 절실히 필요하다는 점은 유엔UN 여성 기구의 후원하에 일어난 대중운동 '히포쉬'HeForShe 캠페인에서도 분명하게 드러난다.[107] 특히 흥미로운 것은 수산나 전승들이 젊은이를 강조하고 있다는 점이다. 즉, 청년 다니엘과 그보다 훨씬 어리고 지혜

---

106 Levine, "Hemmed in on Every Side", 322.

107 "HeforShe", http://www.heforshe.org/.

로운 사마리아 아이들이 강간을 거부한 행동들은 기만적이고 폭력적인 노년의 재판관들의 행태나, 놀랍게도 법정에 나타나지도 않고 아내의 편을 들지도 않는 수산나의 남편과(30절) 선명한 대조를 이루고 있다.[108] 물론 라코크가 주장한 대로 젊은이들을 지혜의 원천으로서 강조한 것은 "경이로움"을 불러일으키고, 지혜가 성령의 선물임을 강조한다. 동시에 그것은 다음 세대를 강간의 폭력에 저항하는 변화의 주체로 상상하고 있다고도 말할 수 있다.[109]

마지막으로, 우리는 잊지 말고 수산나에게 경의를 표해야 한다. 고압적인 권력이 그녀를 짓누르고 그 구조적 폭력이 그녀를 완전히 끝장내기 직전까지 갔던 최악의 상황에서도 수산나는 데이비드 발레타의 말처럼 "적대적이고 가부장적 환경에서 벌어진 극도로 곤란한 사건 한가운데서 힘과 독립심을 체현한 강하고 독립적인 인물"이다.[110] 태도를 정하고 그 태도를 유지하는 수산나의 능력은 궁극적으로 인간 존엄을 파괴할 수 없다는 증거다. 그리고 그녀는 일터와 가정에서 힘든 폭력 상황을 감내하려 애쓰는 여성들에게 영감의 원천이 된다.

---

108 라코크는 이러한 특성을 다음과 같이 서술한다. "전복적 문학으로서, 수산나 이야기는 유다인들의 '기득권 체제'를 풍자하고 있다. 고결한 유다 여성 수산나와 그녀를 염색하는 노인들, 지혜로운 아이들과 나이 든 악당들을 대조한다." LaCocque, *The Feminine Unconventional*, 28.

109 같은 책 29.

110 Valeta, "Crossing Boundaries", 306.

4. 강간 없는 세상

타마르와 수산나 이야기는 두 가지 점에서 유익하다. 첫째, 이 이야기들은 우리가 강간이라는 폭력을 분명히 말하도록 도와준다. 이 장에서 보았듯이 본질적으로 강간은 깊은 곳에서부터 구조적이어서, 훨씬 더 큰 문제들을 반영하고 있다. 둘째, 그들의 인간성을 파괴하려고 위협하는 성폭력 한가운데서 그들이 여성의 주체성을 지킨 것은 분명한 여성 저항의 표시다. 물론 여성의 주체성은 남성 권력의 압도적인 과시에 비추어 보면 미약하고, 목소리도 없이 제한적일지도 모른다. 그럼에도 이 이야기들은 여성들을 무력한 상태에 빠지지 않도록 도와준다.

숄츠가 수산나에 관해서 제대로 지적한 것처럼, 독자들이 그녀에게 일어난 일을 강간(미수)으로 인정하는 것을 배울 때 그 공격을 피하려는 그녀의 노력은 독자에게 "해방하는 효과"를 가져온다. 이 "해방 이야기"는 "여성들에게 격렬하게, 그리고 힘 있게, 남자들의 폭력적인 시도들에 타협하지 말고 저항하라고 격려하는" 역할을 한다.[111] 게다가 이 장에서 보았듯이 타마르의 강간과 저항에 관한 이야기는 성폭력의 상처를 치유하고 여성과 남성에게 그들이 속한 공동체에서 강간을 없애기 위한 싸움에 전력하도록 우리를 격려한다. 특히 오빠에게 강간당하는 끔찍한 시련을 겪은 후에도 살아남은 타

---

111 Scholz, *Breaking the Silence*, 50.

마르의 모습을 상상해 보는 것은 그녀 자신 및 그녀와 비슷한 일을 겪은 다른 이들을 파괴했을 수도 있는 성폭력이 궁극적으로 그녀의 삶을 규정하는 유일한 요소는 아니라고 주장하는 일이 된다. 우리가 그녀와 다른 강간 피해자들의 미래를 상상할 수 있다면, 그리고 그 미래가 이 여성들이 살아남아 회복되고, 그들에게 가해진 폭력에도 불구하고 온전한 삶을 사는 것이라면, 우리는 강간의 폭력이 최종적 선언이 되는 것을 거부하는 일에 한 걸음 더 가까워진 것이다.

이보다 훨씬 더 극적인 상상은 페미니스트 작가들에게서 찾아볼 수 있다. 이들은 일종의 저항 행위로서 더 이상 강간이 일어나지 않는 세계를 상상한다. 엘리자베스 워드의 시는 이렇게 증언한다.

> 이런 세상이 오기를 꿈꾼다고 하면
> 많은 사람이 나를 미쳤다고 하겠지
> 터무니없는 일이라고
> 허나 이런 세상이 있음을 우리는 아네
> 강간이 없는 곳, 이런 세상은
> 우리 마음속에 있다는 것을[112]

그렇다면 우리에게 주어진 도전은 우리 마음속에 있는 세상이 우리가 사는 세상이 되도록 행동하는 것이다. 안드레아 드워킨은 강간당

---

112 Elizabeth Ward, "Action", in O'Toole et al., *Gender Violence*, 473.

하는 여성이 없는 하루 24시간을 염원하면서 그날이 오면 그다음에 우리가 무엇을 할 수 있는지를 이렇게 상상해 본다.

그날, 정전협정의 날이 오면, 강간당하는 여성이 한 명도 없는 그 날이 오면 우리는 평등의 실전 연습을 시작할 것이다. 그날이 오기 전에는 그것을 시작조차 할 수 없었기 때문이다. 그날이 오기 전에 평등은 아무것도 아니었기 때문에, 연습 또한 아무 의미 없었다. 그것은 실제도, 진실도 아니었다. 그러나 그날이 오면 그것은 진짜가 된다. 그때에야 우리는 처음으로 ─ 남자와 여자가 모두 ─ 삶에서 강간이 아닌 자유를 경험하게 될 것이다.[113]

---

113 Andrea Dworkin, "I Want a Twenty-Four-Hour Truce During Which There Is No Rape", in *Transforming a Rape Culture*, ed. Emilie Buchwald, Pamela Fletcher, and Martha Roth (Minneapolis, MN: Milkweed Editions 2005) 21.

3장

가부장제, 아니 헤테라키(복합지배체제)의 폭력에 저항하다

교양 있는 남성은 이렇게 말한다. "나는 자신이고, 주인이다. 다른 모두는 타자다. 그들은 바깥에, 저 너머에, 아래에 있는 부차적인 존재들이다. 나는 소유하고, 사용하고, 탐색하며, 착취하고, 통제한다. 내가 하는 일이 중요하다. 내가 원하는 것이 의미 있는 일이다. 나는 나이다. 나머지는 전부 여자들이며 황무지여서 내가 적당하다고 생각하는 대로 사용되는 존재일 뿐이다."[1]

─ 어슐러 K. 르 귄

1. 가부장제에서 헤테라키로

어슐러 르 귄의 이 말은 권력, 지배, 착취 그리고 (공공연한 폭력

---

[1] Ursula K. Le Guin, "Woman/Wilderness", in *Dancing at the Edge of the World: Thoughts on Words, Women, Places* (New York: Grove Place 1989) 161.

은 아니더라도) 암묵적 폭력이 가부장제의 만연과 관련이 있음을 잘 포착한다. 앞 장에서 보았듯이 가부장제는 대부분 강간과 성폭력 같은 직접적 폭력과 관련될 때가 많다. 그러나 요한 갈퉁이 지적했듯이, 이것은 폭력의 한 가지 형태에 불과하다. 갈퉁은 상호 연관된 폭력의 형태들을 세 가지로 구분한다. 첫째, 전쟁 또는 물리적 폭력과 성폭력에 나타나는 **직접적 폭력**. 둘째, 개인과 집단들을 착취하고 소외시켜 그들의 온전한 잠재력을 실현하지 못하게 체계적인 방식으로 작동하는 **구조적 폭력**. 셋째, 문화, 언어, 종교, 이데올로기와 관련된 **문화적 폭력**. 갈퉁에 따르면, "문화적 폭력은 직접적 폭력과 구조적 폭력이 옳아 보이고, 옳게 느껴지도록, 적어도 잘못이 아닌 것으로 보이도록 만든다".[2] 폭력의 세 가지 유형에 대한 갈퉁의 설명은 아프리카계 미국인들의 경험과 관련시켜 보면 유용하다. 아프리카인 수백만 명이 노예로 포획되었고, 그 과정에서 다수는 죽임을 당했다. "이 대규모의 직접적 폭력이 수백 년 동안 굳어져 백인은 윗사람인 주인이고, 흑인은 아랫것인 노예가 되는 거대한 구조적 폭력이 되었고, 이 구조적 폭력은 어디서나 인종차별적 관념들을 퍼뜨리면서 거대한 문화적 폭력을 생산·재생산했다."[3]

  젠더 문제에 대해서도 같은 주장을 할 수 있다. 과거에 그랬고,

---

 2 Johan Galtung, "Cultural Violence", *Journal of Peace Research* 27, no. 3 (1990) 291.
 3 같은 책 295. 나아가 갈퉁은 이렇게 지적한다. "시간이 흘러 직접적 폭력이 잊히고, 노예제도 망각되면 대학 교재에 단 두 개의 표제어만 흐릿하게 나타난다. 하나는 대규모의 구조적 폭력을 가리키는 '차별'이고, 다른 하나는 대규모의 문화적 폭력을 가리키는 '편견'이다. 이러한 말끔한 언어 사용 그 자체가 문화적 폭력이다." 같은 곳.

오늘까지도 계속해서 여성의 삶을 위협하는 대규모의 직접적 폭력 또한 가부장제라는 구조적 폭력에 그 뿌리를 두고 있다. 이런 구조적 폭력은 여성들을 "열등한 성"으로 보는 여러 형태의 문화적 폭력을 통해서 정상적인 것으로 여겨진다. 가령 토마스 아퀴나스가 여성을 "잘못 태어난 남자"라고 말한 것도, 공동체 안에서 여성들을 하와, 이제벨, 들릴라로 취급한 것도 문화적 폭력의 예다. 성경 인물 중에서 이런 여성들을 언급한 것은 성경 이야기 자체가, 그리고 그것을 수용해 온 방식이 여성들을 대상화하고 소유하고 비난하고 비하하면서 영원히 자라지 않는 아이로 여기는 이 세상을 그대로 둔 채, 여성들이 무엇을 원하고 꿈꾸고 바라는지에 관해서는 언급조차 하지 않았다는 점을 너무도 잘 보여 준다.

구약성경에는 직접적·구조적·문화적 폭력이 교차하는 사례들이 많이 있다. 에릭 세이버트에 따르면, 구약성경에서 노예제와 가부장제는 본질상 폭력적인데도 불구하고 완전히 받아들여질 수 있는 것으로 여겨지고 있다.[4] 대체로 이스라엘 사회에서 가부장제는 규범으로 여겨졌다. 여성들은 아버지나 남편, 아들들이 지배하는 체제 속에서 권력을 거의 또는 전혀 갖지 못했다.[5] 가부장제에 대한 낸시 보언의 정의는 이 점을 잘 포착하고 있다.

---

[4] Eric Seibert, *The Violence of Scripture: Overcoming the Old Testament's Troubling Legacy* (Minneapolis, MN: Fortress Press 2012) 37.

[5] 같은 책 133-34.

가부장제는 여성들에게 해가 되는 방식으로 이데올로기와 사회 구조가 가진 힘을 사용하는 구조적·체제적 폭력을 말한다. 예를 들면, 문화를 건설할 권리, 재산을 통제할 권리, 신체를 보존할 권리, 스스로 결정할 권리, 자신의 의견을 표출할 권리 등과 같은 자율권이 여성에게 있다는 생각을 하지 않는 것이다.[6]

그러나 엘리사베스 쉬슬러 피오렌자, 최근에는 캐롤 마이어스 같은 학자들은 구약성경에서 작동하는 지배 체제를 가리켜 '가부장제'라는 용어를 쓰기를 거부한다. 피오렌자는 '가부장제'라는 용어가 당시 성별, 인종, 계급, 성적 지향들이 교차하는 지점에서 작동하고 있는 복잡한 억압의 층위들을 반영하기에는 너무 제한적이라고 주장한다. 그 대신 피오렌자는 "위계와 종속, 지배와 억압 같은 중층의 사회 구조들이 교차하는 복잡한 피라미드 체계"를 '주인중심제'(kyriarchy)라는 용어로 정의한다.[7] 이 모델은 남성이 여성을 지배하려는 경향뿐 아니라, 인종, 계급, 성적 지향에 뿌리를 두고 있는 다양한 지배 차

---

[6] Nancy Bowen, "Women, Violence, and the Bible", in *Engaging the Bible in a Gendered World: An Introduction to Feminist Biblical Interpretation in Honor of Katharine Doob Sakenfeld*, ed. Linda Day and Carolyn Pressler (Louisville, KY: Wesminster John Knox 2006) 190. 또한 세이버트는 가부장제라는 체제가 성격상 원래부터 폭력적이어서 폭력에 대한 직접적 언급이 없는 성경의 본문들, 가령 창세기 3장도 이후 여성들에게 대대로 심각한 억압적 결과들을 초래했음을 보여 주었다. Seibert, *The Violence of Scripture*, 37-38 참조.

[7] Elisabeth Schüssler Fiorenza, *Wisdom Ways: Introducing Feminist Biblical Interpretation* (Maryknoll, NY: Orbis Books 2001) 118.

원까지 아우른다. 여기에는 인종차별, 이성애주의, 계급 차별, 식민주의 같은 지배의 구조들이 포함된다.[8] 이것은 엘리트 여성들이 다른 여성들은 물론 낮은 지위에 있는 남성들에게도 인종, 민족, 계급, 성적 지향 등과 같은 요인에 따라 권력을 행사하는 위치에 있을 수 있음을 의미한다.[9]

캐롤 마이어스도 2013년 미국 성경문학학회 회장으로서 "고대 이스라엘은 가부장제 사회였는가?"라는 제목의 연설을 하면서 비슷한 주장을 했다. 그녀는 '헤테라키'가 가부장제보다 더 적절한 용어라고 제안했다. 이 단어는 위계가 있음을 인정하면서도 "어떤 사회든 서로 다른 권력 구조들이 동시에 존재하며, 각 구조들은 횡으로 서로 교차할 수 있는 위계 서열을 가지고 있다"는 사실도 나타내기 때문이다.[10] 앞서 쉬슬러 피오렌자가 제안한 것과 마찬가지로 마이어스의 주장 역시 구약성경에 나타난 여성들의 저항을 살펴보는 이 책의 의도에 매우 유용하다. 구약성경의 여성들은 그저 무력한 희생자로 그려지기도 하지만 꽤 자주, 다른 사람들보다 어느 정도의 통제와 주체성을 행사하는 지위에 있다는 확신을 공유하기 때문이

---

8 같은 책 121-22.

9 같은 책 116.

10 Carol Meyers, "Was Ancient Israel a Patriarchal Society?", *Journal of Biblical Literature* 133, no. 1 (2014) 27. 마이어스는 "젠더 고고학과 성경 본문 둘 다 이스라엘 여성이 가정에서는 관리자로서 권력을 가지고 있었음을 보여 주는 강력한 증거다"라고 주장한다. 또한 그녀에 따르면, "여성의 주체성을 식별하는 일은 가부장제 모델에 깊게 깔려 있는 여성들이 남성 지배 체제의 무력한 희생자들이라는 관념에 도전한다". 같은 책 22-23.

다. 물론 우리가 구약성경에 나타난 지배 체제를 확장하여 규정하는 것이 오늘날 전 세계의 어느 사회에서나 살아 있고 또 확고한 남성 지배의 실상에서 주의를 분산시키기 위한 것은 아니다. 갈퉁을 비롯한 이들이 지적했듯이 지배 체제란 직접적·구조적·문화적 폭력이 교차하는 지점에서 본질적으로 연관되어 있기 때문이다. 우리는 계속해서 구체적인 형태로 작동하고 있는 남성의 지배를 볼 수 있어야 한다. 많은 여성들은 남성의 지배를 직장에서 강압, 지배, 괴롭힘 같은 미묘한 형태로 경험하기도 하고, 가까운 파트너 관계에서 일어나는 정신적·육체적 성폭력에서 노골적으로 경험하기도 한다.

그러므로 본서의 목적에 충실하기 위해 나는 구약성경의 두 이야기를 독자와 함께 읽으면서 '가부장제'가 아닌 '헤테라키'라는 용어를 사용하고자 한다. 이 이야기들은 여성들의 삶에서 헤테라키라는 폭력이 미치는 결과는 물론 이 여성들이 특히 남성 지배에 반응하는 방식을 생생하게 묘사하고 있다. 두 이야기는 그들의 존엄이 훼손당하고 권리가 침해당하는 엄청난 불의의 상황에 처한 딸들의 이야기를 들려준다. 그러나 앞 장에서도 보았듯이 이 딸들은 그들이 처한 불의한 구조에 맞서 저항하면서, 헤테라키의 폭력에 (정도의 차이는 있을지라도) 저항할 수 있는 공간을 스스로 넓혀 나간다. 이러한 저항의 행위들은 물론 그 성격에서나 범위에서 제한적일 수밖에 없지만, 여성들이 그저 무기력한 희생자일 뿐이라는 생각에 도전한다. 나아가 에이미 엘렌이 지적했듯이, "다른 사람들이 그녀에게 휘두르는 권력에도 불구하고, 또는 그 권력에 대응하여" 행동하는 여성들의 능력을 뚜렷이 보여 준다.[11] 이 장에서 다루는 두 번째 이야기인 츨롭핫의 딸들의 사례에서, 쉬슬러 피오렌자와 마이어스의 확장된 정의는 특히 유용할 것이다. 그것은 이 서사에서 작동하는 여러 차원의 중첩된 지배를 설명해 주기 때문이다.

2. 입타의 딸을 위한 비가(판관 11장)[12]

1) 헤테라키의 권력

구약성경에서 입타의 딸 이야기보다 더 비극적인 이야기는 아마 없을 것이다. 판관기 11장에 나오는 이 "가공할 본문"은 한 아버지의 섣부른 서원에서 시작된다. 그는 암몬과의 전쟁에서 승리를 얻기 위해 하느님께 맹세한다. 자신을 맞으러 처음 나오는 사람을 제물로 바치겠노라고 약속한 것이다. 전쟁에 승리하고 집으로 돌아오는 아버지를 환영한 것은 다름 아닌 그의 딸이었다. 이렇듯 이 이야기는 성급한 서원이 가져온 끔찍한 결과를 이야기한다.

입타의 딸 이야기는 헤테라키의 결과가 얼마나 비인간적인지를 으스스하게 묘사한다. 먼저 이야기에는 이 어린 여성의 이름조차 나오지 않는다. 이 사실은 먼저 남성의 영예를 중심으로 구조화된 사

---

11 Amy Allen, *The Power of Feminist Theory: Domination, Resistance, Solidarity* (Boulder, CO: Westview Press 1999) 125.

12 이 장은 처음에 L. Juliana Claassens, "Female Resistance in Spite of Injustice: Human Dignity and the Daughter of Jephthah", *Old Testament Essays* 26, no. 3 (2013) 607-22에 게재된 것을 개정한 것이다.

회에서 그녀와 같은 여성의 가치가 얼마나 미미한지 보여 준다. 또한 입타의 딸이 목숨을 잃게 되는 것이 헤테라키의 권력 때문이라는 사실도 입증한다.[13] 그녀는 처녀로 죽었다. 아버지의 이기적인 행동으로 인해 이 소녀가 누릴 수 있었던 의미 있는 삶의 가능성이 말살되었다.

더욱이 이 딸은 이 어이없는 상황을 고분고분하게 따르고 있다. 이런 서술이 얼마나 본문의 헤테라키적인 의도에 들어맞는지를 보다 보면 괴로울 정도다. 이 어린 여성은 하느님의 이름으로 자행된 불의에 대해 그것이 자신의 삶을 끝낼 상황인데도 아버지에게 묻지도 않는다. 에스더 푹스가 묘사한 것처럼 오히려 그녀는 "아버지에 대한 충성과 복종에 있어 한계를 모르는 완벽한 딸"로 등장한다.[14] 공식적인 의견을 모방하는 딸은 서원을 이행함으로써 그녀의 아버지가 "정당하고 존경할 만한 행동"을 하고 있음을 제시한다.[15] 그녀

---

[13] Susanne Scholz, "Judges", in *Women's Bible Commentary*, 3rd ed., ed. Carol A. Newsom, Sharon H. Ringe, and Jacqueline E. Lapsley (Louisville, KY: Wesminster John Knox 2012) 120. 숄츠는 페미니스트 주석가들이 "화자의 관점, 단어 선택과 생략, 반복과 같은 문학적 전략들을 강조하느라 입타를 서사의 중심에 놓고 그의 딸을 주변화시키고 침묵시켰다. 그들은 판관기 11장에서 일어나는 모든 문학적 흐름이 입타의 살인에 변명을 제공하고, 그가 처한 딜레마를 뚜렷하게 드러내며, 그의 딸의 묵종을 요구한다"라고 주장한다. 같은 곳.

[14] 에스터 푹스는 이 딸의 발언이 함의하는 것은 완벽한 "수용과 복종일 뿐 아니라, 그녀 아버지가 사용한 말 그대로를 되풀이하고 있다"고 지적한다. Fuchs, "Marginalization, Ambiguity, Silencing: The Story of Jephthah's Daughter", in *A Feminist Companions to Judges*, ed. Athalya Brenner, A Feminist Companion to the Bible, First Series (Sheffield, UK: Sheffield Academic Press 1993) 125-26.

[15] Fuchs, "Marginalization, Ambiguity, Silencing", 125.

가 정말로 하느님께서 입타가 서원한 것에 대한 응답으로 암몬 사람들을 이기게 해 주셨다고 믿었다는 점은 종교적 언어로 표현된 위계적 이데올로기를 수용하고 있었음을 알 수 있다. 게다가 그녀의 아버지를 집으로 맞아들이는 그녀의 행동은 여성들이 춤과 노래로 승전한 군사들의 귀환을 축하함으로써 전쟁에 참여하는 방식을 보여주는 증거다. 아이러니하게도 바로 이러한 행동이 딸을 죽음에 이르게 한다.[16]

그러나 우리는 입타의 딸 이야기와 이 이야기가 수용되는 과정에서 지배에도 불구하고 여성들이 저항했던 모습을 발견한다. 입타의 딸 이야기와 그에 대한 해석사에서 우리는 자신의 자기 가치가 침해되는 상황에 갇혀 있음에도 그녀에게 닥친 존엄 훼손에 저항했던 모범적인 여성의 모습을 발견한다. 물론 이러한 저항에는 한계가 있었지만, 그렇다고 그 저항이 사소한 것은 아니었다는 점을 이 장에서 살펴보기로 하자.

2) 불의한 구조에 도전하기

아주 옛날부터 우리는 입타의 딸 이야기가 독자들에게 어떻게 저항을 고취시켰는지 볼 수 있다. 이 이야기의 끔찍한 결말을 바꿀

---

16 필리스 트리블은 미르얌의 예를 든다. 그녀는 파라오의 군사들을 이긴 승리를 축하하며 백성들을 춤과 노래로 이끌었던 예언자다(탈출 15,19-21). 그뿐 아니라 필리스티아에 맞서 싸웠던 다윗의 승리를 축하한 여인들도 있었다(1사무 18,6-7). Trible, "A Meditation in Mourning: The Sacrifice of the Daughter of Jephthah", *Union Seminary Quarterly Review* 36 (1981) 62-63.

수는 없지만 해석자들은 최선을 다해 이 젊은 여성에게 가해진 불의에 저항해 왔다. 중세의 여러 해석자는 이 젊은 여성이 실제로는 죽임을 당하지 않고 은둔한 채로 여생을 살았다고 주장하기도 했다. 예를 들어, 12세기의 유다인 해석가 다비드 킴히(라다크)는 37절에 나오는 딸의 말이 "내 목숨을 두고 곡을 하렵니다"가 아닌 "처녀로 죽는 이 몸을 두고 곡을 하렵니다"인 것은 입타의 딸이 결국에는 죽지 않고 아버지가 지어 준 집에서 홀로 살았음을 암시한다고 주장하기도 했다.[17]

해석자들은 이 젊은 여성의 죽음을 결코 용납할 수 없는 것 같다. 해석이라는 상상을 통해서 그들은 아버지가 자신의 딸을 살해하는 끔찍한 일이 벌어지지 않게 만든 것이다.

그뿐 아니라 [딸의] 저항이 없지 않았다는 라삐들의 해석도 있다. 『미드라쉬 탄후마』에는 입타의 딸이 자신이 처한 곤경에 맞서 싸웠다고 묘사함으로써 비인간화에 저항했다고 상상하는 기록도 있다.

---

[17] 람밤, 랄바그, 아브라바넬 등의 비슷한 해석에 대한 설명을 보기 위해서는, Phyllis Siverman Kramer, "Jephthah's Daughter: A Thematic Approach to the Narrative as Seen in Selected Rabbinic Exegesis and in Artwork", in *Judges*, ed. Athalya Brenner, A Feminist Companion to the Bible, Second Series (Sheffield, UK: Sheffield Academic Press 1999) 74와 David Marcus, *Jephthah and His Vow* (Lubbock, TX: Texas Tech Press 1986) 8을 참조하라. 바버라 밀러는 일생을 독신으로 지낸다는 킴히의 생각이 중세 기독교에서 수도원에 사는 수녀들의 모델이 되었을 수 있다고 지적한다. Miller, *Tell It on the Mountain: The Daughter of Jephthah in Judges 11* (Collegeville, MN: Liturgical Press 2005) 74.

그가 딸에게 다가가려 할 때, 그녀는 울며 아버지께 말했다. "아버지 저는 기쁨으로 당신을 맞으러 나갔는데 저를 죽이려 하시다니요? 이스라엘의 거룩하신 분이 토라에 사람을 희생 제물로 바쳐도 된다고 쓰셨던가요? 토라에는 하느님께 바치는 희생 제물은 가축이어야 한다고 쓰여 있지(레위 1장), 사람이라고 되어 있지는 않잖아요!" 그러자 아버지가 말했다. "딸아, 나는 나를 맞으러 나오는 것이 무엇이든지 그것을 번제물로 바치겠노라고 서약했다. 서약한 사람이 그것을 무를 수는 없지 않느냐." 딸이 말했다. "우리의 조상 야곱은 '주께서 주신 모든 것을 바치겠다'고 서원했습니다(창세 25장). 그리고 하느님은 그에게 열두 아들을 주셨습니다. 그가 하느님께 그들 중 하나를 희생 제물로 바치지는 않았잖아요! 그리고 한나도 '만군의 주님, 이 여종의 가련한 모습을 눈여겨보시고 … 그 아이를 한평생 주님께 바치겠다'고 서원했지만(1사무 1장) 그녀가 아들을 하느님께 제물로 바쳤던가요?" 이 모든 것을 그녀가 말했음에도, 아비는 딸의 말을 듣지 않았다.[18]

또한 『탄후마』에 따르면, 입타의 딸은 아버지가 결심을 바꾸지 않은 것을 알고 산헤드린까지 가서 청원을 했다고 한다. 이것은 자신에게 닥칠 수모에 맞서기로 그녀가 결단했음을 보여 준다.[19]▶

---

18 이 『탄후마』 구절은 Schulamit Valler, "The Story of Jephthah's Daughter in the Midrash", in Brenner, *Judges*, 59에서 재인용한 것이다.

이처럼 이 본문에 대한 해석 전통에서 여성의 저항의 예가 많이 발견된다는 사실은, 해석 이면에 이 소녀에게 행해진 불의를 강하게 인식한 이들이 있다는 것이다. 더욱이 이러한 해석들을 통해 이 젊은 여성은 (심지어 법정에 나가 불의를 멈추라고 호소할 정도로) 율법을 잘 알고 자신의 존엄성을 위해 싸우는 열렬한 변론가로 나타나며, 성경의 서사 자체에는 없는 자율성을 얻는다.

현대의 (여성주의) 해석가들도 이 끔찍한 이야기에 저항할 길을 모색해 왔다. 그들은 본문 안에 있는 여성의 저항을 찾는 데 집중한다. 그녀가 자신의 처녀성을 두고 두 달간 애도하게 해 달라고 요청하고, 이후 이를 계기로 하나의 관습(ḥōq)이 형성된 것은 여성들에게 그들의 종교적 경험을 표현하는 하나의 통과의례가 있었다는 증거로 여겨진다. 예를 들어, 페기 데이는 고대사회에 대한 비교문헌학적 접근에 근거해서 처녀의 몸인 입타의 딸을 애도하는 이러한 행위가 일종의 생애 주기 의식이라고 제안한다. 이러한 의식은 사춘기 여성이 성적으로 성숙한 처녀가 되는 일종의 통과의례인 것이다.[20]

---

[19] 라삐 즈카르야에 따르면, 성경 본문에 입타의 딸이 산으로 '올라갔다'고 하지 않고 '내려갔다'고 한 것은 그녀가 다른 해결책을 찾기 위해 산헤드린으로 갔음을 말한다. Valler, "The Story of Jephthah's Daughter", 71.

[20] Peggy L. Day, "From the Child Is Born the Woman: The Story of Jephthah's Daughter", in *Gender and Difference in Ancient Israel*, ed. Peggy L. Day (Minneapolis, MN: Fortress Press 1989) 58-74. 또한 Beth Gerstein, "A Look at Judges 11,40", in *Anti-Covenant: Counter-Reading of Women's Lives in the Hebrew Bible*, ed. Mieke Bal (Sheffield, UK: Continuum 1989) 175-93; Mary Ann Beavis, "A Daughter in Israel: Celebrating Bat Jephthah (Judg. 11,39d-40)", *Feminist Theology* 13, no. 1 (2004) 15-18 도 참조.

J. 셰릴 엑섬도 입타의 딸의 주체적인 행위를 강조한다. 그녀에 따르면, 입타의 딸을 해마다 기념한 것은 언어 행위를 통해 그녀의 이야기를 전달하여 "말을 통해 그녀를 다시 살아나게 하는" 것이었다. 이러한 저항 행위가 "아버지가 말로 저지른 잘못을" 없애 줄 수는 없었다는 엑섬의 지적은 옳다. 그러나 이러한 치유의 말로 "생명과 함께 기억까지 소멸되는 것은 막을" 수 있었다.[21] 미케 발 또한 "추모의 문화적 수단인 구전 전통을 통해서, [입타의 딸]은 자신의 동료인 처녀들로 하여금 딸들 사이에 연대가 시급한 과제이며 이렇게 해야 완전한 망각에서 그들을 구할 수 있다고 느끼게 했다"고 주장한다.[22]

실제로 여성 해석자들은 이 본문에서 여성 저항의 흔적에 집중했다. 그들은 그렇게 입타의 딸 주변에 모인 여성들과 더불어 불의에 저항하는 행동, 곧 젊은 여성의 삶을 기념하고 그녀를 죽음에 이르게 한 상황을 애도하는 일에 참여한 것이다. 한편으로 그들의 해석은 (오늘날과 마찬가지로) 그 당시 많은 여성의 삶의 현실이었던 위압적인 지배 구조를 인식하는 데 뿌리를 두고 있다. 그러나 다른 한편으로 여성신학자들의 해석은 이러한 억압에도 불구하고 여성들이 힘을 가지고 있다는 확신을 입증해 준다.

---

21 J. Cheryl Exum, "On Judges 11", in Brenner, A *Feminist Companion to Judges*, 132. 엑섬은 이러한 기념 행위가 "어떤 의미에서는 언어 행위이며 조용한 농성이 아닌 기억의 사건"이라고 생각한다. 같은 곳.

22 Mieke Bal, *Death and Dissymmetry: The Politics of Coherence in the Book of Judges* (Chicago: The University of Chicago Press, 1988) 68.

3) 저항과 연대로서의 힘

입타의 딸 이야기는 앞서 서론에서 개괄한 대로 저항으로서의 힘과 연대로서의 힘이 상호 긴밀하게 연결되어 있음을 보여 준다. 그래서 이 이야기는 여성 저항의 행위들을 숙고하는 데 유용하다. 지배에도 불구하고 저항의 힘과 연대의 힘이 상호 관련됨을 잘 드러내 주는 것이 바로 벨 훅스의 "고향집" 개념이다. 훅스는 이 개념을 사용해서 지배적인 권력 구조에 의해 사회 주변부로 밀려나서 가사를 비롯한 돌봄과 양육을 담당하는 아프리카계 미국인 여성들의 경험을 묘사한다. 그러나 "고향집"은 저항의 자리이기도 하다. "고향집"은 그 안에서 구성원들이 지배 권력에 도전하는 공동체적 대항 언어를 배울 수 있다는 점에서 생존과 저항의 핵심 공간이 된다.[23] 스티드 데이비드슨은 이러한 저항 언어를 벨 훅스의 고향집 개념과 연관시켜 탈식민주의적 관점에서 예레미야서를 탐색한다.

> 이 대항 언어는 저항의 언어, 거부의 언어, 주변인의 발언으로 기능한다. 주변성을 의도적으로 선택한 것은 "지배에 대한 비판적 대응"으로서 존재한다. 이 대응은 현실을 만들어 내고 현실을 만나는 새로운 가능성을 허용하는 방식으로 피식민지인들의 주체

---

[23] bell hooks, *Yearning: Race, Gender, and Cultural Politics* (Boston: South End Press 1990) 41-50. 또한 벨 훅스의 "고향집" 개념을 예레미야서에 대한 탈식민주의적 읽기에 적용한 연구를 보기 위해서는 Steed Vernyl Davidson, *Empire and Exile: Postcolonial Readings of the Book of Jeremiah*, The Library of Hebrew Bible/Old Testament Studies 542 (London: T & T Clark International 2011) 99-106도 참조하라.

성을 재창조하고 유지하게 해 준다.²⁴

힘에 대한 이러한 견해는 이 젊은 여인에게 가해진 끔찍한 불의 속에서도 입타의 딸이 완전히 무력하지는 않았음을 보여 준다. 오히려 그녀는 벗들과 함께 처녀성을 애도할 수 있는 공간을 만들 정도로 주체적이었다.²⁵ 엑섬은 다 함께 애도하는 행동에 대해 이렇게 말한다.

> "내 아버지"로 시작해서 "나의 동료들"로 끝나는 [그 딸의] 발언은 그녀를 여자 친구들과 다른 딸들, 곧 잊기를 거부하는 이스라엘의 딸들과 연대할 수 있는 지점으로 옮겨 놓는다. 이렇게 생겨난 이미지는 남성 중심적 관심에 의해 완전히 통제될 수 없다. (남성 중심적인) 본문은 여성들을 격려한다. 딸들은 아버지나 남성 동료들에게서 떨어져 두 달 동안 여성 동료들과만 지낸다. 즉, 기억의 의식을 수행한 것은 여성들뿐이다.²⁶

이렇게 여성들은 연대하는 행동에 참여함으로써 지배적인 권력 구

---

24 Davidson, *Empire and Exile*, 104; hooks, *Yearning*, 150을 인용.

25 미케 발은 이 이야기에서 입타의 딸(그녀는 바트["딸"]라 부른다)과 이 이야기는 물론 판관기에 등장하는 다른 여성 인물들에 관해서 이렇게 주장한다. "그녀는 대항할 수 없었다. 그것은 악사도 할 수 없었고 바트(입타의 딸)의 친구들도 할 수 없었다. 그러나 애도는 할 수 있었다." Bal, *Death and Dissymmetry*, 50.

26 Exum, "On Judges 11", 143. 엑섬은 러너의 고전적인 문장을 언급한다. "여성이 고립될 때 … 그들은 가부장제의 제약을 상보성으로 변혁시키고 그것을 재정의한다." Gerda Lerner in *The Creation of Patriarchy* (New York: Oxford University Press 1986) 242.

조에 맞설 수 있는 독립적 공간을 창출한다. 예레미야서 9장 17-20 절에서 곡하는 여인들이 그들의 딸들과 이웃에게 애도의 노래를 가르치기 위해 부름 받은 것처럼, 입타의 딸 주변에 둘러앉은 여인들도 애도라는 공동체 의식에 참여한다. 윔스는 이 활동을 "비극적 어리석음을 애도하는 행위"라고 말한다.[27]

이런 맥락에서, 위偽필론은 입타의 딸에게 세일라라는 이름을 주고, 애가의 내용도 제시한다. 애가는 결코 하지 못할 신부 잔치를 준비한다는 이미지를 끌어들여 사건의 비극적 성격을 부각시킨다.

> 들어라, 산들아, 나의 애가를
> 눈여겨보라, 언덕들아, 내 눈에서 흐르는 눈물을
> 증인이 되어 다오, 바위들아, 내 영혼의 통곡을 들었으니
> 보라, 내가 어찌 이런 시련에 빠지게 되었는가!
> 그러나 나의 목숨을 거두어 가더라도 헛된 일은 아니리라
>
> 나의 말이 하늘에 가닿기를
> 나의 눈물이 창공에 적히기를!
> 한 아비가 맹세하고서 그대로 딸아이를 희생 제물로 바쳤다고
> 판관이 자기 외동딸을 희생 제물로 삼는 약속을 허가했다고

---

[27] Renita Weems, *Just a Sister Away: A Womanist Vision of Women's Relationships in the Bible* (San Diege, CA: LuraMedia 1988) 58-59.

그러나 나는 신방에 누워 보지도 못했고
나는 혼인식 화관을 되찾지도 못했다
나는 화려하게 차려입고서 신부의 방에 앉아 있지도 못했다
나는 달콤한 향내 나는 분도 써 보지 못했고
나를 위해 준비된 향유로 내 영혼까지 기뻐해 보지도 못했네

어머니, 외동딸을 낳으셨지만 아무 소용도 없네요
스올이 나의 신방이 될 테니까요
지상에는 여인의 신방만 있어요
당신께서 나를 위해 정성껏 섞어 놓은 기름도 쏟아 버리세요
내 어머니가 지으신 흰옷도 좀이 슬겠지요
혼인식을 위해 유모가 나를 위해 땋아 준 화관도 말라 버리겠죠
신방에 깔라고 어머니가 자색실 보라실로 지어 준 침대보도 벌레가 먹어 치우겠지요
나의 처녀인 벗들이 슬퍼하며 내 이야기를 하고 나를 위해 여러 날 울게 하세요

나무들 당신들도 가지들을 숙여 나의 젊음을 위해 통곡해 주세요
숲에 사는 짐승들이여, 와서 나의 처녀성을 애도해 주세요
내가 살아갈 해가 줄어들었고
내가 살았던 시간은 어둠 속에 늙어 버렸어요[28]

우리는 세일라의 애도에서 모든 피조물이 그녀와 함께 애도하는 것을 볼 수 있다. 들판의 나무와 숲의 짐승들이 다 함께 입타의 딸에게 곧 닥칠 비극을 두고 애도한다. 더욱이 이 애도의 핵심에는 닥치게 될 상실로 인해 자신의 운명을 한탄할 어머니에게 하는 말이 있다. 성경에는 입타의 딸의 어머니가 나타나지 않기 때문에, 위필론의 애도에 나타나는 이런 면은 성경 이야기를 수정하는 중요한 대목이다. 바버라 밀러가 잘 지적했듯이, 이 애가는 "친구이자 애도자들이고 어머니들인 여성에" 대해 말하는 세상을 불러온다.²⁹

여성들이 함께 모여 애도하는 장소로서 "고향집"은 최고의 예다. 이것은 여러 이유에서 중요하다. 첫째, 앨리스터 매켄지는 마오리족 애가를 연구한 논문에서, "애가라는 형식은 그것이 없었다면 공동체가 견디지도, 감당하지도 못했을 일들을 표현하는 방법"이라고 쓰고 있다.³⁰ 애가는 사람들이 그들의 고통에 대처할 공간을 마련하는 동시에 그렇게 함으로써 그 고통을 공동체가 번민의 감정들로

---

28 "Pseudo-Philo", A New Translation and Introduction, by D. J. Harrington, in *The Old Testament Pseudepigrapha*, ed. James H. Charlesworth, vol. 2 (Peabody, MA: Hendrickson Publishers 1985) 354; Miller, *Tell It on the Mountain*, 69-70에서 인용.

29 Miller, *Tell It on the Mountain*, 71.

30 Alistair Mackenzie, "Learning to Lament in Aotearoa", in *Spiritual Complaint: The Theology and Practice of Lament*, ed. Tim Bulkeley and Miriam J. Bier (Havertown, PA: Casemate Publishers 2014) 175. 매켄지가 인용한 게일 홀스트워해프트의 연구는 "애도의 여러 의식이 … 사회가 그것을 수행하고 포함하는 수단들"이라고 주장한다. Holst-Warhaft, *The Cue for Passion: Grief and Its Political Uses* (Boston: Harvard University Press 2000) 2.

대처할 수 있도록 포용한다. 또한 앤 포가티는 아일랜드의 애가 전통을 가져와 [삶과 죽음의] 경계에 있는 "곡하는 사람"이 수행하는 중요한 역할이 다름 아닌 공동체가 그들의 고통을 목소리로 내고, "광적인 애도를 연기함으로써" 그 과정에서 애도와 관련된 양가적인 감정들을 표출할 수 있도록 도와준다고 주장한다.[31]

두 번째로, 이 여성들이 흘리는 눈물은 그들이 처한 불의한 상황을 강력하게, 그리고 눈에 보이게 표현해 준다. 윔스가 말한 대로, 이들은 "여성 혐오 사회에서 언어로 표출하기에는 너무 위험한 내용을 눈물과 한숨으로 표현"하고 있다.[32] 벨 훅스가 제안한 대항 언어, 곧 지배 권력에 도전하는 또는 "말대꾸하는" 수단을 제공하는 개념을 염두에 두면, 이 여인들의 애도는 지배 이데올로기와 매우 대조적이다. 지배 이데올로기는 전쟁과 폭력을 포용하여 단지 더 많은 폭력을 낳고 십자포화에 스러진 무고한 희생자들을 남길 뿐이기 때문이다.[33] 저항의 애가라는 이러한 개념은 "저항의 수사학"을 상기

---

[31] Anne Fogarty, "Hear Me and Have Pity: Rewriting Elegy in the Poetry of Paula Meehan", *An Sionnach: A Journal of Literature, Culture, and the Arts* 5, nos. 1 and 2 (2009) 216. 또한 Angela Bourke, "More in Anger than in Sorrow: Irish Women's Lament Poetry", in *Feminist Messages: Coding in Women's Folk Culture*, ed. Joan Newlon Radnor, Publications of the American Folklore Society (Urbana, IL: University of Illinois Press 1993) 160-82 참조.

[32] Weems, *Just a Sister Away*, 58-59. 나는 다른 지면에서 고대사회에서 곡하는 여인들이 중요한 예언자적 역할을 했다고 주장한 바 있다. L. Juliana Claassens, "Calling the Keeners: The Image of the Wailing Woman as Symbol of Survival in a Traumatized World", *Journal of Feminist Studies of Religion* 26, no. 1 (2010) 63-78.

시킨다. "저항의 수사학"이란 포가티가 아일랜드의 여인들이 곡하는 의식에서 핵심적인 측면이라고 묘사했던 것으로 학대와 폭력을 식별하는 기능을 한다.³⁴

이 여인들의 애도가 이야기 속 사건의 결과를 바꿀 수는 없다. 그러나 지배에도 불구하고 맞서는 힘, 그리고 연대의 힘은 이러한 여성들의 주체성을 회복하고 유지하게 해 준다. 그래서 레니타 웜스는 "울음에서 나오는 힘, 그리고 울 수 있다는 것에서 나오는 강함"이 있다고 증언한다.³⁵ 웜스와 비슷하게 발레리 쿠퍼도 입타의 딸 이야기를 우머니스트(흑인 페미니스트) 시각에서 읽어 내고 이렇게 쓰고 있다. "자신이 처한 상황이 공포 그 자체이며 현실적인 대안이 없음에도 불구하고 입타의 딸은 어떻게든 자신과 벗들이 흘리는 눈물 속에서 존엄과 위안을 찾고 있다."³⁶ 쿠퍼는 토니 모리슨의 소설『빌러비드』속에서 실례를 찾아내 이러한 진술을 주장한다. 이 소설 속에

---

[33] hooks, *Yearning*, 145; Davidson, *Empire and Exile*, 103. 미케 발은 이 점을 다음과 같이 잘 말했다. "이스라엘의 아들들이 전쟁에 나가 싸우고 잘못된 길을 감으로써 역사를 만든다면 이스라엘의 딸들은 그러한 역사가 요구하는 희생을 이야기한다." Bal, *Death and Dissymmetry*, 67. 또한 발은 성경 본문에서 구전 역사와 같은 것을 전제하는 여성의 대항문화라는 개념도 제시한다. 예를 들면 판관기 5장의 드보라의 노래나, 탈출기 15장의 미르얌의 노래를 들 수 있다. 같은 곳.

[34] Fogarty, "Hear Me and Have Pity", 216. 포가티는 이러한 아일랜드 애가 전통을 가져와 아일랜드 시인 파울라 미한의 작품을 분석하고 있다.

[35] Weems, *Just a Sister Away*, 60.

[36] Valerie C. Cooper, "Someplace to Cry: Jephthah's Daughter and the Double Dilemma of Black Women in America", in *Pregnant Passion: Gender, Sex, and Violence in the Bible*, ed. Cheryl A. Kirk-Duggan, Semeia Studies 44 (Atlanta, GA: Society of Biblical Literature 2004) 189-90.

서 한 무리의 여인들이 세서 주변에 모여든다. 세서는 자기 자식이 노예로 자라는 것을 차마 볼 수 없어서 자식을 죽인 가장 비극적인 인물이다. 모여서 그들은 노래하고 세서가 과거에 저지른 폭력으로 겁에 질리지 않을 때까지 기도한다.[37] 입타의 딸 주위에 둘러앉아 함께 애도의 행위를 해 준 여인들도 마찬가지다. 그러므로 우리는 위계적인 권력에 의해서 그토록 비극적으로 침해당한 이 젊은 여인의 존엄이 어떻게 회복되는지 보게 된다.[38]

레나테 요스트는 판관기에 나타난 여성의 힘을 다룬 그녀의 책에서 여성의 힘은 저항 속에서 스스로를 드러낸다는 관념을 잘 포착하고 있다. 이를 위해 그녀는 앞서 논의했던 바, 입타의 딸에게 일어난 일을 두고 벌어진 해석사의 모호함을 끌어들인다. 입타의 딸이 실제로는 목숨을 잃지 않고 일생을 격리되어 살았다고 보는 해석에서 요스트는 가톨릭 수녀들이 이룬 수많은 공동체를 떠올리고 있다. 그들은 여러 대에 걸쳐 종교적인 공동체를 이루고 살면서 위계적 영향력에서 비교적 자유로운 공간에서 배우고 일해 왔다. 그렇지 않고 입타의 딸이 희생되었다는 해석은 요스트에 따르면 십자가에 달린 여성 그리스도의 다양한 이미지를 떠오르게 한다. 여성 그리스도의 상한 몸은 폭력을 당한 수많은 희생자에게 관심을 향하게 한다. 요

---

37 같은 곳.

38 바버라 배크 카이저는 "히브리 성경 안에서 여성의 페르소나가 얼마나 생생한가를 보는 것은 여성들을 인간으로 온전하고 자유롭게 인정하는 유익한 단계일지 모른다"라고 주장한다. Bakke Kaiser, "Poet as 'Female Impersonator': The Image of Daughter Zion as Speaker in Biblical Poems of Suffering", *The Journal of Religion* 67, no. 2 (1987) 182.

스트는 엘살바도르에서 나온 강렬한 십자가를 언급하는데, 거기에는 활기 넘치는 한 여성이 십자가에 달려 있고, 그 주변에는 가르치고 양육하는 여인들이 둘러싸고 있다. 이 역설적인 이미지에서 여인이 길게 뻗은 팔은 십자가에 달린 자를 상징할 뿐 아니라 축복하는 자를 상징하며, 정치적·경제적 억압에 희생당한 여성들에게 관심을 모으는 동시에 저항과 희망의 상징이다.[39]

그러한 해석은 헤테라키적 상황의 제약 안에서 여성의 힘의 복잡 미묘한 본질에 관한 여러 질문을 제기한다. 그럼에도 이 실례들은 수세기에 걸쳐서 여성들이 어쩔 수 없는 상황 속에서도 할 수 있는 모든 방법으로 비인간화에 저항해 온 다양한 방식을 알 수 있게 도와준다.

4) 비극적인 본문은 비극적 현실을 반영한다

필리스 트리블은 『성서에 나타난 여성의 희생』에서 입타의 딸 이야기 같은 서사에서 "슬픈 이야기는 해피엔딩이 아니"라고 주장한 바 있다.[40] 주자네 숄츠가 최근 『여성들을 위한 성경 주석』에 페미니스트 학문에 대한 개괄적 연구를 기고하면서 이 이야기에서 구원이 되는 어떤 것도 발견할 수 없다고 말한 것도 놀랍지 않다.[41] 그

---

[39] Renate Jost, *Gender, Sexualität und Macht in der Anthropologie des Richterbuches* (Stuttgart: Verlag W. Kohlhammer 2006) 205-7.

[40] Phyllis Trible, *Texts of Terror: Literary-Feminist Readings of Biblical Narratives* (Philadelphia: Fortress Press 1984) 2.

러나 오늘날 다양한 맥락 속에서 지속되는 헤테라키의 현실은 우리가 비극적 현실을 반영하는 비극적인 본문들과 계속 씨름하도록, 독자들이 강조하고 강화할 수 있는 여성 저항의 징후들을 본문에서 찾아내도록 한다.

캐슬린 샌즈는 한 논문에서 비극적인 것에 대한 감각을 되살리자고 말하면서 그리스도교 신학 전통에서, 특히 페미니스트 해석가들 사이에서 비극적인 문학을 회피하는 현상이 있었음을 지적한다. 이 현상은 "비극적인 감수성과 인간 해방에 대한 헌신 사이에 존재하는 긴장"이 신학적 상상력을 가로막기 때문에 일어난다.[42]

그러나 샌즈는 신학적 해석에서 비극적인 것에 대한 감각을 회복해야 한다고 강력하게 주장한다. 그녀의 주장에 따르면 비극은 그저 고난의 서사를 말하기 때문이 아니라 특별히 도덕적 차원의 재앙을 서술하기 때문에 중요하다.

> 비극은 현실과 이상 사이에 놓인 근본적인 모순을 기록한다. 삶은 마땅히 되어야 하는 대로 되지 않는다. 우리도 우리가 그래야 하는 대로 살지 않는다. 이러한 모순은 도덕적 의식이 탄생하는 순간 생기는 트라우마다. 모든 새로운 개화는 모순이 그것보다 오래 살아남는다는 지식을 둘러싸고 열린다. 비극은 현실의 일부

---

41 Scholz, "Judges", 120.

42 Kathleen M. Sands, "Tragedy, Theology, and Feminism in the Time after Time", *New Literary History* 34 (2004) 41.

와, 우리 자신의 일부를 거부하면서, 미리 반영된 부정적인 도덕적 판단을 전달한다.[43]

샌즈는 구체적으로 "누군가의 딸을 살해하는 일" 같은 도덕적 재앙에 주목한다. 여기에는 입타의 딸 이야기 외에 아가멤논과 그의 딸 이피게니아 이야기 같은 그리스 비극들도 속한다. 샌즈는 그런 비극적 서사가 "연극 안에 머물 수도 있지만 우리에게 끝까지 따라오는 것이다"라고 주장한다. 비극이 이처럼 끔찍해서 잊히지 않는 성격을 지닌 이유는 우리가 [도적적] 판단 속으로 들어가는 동시에 "그 안에 참여하기" 때문이다.[44] 샌즈는 비극 문학을 받아들일 때 우리가 망가진 세상에 반대하거나 저항하는 일이 일어난다고 제시한다.

그뿐 아니라 샌즈는 비극과 씨름하는 고된 일을, "출생 후 바로 이어지는 노동"으로 묘사하지만 우리가 인간 사회에 속하는 한 견뎌야 할 일이라고 지적한다.[45] 그녀가 잘 지적했듯이, "예방접종까지

---

43 같은 책 43. 샌즈는 비극과 트라우마를 다음과 같이 구분한다. "비극은 역사에 대한 것이고 트라우마는 시간에 대한 것이다. 트라우마는 시간에 끼어든다. 그것은 블랙홀이지, 가는 길에 만나는 단순한 구덩이가 아니다. … 그것[트라우마]은 의미의 구조 안으로 짜일 수 없기 때문에 빈틈 또는 침묵으로 스스로를 드러낸다. 또한 통합되거나 표현될 수 없기 때문에 트라우마는 재연을 요구한다." 샌즈의 주장에 따르면 이와 대조적으로 "미적 형태로서 비극은 트라우마를 제의적 공간 안에 배치하여, 고요하게 재연하기보다는 장엄하게 목소리로 표현되고 애도될 수 있게 한다. 그래서 성스러운 것을 구별하는 것이 속된 것을 만드는 것처럼, 비극은 트라우마를 구별해 내고 그렇게 함으로써 삶의 나머지 영역을 트라우마에서 분리할 수 있다. 그렇게 하는 동안 시간은 멈춰 있지 않고 거기서부터 의미의 영역이 생성될 수 있다". 같은 책 42.

44 같은 곳.

견뎌 낸 병균처럼, 그것[비극적인 것]은 훨씬 더 전염성이 강한 형태로 갑자기 튀어나온다".⁴⁶ 그래서 우리는 입타의 딸 서사에 서술된 헤테라키 체계와 밀접히 관련된 불의가 이런 비극적인 이야기에만 국한되는 것이 아님을 알게 된다. 이 이야기는 오늘날까지 많은 공동체 안에 존속하는 헤테라키의 계속된 권력을 반영하고 있다.

나의 조국인 남아프리카공화국에서 헤테라키는 동시대를 사는 많은 여성의 현실에 큰 영향을 끼친다. 예를 들어, 최근에 남아프리카공화국에는 너무도 터무니없는 신화가 널리 퍼져 있는데, 그것은 처녀인 딸과 성관계를 맺으면 HIV와 에이즈를 치유할 수 있다는 것이다.⁴⁷ 이것은 아버지의 충동적인 맹세의 결과로 어린 딸이 희생되는 어리석은 상황에 견줄 수 있을 것이다. 또한 데니즈 애커만은 아프리카의 여러 나라에서 "HIV에 감염될 위험이 가장 큰 요소는 결혼한 여성이 되는 것이다"라고 지적한다.⁴⁸▶ 헤테라키 구조가 어떻게 한 어린 소녀에게 비인간화와 죽음을 초래하는지를 생생하게 그리고 있는 입타의 딸 이야기는 그러므로 헤테라키의 제단 위에서 희생 제물이 된 다수의 다른 젊은 여성들을 상기시킨다.

그러나 우리가 보았듯이, 입타의 딸 이야기에 묘사된 것처럼 억

---

45 같은 책 44.

46 같은 책 55.

47 이저벨 아파오 피리는 처녀를 둘러싼 신비가 피해자를 흡수하고 정화할 것이라는 터무니없는 믿음 때문에 5개월밖에 안 된 어린 아기가 강간당하는 일이 있다고 지적한다. Isabel Apawo Phiri, "'Why Does God Allow Our Husbands to Hurt Us?' Overcoming Violence against Women", *Journal of Theology for Southern Africa* 114 (2002) 25.

누르는 지배의 예들 안에서도 여성 저항의 조짐은 있게 마련이다. 본문 속에서 이러한 여성 저항의 자취를 추적함으로써 개인은 각자의 상황에서 지속적인 저항의 중요성을 더 깊이 숙고할 것이다. 풀라타 모요는 지배에도 불구하고 저항하는 여성들의 흥미로운 사례를 들려준다. 그녀의 조국 말라위에서 여성들은 월경에 대한 금기를 활용해서 불의한 헤테라키 구조에 저항하고 있다. [그들을 억압하는] 불의한 헤테라키는 HIV와 에이즈에 젊은 여성들을 특히 취약하게 만드는 구조와 밀접한 관련이 있었다.⁴⁹ 남부 말라위에서, 망야나족, 야오족, 롬베족 여성들은 월경 중이라는 표시로 침실에 붉은 구슬로 된 줄을 걸어 두는 관습이 있다. 파트너가 무서운 질병을 옮

◂48 Denise M. Ackermann, "Tamar's Cry: Rereading an Ancient Text in the Midst of an HIV/AIDS Pandemic", in *Grant Me Justice! HIV/AIDS and Gender Readings of the Bible*, ed. Musa Dube and Musimbi Kanyoro (Maryknoll, NY: Orbis Books 2005) 36. 애커만은 남편의 부정이 의심될 경우, 보호받지 못하는 성관계를 여성이 "거부한다"라고 말할 수 있는 힘이 거의 없다고 설명한다. 그리고 하다드는 젠더와 HIV/에이즈의 연결을 설명할 수 있는 여러 요인으로 "바이러스에 대한 여성들의 취약성, 문화적으로 규정된 성관계에서의 종속적인 지위, 젠더 폭력의 높은 가능성"을 제시한다. Beverley Haddad, "Surviving the HIV and AIDS Epidemic in South Africa: Women Living and Dying, Theologising and Being Theologised", *Journal of Theology for Southern Africa* 131 (2008) 49. 하다드의 에세이, "Gender, Violence and HIV and AIDS: A Deadly Silence in the Church", *Journal of Theology for Southern Africa* 114 (2001) 93-116도 참조.

49 필레이는 HIV/에이즈가 인류 전체에 영향을 주는 것이 맞지만, "문화적·성적·경제적으로 종속된 여성의 지위로 인해 이 질병의 전염이 더 심해진다"고 지적한다. Miranda Pillay, "Women in the Church: Toward Developing Community in the Context of HIV and AIDS", in *Compassionate Circles: African Women Theologians Facing HIV*, ed. Ezra Chitando and Nontando Hadebe (Geneva: WCC Publications 2009) 102-6.

길지도 모른다고 생각한 여성들은 붉은 구슬을 단 줄을 치우고 성관계가 가능한 것을 표시하는 흰 구슬로 바꿔 달지 않는다. 이것은 그들의 성적 주체성을 주장하고 스스로를 보호 장치 없는 성관계로부터 지키기 위한 것이다.⁵⁰ 모요는 이처럼 전통적인 아프리카 관습을 활용해서 불의에 저항하는 행동들을 본서의 서문에서 언급한 바 있는 제임스 스콧의 '숨겨진 표기' 개념과 관련시켜 설명한다. 그녀에 따르면, "그러므로 붉은 구슬 줄은 '숨겨진 표기'이다. 그것을 통해 여성들이 상호성이 결여된 성관계에 저항하는 '목소리를 내기' 때문이다. 또한 그것은 여성들을 해방시켜 스스로 언제 그리고 어떻게 섹스를 하는가에 영향력을 가지도록 북돋아 준다".⁵¹

그뿐 아니라 저항과 애도의 관련성은 HIV와 에이즈의 유행에 교회가 어떻게 응답할 것인가를 생각하는 데도 중요하다. 데니즈 애커만은 HIV와 에이즈의 비극을 애도하도록 교회가 부름 받았다고 쓴다. 특히 애도는 여러 가지 방식으로 이 끔찍한 질병에 특히 여성들을 취약하게 만든 책임이 있는 가부장제의 권력에 도전한다. 애커만은 이렇게 주장한다.

---

50 Fulata Lusungu Moyo, "The Making of Vulnerable, Gyrating and Dangerous Mentruating Women through Chinamwali Socialization", in Chitando and Hadebe, *Compassionate Circles*, 40. 또한 Fulata L. Moyo, "The Red Beads and White Beads: Malawian Women's Sexual Empowerment in the HIV and AIDS Era", *Journal of Constructive Theology* 11, no. 1 (2005) 53-66.

51 Moyo, "The Making of Vulnerable, Gyrating and Dangerous Menstruating Women", 48.

있는 그대로 말하는 것이 첫 단계다. 젠더 불평등을 조장하고 지속시키는 상황 속에서 우리가 해야 할 역할에 대해 공개적으로 책임을 인정하려면 무엇이 필요할까? … 그리고 언제쯤 우리는 이 통탄스러운 전통과 지금 여성과 남성들의 삶에 엄청난 영향을 미치는 HIV와 에이즈를 연결하게 될 것인가?[52]

더 나아가 애커만은 HIV와 에이즈 피해자와 연대 의식을 갖는 것이 중요하다고 쓴다. 그들과 우리 사이에 명백한 구분선이 있는 것이 아니라 하나의 교회인 우리 모두가 감염된 것이라는 사실을 받아들여야 한다. 그녀가 신랄한 어조로 말한 것처럼 "그리스도의 몸이 에이즈에 걸린 것이다."[53] 이런 점에서 애커만은 개인의 존엄을 회복할 때, 곧 피해자들의 이야기를 들을 때 애도가 중요하다고 말한다. 입타의 딸들의 친구들이 그녀를 둘러싸고 애도하며, 그녀의 이야기를 듣고 자신의 이야기도 나눈 것처럼 이야기를 듣고 또 이야기를 하는 행동은 "고통의 낙인, 외면, 고독에 도전하면서 참여, 긍정, 돌봄의 행동으로 나아가길 희망하는 개방성, 취약성, 상호 참여"의 환경을 만들어 낼 책임이 있다.[54]

---

52 Ackermann, "Tamar's Cry", 40.
53 같은 책 51.

3. 슬롭핫의 딸들, 결단하다 (민수 27장)[55]

1) 다섯 명의 딸이 떨쳐 일어나다

여성 저항의 복합성을 보여 주는 또 다른 이야기는 슬롭핫의 다섯 딸에 대한 흥미로운 이야기다. 이 딸들의 이름은 마흘라, 노아, 호글라, 밀카, 디르사다. 여성의 유산상속 문제로 사법 권력에 도전한 이 여인들의 이야기는 민수기 27장 1-11절에 등장한다. 이 이야기는 약속의 땅에 당도하기 직전, 새로운 신앙의 세대들에게 땅을 분할하는 맥락에서 나온다.[56] 슬롭핫의 다섯 딸은 모세와 원로들에게

---

54 같은 책 42. 또한 앤 포가티가 "애도의 윤리"라고 부른 것을 옹호한 주디스 버틀러 참조. 이것에 따르면, 공동체들은 잃어버린 것을 애도하는 공동의 과제를 이어 간다. 포가티는 다음과 같이 설명한다. "버틀러의 판단에 따르면, 애도는 사람들을 연결시키고 자아가 타자를 연결하는 관계적 연대를 드러냄으로써 본질적으로 공동체적이고 정치적인 활동이다. 우리를 고갈시키고 세상에서 단절시키는 사유화된 경험이 아니다." Fogarty, "Hear Me and Have Pity", 217.

55 이 장은 L. Juliana Claassens, "Give Us a Portion among Our Father's Brothers: The Daughters of Zelophehad, Land, and the Quest for Human Dignity", *Journal for the Study of the Old Testament* 37, no. 3 (2013) 319-37에 게재된 것을 개정한 것이다.

56 데니스 올슨은 옛사람들이 죽고(민수 1,1-25,18), 새로운 세대가 태어나는 것(민수 26,1-36,13)을 민수기의 구조적 장치로 여긴다. 이 점에서, 27장과 36장에서 서술되는 슬롭핫의 딸들 이야기는 이 책에서 중심이 되는 단계에서 일어난다. 올슨은 이 두 장이 "26장의 두 번째 인구조사에 의해 등장한 새로운 세대의 사건들과 조직을 포함한다. 그들은 새로운 세대와 물질적 관계를 형성하며 하느님 백성의 새 세대에게 부여된 신학적 관점을 규정한다"고 주장한다. Dennis Olson, *The Death of the Old and the Birth of the New: The Framework of the Book of Numbers and the Pentateuch* (Chico, CA: Scholars Press 1985) 175. 옛 세대가 반항하여 죽음을 자초한 반면, 새 세대는 희망의 모범이다. 새 세대는 과거에서 교훈을 배우도록 요청받는다. 그들은 살기 위해 자기비판을 할 수 있어야 한다는 것을 배운다. 그러므로 새 세대는 이어지는 세대를 위한 모범이다. 같은 책 182-83.

그리고 사실은 하느님께 토지소유권을 청구한다. 이것과 관련된 율법은 분명하다. 신명기 21장 15-17절에 따르면, 재산은 남성 후계자에게 상속되는데, 그중 장자는 두 배의 몫을 받는다. 과부나 딸은 재산을 전혀 상속받지 못하기 때문에, 남성 친척들의 돌봄을 받아야 한다. 그렇다면 남성 후계자가 없을 경우에 어떻게 될 것인가? 이러한 상황이 딸들이 일어나 (하느님의) 법정에 직접 소송을 제기하게 만들었다. 이 서사에서 예상 외의 놀라운 반전은 이 딸들이 제기한 소송이 재판에 회부되어 결국 그 권리를 인정받는다는 점이다. 7절에서 하느님은 다섯 딸이 제기한 소송이 정당하다고 인정하고, 이 청원을 통해 여성의 유산상속에 대한 율법까지 바뀐다.

이 딸들의 용감한 행동은 여성 연구자들의 관심을 끌었으며 민수기 27장과 이어지는 36장의 젠더에 관한 복합적 묘사에 대해 광범위한 저술이 이루어졌다.[57] 한편으로, 슬롭핫의 딸들은 옳은 일을 위해 나선 힘없는 자들을 상징한다. 이 이야기는 율법이 도전받을 수 있고, (하느님의) 법정이 권리를 빼앗긴 자들의 요구를 인정하여 율법을 바꾸는 사례다. 반면에 여성 해석자들은 여성 저항에 대한

---

[57] 예를 들어, 캐서린 세이크펠드는 슬롭핫의 딸들에 관해 연속해서 논문을 발표했다. "In the Wilderness, Awaiting the Land: The Daughters of Zelophehad and Feminist Interpretation", *Princeton Seminary Bulletin* 9, no. 3 (1988) 179-96; "Feminist Biblical Interpretation", *Theology Today* (1989) 154-68; "Zelophehad's Daughters", *Perspectives in Religious Studies* 15 (1988) 37-47. 이 논문들에서, 세이크펠드는 슬롭핫의 딸들과 페미니스트 여성 해석자들을 연관 짓는다. 여성 해석자들은 아직도 광야에서 땅을 고대하는 처지인데, 민수기 27과 36장의 서사를 통해 성경 본문의 여성주의적 해석에 대한 다양한 접근 방식을 제시하기 때문이다.

이 서술이 그저 남성들의 이익을 대변하는 것은 아닌지 의문을 제기한다. 게다가 이 이야기에 대한 최근의 탈식민주의적 접근이 지적하듯이, 이 딸들은 가나안 땅에 들어가기 직전 정복자들 편에 속해 있다.[58] 땅을 요청함으로써 이 여인들은 이미 거기에 살고 있던 사람들을 고려하지 않고, 알게 모르게 그 땅을 분배하는 이스라엘 백성들의 제국적 야심에 동참하고 있다.

2) 페미니스트 전사들인가?

마흘라, 노아, 호글라, 밀카, 티르차의 이야기는 여성 저항이 자주 모호하다는 사실을 강력하게 보여 준다. 츨롭핫의 딸들은 오랫동안 여성 전사들로 추앙되고 활용되었다. 일례로 엘리자베스 캐디 스탠턴은 이들을 불의한 구조에 맞서 싸우는 동시대 여성들의 모범으로 읽었다.[59] 현대의 페미니스트 미드라쉬는 츨롭핫의 딸들을 이렇

---

58 Dora Rudo Mbuwayesango, "Can Daughters Be Sons? The Daughters of Zelophehad in Patriarchal and Imperial Context", in *Relating to the Text: Interdisciplinary and Form-Critical Insights on the Bible*, ed. Timothy J. Sandoval and Carleen Mandolfo, Journal for the Study of the Old Testament Supplement Series (London: T & T Clark International 2003) 251-62; Judith E. McKinlay, "Playing an Aotearoa Counterpoint: The Daughters of Zelophehad and Edward Gibbon Wakefield", in *Troubling Women and Land: Reading Biblical Texts in Aoteara New Zealand*, The Bible in the Modern World 59 (Sheffield, UK: Sheffield Phoenix Press 2014) 38-57.

59 Elizabeth Cady Stanton, *The Woman's Bible*, vol. 1 (New York: Prometheus Books 1999 [org. 1895; 1898]) 107; Yael Shemesh, "A Gender Perspective on the Daughters of Zelophehad: Bible, Talmudic Midrash, and Modern Feminist Midrash", *Biblical Interpretation* 15 (2007) 81에서 인용.

게 묘사했다. 이 딸들은 "가부장제에 반대하는 여성 의식 고양 위원회 회의를 위해 2주마다 모였던 성경의 여성들 집단"으로서 "여성의 권리를 위한 투쟁에서 상당한 승리를 거두었다".⁶⁰ 주디스 맥킨레이는 명료하게 말한다.

> 여성으로서 나는 츨롭핫의 다섯 딸을 옹호하고자 한다. 그들은 용감하게 체제에 도전했다. 나는 그들의 이야기를 읽으며 매우 놀랐다. 상황에 맞서서 일관되게 또한 급진적으로 말할 용기를 그들은 대체 어디서 얻었는가? 그들은 또 어떻게 그것을 그렇게 잘해 냈을까? … 나는 정말로 그들을 경외해 마지않는다.⁶¹

라삐들이 여성에 대해 항상 우호적인 입장을 취한 것은 아니었지만, 이들조차 이 츨롭핫의 딸들은 높이 평가하고 있다. 탈무드 문헌에서 이 여인들은 성경 해석에 능숙하고 적절한 때에 나서서 말하는 현명한 여인들로 그려진다.⁶² 실제로 라삐들은 이 자매들이 율법 해석에

---

60 Shemesh, "A Gender Perspective on the Daughters of Zelophehad", 102에서 재인용. "가부장제에 반대하는 여성 의식 고양 위원회 회의"라는 개념은 조나단 매고넷의 이야기, "Gomer's Revenge"에 나온다. 이 이야기는 이 그룹이 현재 하고 있는 투쟁을 "비혼모들의 권리"를 신장시키는 것으로 상상하고 있다.

61 McKinlay, "Playing an Aotearoa Counterpoint", 39.

62 야엘 셰메시는 이 이야기에 대해 상상력 넘치는 해석을 하는 라삐 전통을 통찰력 있게 개관하고 있다. Shemesh, "A Gender Perspective on the Daughters of Zelophehad", 95-109도 참조. Jacob Milgrom, *Numbers [Ba-midbar]: The Traditional Hebrew Text with the New JPS Translation,* The JPS Torah Commentary (Philadelphia: Jewish Publication Society 1990) 483-84도 참조.

있어서 모세보다 뛰어나다고 생각하고, 이들을 상속법과 재산 이전 기능이 제대로 운용되도록 만든 여성이라고 기린다.[63] 특별히 흥미로운 것은 라삐들이 이 딸들이 땅을 사랑하는 것을 높이 평가했다는 점이다. 이 점에 대해서는 탈식민주의 비평에 따라 주석하는 관점을 통해 다음에서 살펴볼 것이다. 그들은 땅에 대한 하느님의 약속을 신뢰한 모범으로 찬양받으며 이집트로 되돌아가고자 한 남자들과 날카롭게 대조된다. 민수기 시프레 133에 따르면, "여성들의 힘은 남성들의 힘보다 훨씬 크다. 남자들은 '우두머리를 하나 세워 이집트로 돌아가자'고 말했지만(민수 14,4), 여자들은 '저희 아버지의 형제들과 더불어 저희에게도 소유지를 주십시오'라고 요구했다."[64]

그러나 성경 전통에서 자주 그렇듯이, 이 여성들에 대한 젠더 묘사는 복합적이다. 예를 들어, 누군가는 이 전승이 여성들의 이름을 기억하고 있고, 또 마흘라와 그 자매들이 온 회중과 그 지도자들 앞에서 인상적으로 공적 역할을 해내고 있는 것이 의미심장하다고 말할 수 있다.[65] 그러나 캐서린 세이큰펠드가 지적한 것처럼, 서사에 따르면 이 딸들이 이처럼 용감하게 행동한 주요 동기는 그들이 처한 불의한 상황이 아니라 아버지의 이름을 보존하는 것이었던 것 같다. 가업을 이을 남자 후손이 없는 남자는 기억에서 지워질 것이기 때문

---

63 츨롭핫의 딸들을 라삐들이 긍정적으로 해석한다고 해서 문제가 없는 것은 아니다. 세메시에 따르면, 할라카를 해석하는 기교 안에서 이 딸들이 모세에게 한 수 가르친다는 생각은 여성들이 성경을 해석하는 능력이 부족하다는 가정에 의존하고 있기 때문이다.

64 같은 책 98.

65 같은 책 85.

이다.⁶⁶ 딸들이 분명하게 언급되는 것도 어쩌면 이 여성들의 개성을 인정해서라기보다는 아버지의 이름을 지키려고 한 노력을 더 인정했기 때문일 수 있다.⁶⁷

우리는 이 본문에서 하느님이 어떤 이미지로 나타나는가를 보고 놀랄 수도 있다. 하느님은 딸들의 명분에 편을 들어 주시면서 그들이 참되고 옳은 것을 말했다고 선언하고, 그들에게 아버지의 형제들과 함께 땅을 나눠 주라고 명하심으로써 그 요구를 들어주신다. 이러한 하느님의 응답은 하느님 자신이 주신 율법에 중요한 뭔가가 빠졌다는 것을 암묵적으로 시인하는 것일 수도 있다. 그렇다면 하느님이 빠뜨린 것을 슬롭핫의 딸들이 알아채서 바로잡은 것이다.⁶⁸ 여호수아기 17장 3-6절에서 이 딸들은 또다시 지도자들 앞에 (이번에는 여호수아 앞에) 나온다. 그리고 이스라엘 백성이 그 땅에 들어간 후 그들의 유업을 달라고 청구한다. 그러면서 그들의 주장을 하느님께서 결정적 권위로 승인하셨음을 상기시킨다. 그 결과 여호수아는 그들의 요구에 따르게 된다.

그런데 이 승리는 오래가지 못한다. 민수기 36장에서 므나쎄 지

---

66 Sakenfeld, "Zelophehad's Daughters", 41; Shemesh, "A Gender Perspective on the Daughters of Zelophehad", 85. 음부와예상고는 이 딸들이 땅을 요구한 것이 아버지의 이름이 땅과 결부되어야 존속될 것이라는 가정에 근거하고 있다고 주장한다. Mbuwayesango, "Can Daughters Be Sons?", 55.

67 Shemesh, "A Gender Perspective on the Daughters of Zelophehad", 84.

68 Sakenfeld, "Zelophehad's Daughters", 40; Shemesh, "A Gender Perspective on the Daughters of Zelophehad", 87-88.

파의 지도자들이 이 딸들의 주도권에 이의를 제기한다. 이들은 율법을 다시 개정하여 슬롯핫의 딸들이 누구와 결혼할지를 선택하는 데 제한을 두도록 만든다.[69] 여기서 공동체의 법정 앞에 이 다섯 딸들이 나서서 용감하게 주도성을 발휘했다는 증거는 없고, 침묵만 있을 뿐이다. 세이큰펠드에 따르면, 이 자매들이 "없었다는 것"은 이들이 당국이 명한 대로 했다는 10-11절의 언급으로 확실해진다.[70]

물론 슬롯핫의 딸들 이야기를 여성을 이롭게 한 사법적 대전환으로 해석한다면 멋질 것이다. 이 사건은 여성의 주체성이 긍정적인 결과를 가져온 놀라운 예이기도 하다. 그럼에도 여성 비평가들은 이 서사가 모든 여성의 승리로 여겨질 수 없다고 지적해 왔다. 남성 후손이 없을 때만 여성이 혜택을 누릴 수 있다는 점에서 여전히 상속법의 기존 질서를 유지하는 데 기여하고 있기 때문이다. 더욱이, 결국 민수기의 저자는 세이큰펠드가 지적한 대로 이 "슬롯핫의 딸들에 대해 기억하는 오래된 전승 조각"을 활용해서, "새로 들어간 땅을 적절하게 분할하는 데 관심을 가진 저자의 의도를 표현하고 있다".[71]

한편으로, 슬롯핫의 딸들 이야기에서 여성 스스로 생계를 이어갈 권리를 부인하는 계급 체계 속에서 함께 힘을 합쳐 자신의 존엄

---

[69] 셰메시는 이 삼촌들이 모세와 수장들 앞에서 요구한 것이 딸들의 요구와 필적한다는 점을 보여 준다. Shemesh, "A Gender Perspective on the Daughters of Zelophehad", 91-93.

[70] Sakenfeld, "Zelophehad's Daughters", 42.

[71] 같은 책 42. 또한 세이큰펠드는 이 딸들을 "잠재적인 토지 분쟁에서 하수인에 지나지 않는 존재들"이라고 말한다. Sakenfeld, "In the Wilderness, Awaiting the Land", 184.

성을 주장한 다섯 딸들의 인상적인 모습을 볼 수 있다. 이 여성들은 하느님을 비롯해서 — 물론 딸들의 호소에 우호적으로 반응하시긴 했지만 — 힘 있는 자들로 인한 불의에 저항하기 위해 권리를 박탈당한 이들이 사법 체계를 활용할 수 있다는 모범을 보여 준다. 그러나 우리는 그들의 저항 행위도 궁극적으로는 남성 저자/편집자의 손길에 의해 남성의 이익에 봉사하는 도구에 불과할 수 있음도 알게 된다. 게다가 다음에서 더 분명해지겠지만, 성경 본문 가운데 젠더 이슈에만 관심을 기울이는 젠더적 독해는 제한적일 수밖에 없다. 이런 점에 대해서 엘리자베스 쉬슬러 피오렌자 외에, 미국의 우머니스트와 뮤헤리스타 신학자(남미 여성 해방 신학자)들은 물론 개발도상국의 여성 신학자들까지 도전해 왔다. 이들은 젠더 분석에 인종, 계급, 민족과 같은 주제들을 포함해야 하는 중요성을 부각시켜 왔다.[72]

3) 결국 누구의 땅인가?

최근 몇 년 동안, 탈식민주의 비평가들은 츨롭핫의 딸들에 관한 이 흥미로운 서사에 관심을 기울여 왔다. 도라 음부와예상고는 무사 두베의 연구를 가져와 민수기 27장의 이 다섯 여인들을 비롯한 이스라엘 여성들이 "가나안 백성들을 쫓아내고 그들의 땅을 빼앗는

---

[72] 예를 들어, 피오렌자는 '하위 주체'(Subaltern) 여성들과 남성들의 지배 경험까지도, 그것이 인종, 계급, 제국주의와 관련될 때는 포함시켜서 "여성"의 범주를 확장시켜야 한다고 주장한다. 이러한 주장을 간략히 살펴보기 위해서는, Elisabeth Schüssler Fiorenza, *The Power of the Word: Scripture and the Rhetoric of Empire* (Minneapolis, MN: Fortress Press 2007) 13-15 참조.

일에 참여했다는 점에서 제국주의자들이었다"고 주장한다.[73]

이런 관점에서 보면, 땅을 요구한 딸들은 그 땅이 다른 민족의 소유라는 사실을 완전히 망각한 것으로 보인다. 이렇게 그들은 가나안의 남성과 여성, 아이들의 토지를 몰수하는 데 일조한다. 이 점에서 무사 두베는 식민주의자인 여성과 피식민지에 속하는 여성을 구분한다. 이 본문에 대한 젠더 중심적 읽기에서 보았듯이 이스라엘의 여성들이 헤테라키에 영향을 받았고, 나아가 식민 지배를 통해 획득한 자원들에 접근할 권한이 제한되었다는 것은 분명하다. 그럼에도 그들은 정복한 땅을 나누고 있는 자기 민족의 제국주의적 정책에 참여하고 있는 것이다. 다른 한편으로 가나안 여성들은 내부의 가부장제는 물론 이스라엘 백성의 제국주의적 행동으로 인해 이중으로 억압당하는 상황에 처해 있었다.[74] 민수기 27장과 36장에 대한 탈식민주의적 해석은 그러므로 이 본문에서 관찰되는 하위 주체를 주시하도록 독자들에게 요구한다. 가야트리 스피박의 용어를 빌리면, 가나안의 남성과 여성, 아이들은 말할 수 없는 자들이다.[75]▶ 도라 음부와 예상고는 본문 안에 이들이 존재한다는 사실에 주의를 기울인다.

이스라엘의 여성들은 이스라엘의 제국주의 문화의 일부다. 츨롭핫의 딸들이 대변하듯이 우리는 민수기 서사에서 이스라엘 여성

---

73 Mbuwayesango, "Can Daughters Be Sons?", 252.

74 Musa W. Dube, *Postcolonial Feminist Interpretation of the Bible* (St. Louis, MO: Chalice Press 2000) 73-80; Mbuwayesango, "Can Daughters Be Sons?", 252.

들은 가나안 백성들의 땅을 빼앗아 얻은 이득을 나눌 방법을 찾고 있었다고 말할 수 있다. 그러는 동안 가나안 여성들(과 남성들)은 생존을 위해 분투해야만 했다.⁷⁶

탈식민주의적 읽기는 츨롭핫의 딸들 이야기에서 가장 당황스러운 점 한 가지를 부각시킨다. 그것은 하느님이 마음에 드는 대로 선택한 백성에게 땅을 수여한다는 이미지다. 드러나지 않는 타자들의 땅을 빼앗아 선물하는 하느님의 이미지는 상당히 문제가 많다. 우리는 젠더 중심적으로 이 본문을 읽으면서 토지에 대한 여성들의 권리를 보장해 준 그 하느님이 다른 남성들, 여성들, 아이들의 땅에 대한 권리를 빼앗았다고 말할 수 있다. 이 곤란한 본문을 납득하기 위해서 주디스 맥킨레이는 "이 이야기는 타자들의 토지를 빼앗은 자들이 재구성한 것임을, 즉 이 이야기를 자신들의 성스러운 성경 전통의 일부로 기록하고 보존한 자들은 그 빼앗은 자들을 대변하는 서기관들임"을 기억해야 한다고 쓴다.⁷⁷

이 본문에 대한 탈식민주의적 읽기는 서로 다른 입장들이 상충

◂75 가야트리 스피박의 유명한 질문, "하위 주체는 말할 수 있는가?"를 참조하라. 스피박의 이 질문은 권력을 보유한 자들에게 열등하고 다른(라틴어로 'alter') 존재로 여겨지는 '하위 주체'의 존재에 대한 인식을 높였다. 다시 말해 그들은 가난한 자들, 주변화된 자들, 배제된 자들, 억압당하는 자들, 착취당하는 자들이다. Gayatri Chakravorty Spivak, "Can the subartern speak?", in *Marxism and the Interpretation of Culture*, ed. Cary Nelson and Lawrence Crossberg (London: Macmillan 1988) 283.

76 Mbuwayesango, "Can Daughters Be Sons?" 261; McKinlay, "Playing an Aotearoa Counterpoint", 44도 참조.

하는 현대의 상황에 성경 본문을 적용해야 하는 복합성을 부각시킨다. 현대의 팔레스타인/이스라엘 상황에서 슬롭핫의 딸들 이야기에 대한 이렇듯 서로 다른 독해들을 읽는다고 상상해 보자. 가령 앞에서 언급한 라삐들의 말을 상기해 보자. 그들은 이 딸들을 하느님이 그들에게 약속하신 땅을 사랑하여 지켜 낸 자들이라고 칭찬했는데, 이것은 땅에 대한 팔레스타인 사람의 경험과 날카롭게 상치된다. 팔레스타인 사람이면서 그리스도인인 진 자루의 목소리를 들어 보자.

> 시온주의자들의 꿈이 우리에게는 악몽이 되었다. 땅을 빼앗긴 팔레스타인 사람으로서 나의 경험은 그러한 성경 전통을 검토하지 않을 수 없게 만들었다. 하느님은 다른 백성을 희생시키면서 한 백성에게 땅을 약속하고 그들에게 그 땅에서 살던 주민들을 몰아내라는 거룩한 사명을 주시는 분이신가? 히브리 성경의 초기 작품들을 문자주의적으로 읽을 때 나는 인간으로서 그저 놀랄 뿐이다. 그러나 유다인 정착민들이 [요르단] 서안과 그 외 영토에 들어와서 그 땅을 몰수하여, 유다인의 독점적 사용을 선포하면서 그 땅은 하느님께서 언제나 유다인들에게만 주신 땅이라고 선언할 때 이는 당장 문제가 된다.[78]

---

[77] McKinlay, "Playing an Aotearoa Counterpoint", 44.

[78] Jean Zaru, "Biblical Teachings and the Hard Realities of Life", in *Hope Abundant: Third World and Indigenous Women's Theology*, ed. Kwok Pui-lan (Maryknoll, NY: Orbis Books 2010) 126.

그러므로 탈식민주의 관점에서 볼 때, 이 본문 안에서 작동하고 있는 다수의 억압 체계를 설명하기 위해서 더 복잡한 경험적 도구가 절실하게 필요하다는 것은 명백하다. 그래서 더욱 분명한 것은 츨롭핫의 딸들 이야기의 경우에 우리는 단순하게 남성들의 독재에 억압당하는 가난한 여성들에 대해서만 말할 수는 없다는 것이다. 탈식민주의적 본문 읽기가 드러내는 것은 츨롭핫의 딸들 또한 그들이 막 진입한 땅에 살고 있던 백성들이 가진 토지를 빼앗는 일에 동참한 제국주의자로 이해되어야 한다는 사실이다. 그렇다고 해서 그런 읽기에 맹점이 없는 것은 아니다. 탈식민주의 읽기가 젠더 정의 문제에 늘 민감한 것은 아니라는 점은 한계로 평가되어 왔다. 이 점에 대해서 무사 두베, 캐서린 세이큰펠드, 주디스 맥킨레이, 곽 푸이란과 같은 탈식민주의 페미니스트 성경학자들이 문제를 제기했다. 탈식민주의 읽기는 정의를 요구하는 주장들이 경쟁하는 사안에 관해 어려운 질문을 하도록 유도한다.[79]

4) 정의의 요구가 경쟁한다고?

앞에서 개관한 대로 츨롭핫의 딸들에 관한 상충되는 해석은 탈식민주의적 관심사와 젠더 정의에 관심을 기울인 해석자들에게 상

---

[79] Dube, *Postcolonial Feminist Interpretation of the Bible*; Katharine Sakenfeld, "Whose Text Is It?", *Journal of Biblical Literature*, 127, no. 1 (2008) 5-17; Judith E. McKinlay, *Reframing Her: Biblical Women in Postcolonial Focus* (Sheffield, UK: Sheffield Phoenix Press 2004); Kwok Pui-lan, *Postcolonial Imagination and Feminist Theology* (Louisville, KY: Westminster John Knox 2005).

당히 난감한 문제다. 사실 나는 탈식민주의 유산에 의해 규정되는 상황에서 살아가는 백인 페미니스트 해석자다. 그래서 어떻게 하면 젠더 정의 문제를 이러한 본문에 가려진 하위 주체에 대한 새로운 의식과 연결할 수 있을지 고민하고 있다. 줄리아 오브라이언은 나훔서를 연구하면서 발견한 상충되는 정의 요구에 관해서 다음과 같이 놀라운 통찰을 제시한 바 있다. 나훔서가 반영하고 있는 것이 "앗시리아에게 억압당하는 유다인들의 목소리냐 아니면 여성들을 억압하는 남성들의 목소리냐" 하는 문제에 직면하여,[80] 오브라이언은 이렇게 애석해한다.

> 설상가상으로 이 두 가지 방향의 접근이 서로 배타적인 선택지로서 싸우고 있다고 생각해 보자. 그렇다면 누구의 억압이 더 중요한지를 결정하는 것은 독자들의 몫이라는 점이다. 독자들은 제국의 무게 아래 신음하는 사람들을 위해서 읽어야 할 것인가? … 아니면 전쟁에서 신체적으로 그리고 은유적으로 강간당하고 있는 여성들을 위해 읽어야 할 것인가? 더 심한 피해자를 골라야 한다는 것은 독자들에게 도덕적 문제를 제기한다. 그것이 억압의 다양한 형태 사이의 복잡한 관계들을 인식하지 못하게 만들기 때문이다.[81]

---

[80] Julia O'Brien, *Challenging Prophetic Metaphor: Theology and Ideology in the Prophets* (Louiville, KY: Westminster John Knox 2008) 121.
[81] 같은 책 117.

도무지 이치에 맞지 않는 이런 상황에서 오브라이언은 왜 학계에서는 한 가지 정의가 다른 정의보다 우선시되는 일이 그렇게 자주 일어나는지를 생각하지 않을 수 없었다. 예를 들어, 미국의 인권운동이나 남아프리카공화국의 자유를 위한 투쟁에서 젠더 이슈는 왜 밀려났는가? 또는 여성의 권리를 위한 투쟁 내에서도 여성들 자신은 해방을 추구하는 과정에서 인종이나 계급이 하는 역할에 어떻게 그렇게 자주 무지할 수 있었던 것인가? 사회정의 문제에 헌신한 페미니스트 해석자로서 나는 이렇듯 경쟁하는 정의 가운데 하나를 선택하라는 요구를 받아들이고 싶지 않다.

그렇다면 이 본문에 관한 상호배타적으로 보이는 관점들 사이에서 우리는 어떻게 길을 찾을 수 있을까? 주디스 맥킨레이는 츨롭핫의 딸들에 대한 젠더적 해석을 고수하고자 노력하면서 이 문제와 씨름한다. 그러나 그녀는 고통스러운 식민지 역사를 가진 뉴질랜드 상황이라는 자신의 처지에서 이 본문에 관한 탈식민주의적 읽기의 긴장 또한 유지한다. 그녀는 (자신이) "탈식민적 사회의 정치에 깊이 연루된 정착민의 딸이기에" 츨롭핫의 딸들이 직면했던 곤경과 연결될 수밖에 없는 삶을 살아가며, 침묵을 강요당한 가나안 사람들과 자신을 동일시하는 것은 "당연히 개인적인 윤리의 문제였다"라고 쓰고 있다. 그러나 그녀는 또한 최고 당국에 도전한 딸들의 용기를 강조하는 해석을 그냥 버릴 수는 없다고 지적한다. 그녀는 자신의 글을 끝맺으면서 이렇게 말한다. "21세기 뉴질랜드에서 사는 사람으로서 내가 누구인지 알기 위해 한 가지 이상의 결과가 필요하다는 것을 깨닫는다. 나 자신을 위해, 이러한 여러 측면으로 읽기의 긴장을 계속 유지할 것이다."[82]

맥킨레이의 생각에 깊이 동감하면서 나는 이 장에서 이러한 관점들이 긴장을 유지할 수 있을 뿐 아니라 서로에게 유용할 수 있음을 좀 더 숙고하고자 한다. 이 흥미진진한 이야기에 대한 젠더 중심적 읽기와 탈식민주의적 읽기 사이에서 공통의 기반을 발견할 방법이 있을까? 나는 인간 존엄이라는 해석학적 관점을 제안한다. 이러한 관점이 서로 상충되는 해석을 모아 낼 수 있는 귀중한 방법이 될 것이라 생각한다.

5) 인간 존엄에 대한 추구

유엔 인권 헌장은 "인간의 존엄과 가치 그리고 남성과 여성의 동등한 권리"라는 관점에서 모든 인간의 천부적 권리를 옹호한다. 이렇듯 인간 존엄이라는 개념은 앞에서 살펴본 츨롭핫의 딸들 이야기에 대한 다양한 해석에 나타나는 경쟁하는 정의 요구를 생각해 볼 흥미로운 소재다. 우리가 이 이야기를 인종, 성별, 계급, 국적, 성적 지향 같은 요인들과 상관없이 모든 인간이 하느님의 형상으로 창조되었고, 따라서 인간 존엄이라는 은혜로운 선물을 수여받았다는 인식 틀 안에서 읽는다고 하자. 그러면, 독자들이 경쟁하는 정의에 대한 요구 사이를 오갈 수 있는 방안을 제공할 몇 가지 흥미로운 관점

---

82 McKinlay, "Playing an Aotearoa Counterpoint", 57.

들이 드러날 것이다.⁸³

흥미롭게도, 츨롭핫의 딸들 이야기의 핵심 주제로서 정의에 대한 요구는 이미 라삐들의 해석에서 확인된다.

> 그러자 츨롭핫의 딸들이 앞으로 나왔다. … 그 땅이 지파들에게, 여자들 말고 남자들에게만 분배될 것이라고 들은 츨롭핫의 딸들은 어떻게 할지를 논의했다. 그들은 말했다. "하느님의 자비가 혈통의 자비는 아니다. 혈통의 자비는 여자가 아닌 남자를 위한 것이지만 말씀을 통해 세상을 만드신 그분은 그런 식으로 일하지 않는다. 그분의 자비는 남자와 여자를 위한 것이다. 그의 자비는 모두를 위한 것이다. '그는 모든 육신에게 빵을 주시는 분'(시편 136,25), '그는 가축에게도 먹이를 주시는 분'(시편 147,9), '주님은 모두에게 좋으신 분, 그 자비 당신의 모든 조물 위에 미치네'(시편 145,9)라고 기록되었기 때문이다"(민수기 시프레 133).

이 흥미로운 미드라쉬에서 젠더 불의는 성별, 인종, 계급, 민족 어느 것에 근거하여 나누든 자기가 속한 부류만을 편애하는 인간의 전형적인 성향과 관련된다.⁸⁴ 아무리 사회가 다른 집단보다 한 집단을 선

---

83 Kendall Soulen and Linda Woodhead, "Contextualizing Human Dignity", and Hans S. Reinders, "Human Dignity in the Absence of Agency", in *God and Human Dignity*, ed. R. Kendall Soulen and Linda Woodhead (Grand Rapids, MI: Eerdmans 2006) 6, 139도 참조.

호한다 해도 하느님의 자비는 남성과 여성 모두에게 미친다는 신학적/성경적 주장을 근거로 슬롭핫의 딸들은 이러한 불의에 도전하고 있다. 이 과정에서 그들은 여성들의 존엄에 대한 눈에 띄는 진술을 한다.[85] 그러나 앞에서 간략하게 살펴본 탈식민주의적 비판의 견지에서, 우리는 이 "모두를 위한 정의"가 불의로 고통받고 있는 다른 집단들에까지 확장될 수 있는지를 물을 수 있다.

이 점에서 페미니스트 이론가 주디스 버틀러가 어떻게 젠더 수행성과 관련해서 해 온 연구(『젠더 트러블』 참조)를 그녀가 위태로운 상황이라 부르는 처지, 예를 들면 부족한 자원, 실업, 질병, 폭력과 전쟁과 같은 요인들로 인해 취약한 위치에 처한 다른 공동체들에까지 확장시켰는지 보는 것은 중요하다. 가령, 『전쟁의 틀』에서 버틀러는 "사회가 누구는 애도할 만한 존재로, 누구는 그렇지 못한 존재로 여기는가?"라는 질문을 숙고한다.[86] 그녀는 특히 부상, 폭력, 죽음을 당하기 쉬운 개인과 집단에 관심을 기울인다. 그들은 불의한 구조와

---

[84] Shemesh, "A Gender Perspective on the Daughters of Zelophehad", 101-2.

[85] 존 리트케는 이런 입장을 대변한다. "이 이야기는 이스라엘의 회중의 구성원으로서 여성과 아이의 존엄과 가치를 주장하는 놀라운 진술을 하고 있다. 특히 히브리 성경은 전반적으로 여성에 관해 부정적인 증언을 하고 있기 때문에, 이 독특한 본문은 차별화되는 입장을 보여 주는 중요한 대항문화적 증언이다." John Litke, "The Daughters of Zelophehad", *Currents in Theology and Mission* 29, no. 3 (2002) 207.

[86] Judith Butler, *Frames of War: When Is Life Grievable?* (Brooklyn, NY: Verso 2009). 이 책에서 버틀러는 이라크 전쟁과 같은 사례에서 어째서 어떤 이라크인과 무슬림의 삶은 애도할 가치가 적은 것으로 여겨졌는가를 고찰한다. 그녀는 모든 삶이 위태롭다는 사실이 누군가의 삶이 다른 누군가의 삶보다 더 중요하다는 관념에 저항할 수 있는 근거가 된다고 주장한다. 같은 책 13-15.

폭력의 막대한 악용 때문에 위태로운 상황에 처해 있다. 『위태로운 삶』에서도 그녀는 권력을 쥔 자들에 의해 종속된 어려운 상황에 처한 집단들이, 극복할 수 없는 것처럼 보이는 인종, 성별, 민족, 계급의 분열을 넘어 연맹을 형성하여 서로 연대하여 행동할 수 있을지 숙고한다. 버틀러는 위태로운 상황에 처한 사람들이 자신의 곤경을 넘어 똑같이 어려운 상황에 처한 사람들의 고통을 볼 수 있는 일이 가능할지 질문한다.[87]

츨롭핫의 딸들 이야기에 관해 우리는 이 딸들이 극도로 취약한 상황에 처해 있었다고 말할 수 있다. 이들은 고아가 된 것이다. 당시 사회적·문화적 맥락에서 남성 보호자의 죽음은 생존의 가능성을 희박하게 했다. 땅도 없고, 생계 수단도 없이 그들의 미래는 암담했다. 그러나 탈식민주의 비평가들은, 츨롭핫의 딸들이 의도치 않게 가나안 사람들의 땅을 요구하게 되고 이 땅의 원래 주인인 가나안 사람들 역시 위태로운 상황에 처했음을 우리에게 보여 준다. 가나안 백성들은 이스라엘 사람들의 침략으로 대대로 그들의 소유였던 땅을 강제로 빼앗겨 제대로 된 삶을 살 수 없으리라는 급박한 공포에 직면했는데, 이는 츨롭핫의 딸들의 처지와 같았다.

물론 성경 본문은 이스라엘의 관점에서 쓰였다. 그래서 두 집단 간의 분쟁을 조정하여 '화해'시키는 데는 관심이 없다. 그러나 주디스 맥킨레이가 탈식민주의 비평은 "과거를 (다시) 읽는 데 관심이

---

[87] Judith Butler, *Precarious Life: The Powers of Mourning and Violence* (London/New York: Verso 2004) 43-49.

있을 뿐 아니라 현재에 대해서도 동등하고 긴급한 관심을 가지고 있다"고 지적한 것은 옳다.[88] 나는 여기에 젠더 비평도 마찬가지라고 덧붙이고 싶다. 츨롭핫의 딸들 이야기와 그 해석과 관련해서 탈식민주의 비평과 젠더 비평이 제기하고 있는 문제들은 오늘날 서로 다른 해석적 입장들을 화해시키는 일과 관련된 복잡한 문제들을 성찰할 기회를 우리에게 제공한다. 이 점에서 우리는 츨롭핫의 딸들과 그들이 요구하는 땅의 보이지 않는 주인인 가나안 사람들은 서로 경쟁하는 해석적 견해들을 깊이 생각해 보기 위한 암호 역할을 한다고 말할 수도 있다.

가정해 보자. 이 두 집단이 서로의 인간성을 인정하려면 어떤 노력이 필요할까? 인간 존엄을 해석학적 시선으로 성찰할 때, 중요한 대화 주제는 다른 사람이 겪고 있는 것을 이해하는 능력이다. 즉, '공감'을 뜻하는 영어 단어 'compassion'이나 독일어 단어 'Mitleid'의 문자에서 알 수 있듯이 타인과 함께 고통을 겪는 일이다. 타인의 존엄을 인정하는 데 필수적인 단계는 타인의 고통을 인식하는 것이다. 마사 누스바움은 『감정의 격동』에서 개인들과 집단들이 어떻게 서로에게 공감하기를 배울 수 있는가라는 핵심 문제를 숙고한다.[89] ▶ 츨롭핫의 딸들 이야기는 집단들이 성별, 인종, 계급, 민족을 비롯한 사람들을 나누는 여러 요인을 넘어서 공감하기가 얼마나 어려운 일

---

88 Mckinlay, "Playing an Aotearoa Counterpoint", 45. 맥킨레이는 성경 본문에 대한 탈식민주의 비평이 "우리의 과거에 대한 우리 자신의 이해가 '편향적이라는 점'을 인식하게" 해 준다고 말한다.

인지를 생생하게 보여 준다. 이 이야기를 해석하는 젠더 비평과 탈식민주의 해석의 서로 다른 입장은 사람들이 너무도 자주 드러내는 맹점을 잘 보여 준다. 곧, 자기 집단과 자기들이 겪는 고통에만 집중한 나머지 다른 사람의 입장에서 생각하는 데는 미흡하다는 것이다.

그러나 누스바움은 사람들이 타인에 대한 공감을 기르는 것이 가능하다고 확신한다. 그녀는 한 집단이 다른 집단의 고통에 대한 진실한 연대를 보여 주기 위해서는 세 가지 조건이 필요하다고 말한다. 첫째, 다른 집단 사이에서 일어나고 있는 일이 심각한 위기라는 사실을 확신해야 한다. 아리스토텔레스는 인간의 번영을 가로막는 사건에 해당되는 불운을 열거했다. 누스바움은 이것이 오늘날에도 여전히 울림이 있다고 말한다. "죽음, 신체 상해 또는 학대, 노년, 질병, 음식의 부족, 친구 없음, 친구와의 이별, 육체적 약점, 외모 손상, 이동 불가, 기대의 역전, 장래성의 결핍(86a6-13)."[90] 이러한 입장은 슬롭핫의 딸들(또는 적어도 그 해석자들)에게 자신의 미래를 보장해 줄 땅을 요구한 행위가 다른 남자, 여자, 아이에게 해를 끼치는 직접적인 책임이 있음을 인정할 것을 요청한다. 반대의 경우도 마찬가지다. 이름 없고, 목소리도 없는 가나안 사람들에게는, 그들의 역사와 만나게 될 이스라엘 여인들의 역사뿐 아니라 그들 자신의 사회도 젠더

---

[89] 누스바움은 공감을 정의하면서 아리스토텔레스의 개념을 사용한다. 아리스토텔레스는 공감을 "타인의 불운과 고난을 보는 고통스러운 감정"이라고 했다. Martha C. Nussbaum, *Upheavals of Thoughts: The Intelligentce of Emotions* (Cambridge, UK: Cambridge University Press 2001) 301-6.

90 Nussbaum, *Upheavals of Thoughts,* 306-7.

의 측면에서 깊은 편견에 사로잡혀 있으며 츨롭핫의 딸들 같은 여인들이 극도로 위태로운 처지에 처할 수 있음을 인식해야 한다는 것을 의미한다.

진정한 공감을 기르기 위한 두 번째 중요한 과정이 있다. 그것은 한 개인과 한 집단에 지금 일어나는 일이 그들이 당해도 싼 일이 아님을 각자가 믿어야 한다는 것이다. 누스바움은 공감이 "그 사람들의 잘못이 아니거나 자신의 잘못에 비해 지나치게 나쁜 일이 일어난다는 믿음"을 요구한다고 말한다.[91] 성경 전통에서는 이와 정반대되는 경우가 자주 일어난다. 그래서 츨롭핫의 딸들 이야기의 배경이 되는 가나안 침입과 토지 분배는 어떤 이데올로기적 확신에 근거한다. 그것은 가나안 땅의 백성들은 신이 없는 백성이고, 사악해서 이스라엘 백성에게 그런 취급을 받아 마땅하다는 믿음이다(신명 9,4-6).[92] 그러므로 다른 이에 대한 공감을 기르는 일은 성경 전통 안에 담긴 이러한 뿌리 깊은 이데올로기에 도전하는 저항적 읽기를 요구할 것이다.

마지막으로, 불의를 인식하고 공감을 구축하는 일의 핵심은 다른 집단들 사이에서 공통되는 취약성을 인식하는 능력이다. 즉, 나

---

[91] 같은 책 314.

[92] Mbuwayesango, "Can Daughters Be Sons?", 253; Ferdinand E. Deist, "The Dangers of Deuteronomy: A Page from the Reception History of the Book", in *Studies in Deuteronomy in Honour of C. J. Labuschagne*, ed. F. Garcia Martinez et al. (Leiden: E.J. Brill 1994) 13-29. 하위 주체를 더욱 보이지 않는 존재로 만드는 것은 빈 땅의 신화라는 마찬가지로 해로운 이데올로기인데 이 역시 참조해야 한다.

의 상황과 타자의 상황이 유사하다는 사실을 인정할 수 있는 능력을 말한다.[93] 계급, 종교, 인종, 성별, 성적 지향과 같은 사회적 장벽들은 자주 이런 상호 연관성을 상상하기 어렵게 만든다. 그래서 고난과 괴로움에 대한 공통된 경험을 인정하는 것이 더욱 중요해진다.[94]

예를 들어, 슬롭핫의 딸들 이야기와 관련해서, 성경에서 그들이 두 번째로 잠깐 등장하는 대목에서 슬롭핫의 딸들을 침묵시킨 것과 (민수 36장), 탈식민주의 해석가들이 지적한 대로 하위 주체(가나안 백성들)를 침묵시킨 일 사이에 공통되는 근거를 찾을 수 있을지도 모른다. 더욱이 토지에 대한 열망, 즉 저마다 자기 포도나무와 무화과나무 아래서 살 수 있는 작은 땅뙈기로 자신과 가족을 부양하기를 바라는 것은 슬롭핫의 딸들이나 이 이야기 이면에 숨어 있는 가나안 백성들이나 마찬가지다. 이러한 점에서, 토지는 가장 기본적인 인권이라 할 수 있는 자율권을 상징하는 공통분모다. 여기서 자율권이란 생계를 이어 갈 권리, 단순히 생존하는 데서 더 나아가 번영을 누릴 권리다.[95] 그러므로 "저희 아버지의 형제들과 더불어 저희에게도 소

---

[93] 누스바움의 지적에 따르면, "이것은 가능성을 판단하는 일인데, 공감은 '[아리스토텔레스에 따르면] 그 사람이 본인이나 그가 사랑하는 이들 중 누군가가 그러한 불운들을 겪게 될 수도 있다'(1385b14)고 걱정하기 때문이다". Nussbaum, *Upheavals of Thought*, 315-16.

[94] Nussbaum, *Upheavals of Thought*, 316-17.

[95] 누스바움은 인간의 자질 가운데 핵심을 제시한다. 생명, 신체적 건강, 몸의 통합성, 즐거운 경험을 할 수 있음, 감정, 실천적 이성, 소속, 다른 종들(즉, "다른 동식물, 자연 세계를 배려하고 관계하면서 살아가는 능력"), 놀이, (물질적으로나 정치적으로) 자기 환경에 대한 통제, 타인과 동등한 재산권, 노동권. 같은 책 416-18.

유지를 주십시오"라는 딸들의 요구는 이후의 장들에서 땅 없는 사람들의 말 없는, 그러나 마찬가지로 긴급한 요구의 목소리를 대변하고 있다.

'공통의 인간성을 인식하는 데서 우리가 어떻게 성숙할 것인가', 즉 '타인에 대한 공감을 어떻게 키울 것인가'에 대한 성찰은 물론 단순히 가설적이고 이론적인 문제가 아니다. 전 세계 공동체들에서 이것은 삶과 죽음의 문제다. 츨롭핫의 딸들과 가나안 백성들의 지주들로 대표되는 서로 다른 입장들은 오늘날 다양한 상황 속에서 매우 중요한 함의가 있다. 츨롭핫의 딸들의 목소리로 표출된 땅에 대한, 나아가 존엄에 대한 갈망은 여러 다른 상황에 의무들로 채워질 수 있는 일종의 암호로서 기능한다. 예를 들어, 진 자루는 팔레스타인 사람들과 이스라엘 사람들 사이의 상호작용을 보여 주어야 하는 공통의 인간성에 대해서 다음과 같이 말하고 있다.

> 우리는 동등한 존재, 진정한 이웃으로 함께 살아가는 법을 배워야 한다. 작아지는 우리의 세계가 우리 모두를 가까운 이웃들로 만들면서, 우리는 점점 이 세계에 사는 사람들로서 우리의 본성에 대해 두 가지 사실을 깨달아야 한다. 하나는 피부색, 생활 방식, 문화, 신념에서 우리가 서로 너무 다르다는 사실이다. 다른 한 가지 사실은 [그럼에도] 우리는 너무도 비슷하다는 사실이다. 욕구와 열망, 두려움과 희망에 대해서 우리는 놀랍도록 비슷하다. 이것은 우리의 인간됨과 타인들의 안녕에 대한 관심으로 우리를

하나로 묶어 준다. 아마도 우리가 어떤 공통된 삶의 확증들 속에서 연합해야 하는 순간이 온 것이다.⁹⁶

앞에서 살펴본 바와 같이 정의에 대한 주장들이 서로 경쟁하는 상황 속에서 깨달아야 하는 중요한 관점이 있다. 그것은 양쪽 다 풍요로운 삶을 살 기회를 열렬히 바라고 있다는 점이다. 그것은 타인의 얼굴을 마주하는 문제, 그래서 그/그녀의 인간성, 그리고 의미가 충만하고 자율적인 존재로 살고자 하는 그/그녀의 필요와 욕망을 인정하는 문제다. 이 점에서, 마사 누스바움이 지적한 대로, "상상력이 무뎌서 인간성을 인정하기를 거부하는 사람들은" 폭력에 의존하는 것이 더 쉬울지 모른다. 그녀는 "폭력에 관한 문학은 반복해서 공감이 부족한 인격이 타인에게 위험하다는 것을 지적한다. 우리가 우리의 상상력으로 타인을 수용하지 못한다면 끔찍한 짓을 하는 데 덜 주저할 것"이라고 말한다.⁹⁷ 누스바움의 말은 특히 앞에서 살펴본 바와 같이 정의에 대한 요구가 경쟁하는 상황에 적합해 보인다.

4. 가부장제를 쳐부순다?

나는 마이어스가 2013년 미국 성경문학회 대표 연설에서 강력하게

---

96 Zaru, "Biblical Teachings and the Hard Realities of Life", 137.
97 Nussbaum, *Upheavals of Thought*, 396.

주장한 것에 응답하여 널리 알려진 "가부장제"라는 용어를 "헤테라키"로 바꾸기로 결심했다. 그럼에도 나에게는 한 가지 의구심이 있었다. 그것은 "헤테라키"나, 쉬슬러 피오렌자가 제안한 유사한 용어 "퀴리아키"가 대중의 상상력에 아직 들어오지 못했다는 점이었다. "가부장제를 쳐부수자!" 같은 대중적인 슬로건처럼 티셔츠, 포스터, 인터넷 게임 등에서 "헤테라키를 쳐부수자!"(또는 "퀴리아키를 박살 내자") 를 볼 수는 없다.

"가부장제를 쳐부수자"라는 문구를 시각적으로 잘 보여 주는 것은 '가부장제'를 표현하는 돌 이미지를 망치로 내리찍는 그림이다. 이런 이미지는 남성과 (그리고 가장 자주 백인) 남성 권력과 지배를 강조하는 가부장제가 세계의 여러 곳에 있는 많은 이에게 매우 현실적이라는 것을 반영하고 있다. 리베카 솔닛의 책에서 인용한 다음 구절은 직장으로까지 확대된 남성 지배의 미묘한 징후들을 간명하게 기술한다.

> 여자라면 누구나 내가 하는 말을 이해할 것이다. 이런 현상 때문에 여자들은 어느 분야에서든 종종 괴로움을 겪는다. 이런 현상 때문에 여자들은 나서서 말하기를 주저하고, 용감하게 나서서 말하더라도 누구도 경청하지 않는다. 이런 현상은 길거리 성희롱과 마찬가지로 젊은 여자들에게 이 세상은 당신들의 것이 아님을 넌지시 암시함으로써 여자들을 침묵으로 몰아넣는다. 이런 현상 때문에 여자들은 자기 불신과 자기 절제를 익히게 되는 데 비해 남

자들은 근거 없는 과잉 확신을 키운다.[98]

이 장에서 우리는 입타의 딸에 대한 비극적 이야기와 즐롭핫의 딸들에 관한 복합적이고 다면적인 서사를 읽었다. 이러한 이야기들은 우리가 처한 구체적인 상황 속에서 아주 교묘한 (그리고 그렇게 교묘하지는 않은) 방식으로 권력을 악용하고 (남성) 지배의 불의한 체제가 (특히) 여성의 삶을 가로막고 어떤 경우에는 심지어 파괴하려고 위협하는 경우를 알아차리라고 우리에게 권고한다. 더욱이 이런 서사들은 권력과 지배의 불의한 형태에 맞서 분출된 저항 행위, 특히 여성들이 연합해서 돌봄의 대항 공동체를 만들어 내는 수많은 방법을 우리가 인식하도록 도와준다.

우리는 여전히 헤테라키 이데올로기와 깊이 얽혀 있는 상황 속에서, 지배 체제에 갇힌 사람들이 행하는 매우 제한적이지만 주체적인 행동에 굉장한 의미가 있다는 것을 이해해야 한다. 이미 보았듯이 (남)아프리카에서 HIV와 에이즈 피해자들의 경우 이런 행동은 사형을 당할 수도 있는 것이다. 애도의 목소리를 높이는 일, 자신의 이야기를 나누는 일, 빨간 구슬과 흰 구슬을 써서 성적 주체성을 다시 찾으려 하는 일은 미미한 일처럼 여겨질지 모른다. 그러나 그런 행위들은 영감의 원천이 되며 남성과 여성 모두 하느님의 형상으로 창조된 존재임을 믿는 새로운 현실이 가능하다는 사실을 상기시켜

---

[98] Rebecca Solnit, *Men Explain Things to Me: And Other Essays* (Chicago: Haymarket Books, 2014) 4-5 [『남자들은 자꾸 나를 가르치려 든다』 김명남 옮김 (창비 2015) 참조]

준다. 데니즈 애커만이 말한 대로, "고난의 비극에 대한 저항은 치유와 통전성(온전함)을 위한 희망 그리고 삶의 비극적인 전망과 비극에 맞서는 전망 모두를 표현하는 행동을 수용하는 것으로 표현된다".[99]

게다가, 민수기 27장(과 36장)의 츨롭핫의 딸들에 대한 흥미로운 이야기는 여러 해석학적 문제를 제기한다. 사실 이 문제들은 우리 시대의 지배 상황 안에서 (여성들의) 저항에 관한 대화를 나눌 때 반드시 숙고해야 할 것들이다. 츨롭핫의 딸들 이야기는 여러 차원의 억압이 중첩되는 현실을 보여 준다. 나아가, 독자들에게 나와 나의 자매들의 안녕을 보장해 줄 유리한 위치를 위해 투쟁하는 일이 자신도 모르는 사이에 나의 운명과 불가분하게 연결된 다른 남성과 여성, 아이에게 해를 끼치지 않는지를 생각해 보라고 요구한다.

마흘라, 노아, 호글라, 밀카, 티르차 이 다섯 여인과 상상의 대화를 나누면서 맥킨레이는 츨롭핫의 이 딸들을 다음과 같이 고발한다. "'당신들은 츨롭핫에게 아들이 없었기 때문에 거기에 있게 된 거예요. … 유감스럽지만 당신들은 대타인 거죠.' … 그러나 그들은 주장한다. '그래요, 우리가 여기 있고, 바로 그것이 중요해요. 우리는 이스라엘에게 중요한 기억이에요.'"[100] 성경 본문에 반영된 헤테라키적이고 제국주의적인 표현 속에서 이 다섯 딸의 존재는 시간과 장소

---

[99] Denise Ackermann, "Lamenting Tragedy from 'The Other Side'", in *Sameness and Difference: Problem and Potentials in South African Civil Society*, ed. James R. Cochrane and Bastienne Klein, Cultural Heritage and Contemporary Change, Series 2, Africa, vol. 6 (Washington, DC: Council for Research in Values and Philosophy 2000) 219.

[100] Mckinlay, "Playing an Aotearoa Counterpoint", 41.

의 한계를 뛰어넘어 말하고 있으며, 위태로운 상황에 처한 집단들에게 현실의 권력을 향해 번영할 기회를 요구하라고 요청한다. 그뿐 아니라 이 본문은 독자들에게 과제를 남겨 두었다. 보아 주고, 들어주기를 간구하는 사람들의 인간적 존엄을 인정할 의무다.

정말로, 비극적인 입타의 딸 이야기처럼 젊은 여성의 생명이 빼앗기고, 헤테라키가 가장 흉한 얼굴로 나타난 그런 상황에서 비극에 맞서 싸워야 할 의무다. 우리는 헤테라키의 피해자 모두와 연대의 행동을 하면서 비인간화와 존엄성 훼손이 더 이상 없는 세상을 위해 계속해서 일하도록 요청받고 있다. 그러나 헤테라키라는 바로 이 개념이 우리에게 상기시키는 엄연한 진실이 있다. 우리 자신의 저항이 부지불식간에 새로운 형태의 억압을 낳는 일이 되지 않고 진정한 해방을 담는 가치들을 포용할 수 있어야 한다는 사실이다.

4장

위태로움의 폭력에 저항하다

"빈곤은 최악의 폭력이다."
— 마하트마 간디

1. 최악의 폭력, 빈곤

전 세계 빈곤 실태에 대한 통계를 보면 놀라움을 금할 수 없다.

- 세계 인구 중 10억 명 이상이 하루 1달러 미만의 돈으로 살아간다. 하루에 2달러 미만의 돈으로 근근이 살아가는 인구는 27억 명에 달한다.
- (세계 인구의 40퍼센트가 넘는) 26억 명 이상이 기본적인 위생 시설도 없이 살아가며 10억 명 이상이 식수로 안전하지 않은 물을 사용하고 있다.

- 매년 6백만의 아이들이 다섯 살이 되기 전에 영양실조로 죽는다.
- 3.6초에 한 명이 기아로 죽는데 그중 대다수는 다섯 살 이하의 어린이다.
- 30초마다 한 명씩 아프리카의 아이들이 말라리아로 죽어간다. 이렇게 죽는 아이들이 1년에 100만 명이 넘는다.
- 매분 세계 곳곳에서 여성 한 명이 임신 또는 출산 중에 죽는다. 총계를 따지면 매일 여성 1,400명이 임신과 관련된 이유로 죽는 것인데, 그 수가 매년 약 52만 9천 명에 이른다.
- 매년 HIV/AIDS로 죽는 인구는 6,000명이며 그 외 치명적인 바이러스에 감염되는 인구도 8,200명에 이른다.[1]

여기서 훨씬 더 경악할 일은 이 통계 뒤에 진짜 사람이 있다는 사실이다. 그들은 끝도 없는 결핍 가운데 생존을 위해 애쓰고 있다. 통계에 반영된 높은 사망률에서도 분명히 드러나듯, 끔찍한 빈곤의 여파로 이들이 죽음으로 삶을 끝맺는 일도 비일비재하다.

「빈곤은 폭력인가?」라는 글에서 스티븐 리가 주장한 것처럼, 빈곤은 "온갖 종류의 심각한 신체적·심리적 피해를 유발한다. 곧, 질병의 위험을 증가시키고, 수명을 단축시키며, 정신적·정서적 발달

---

[1] "Fast Facts: The Faces of Poverty", *Millennium Project: Commissioned by the UN Secretary-General and Supported by the UN Development Group*, http://www.unmillenniumproject.org/documents/UNMP-FastFacts-E.pdf.

을 저해하여 의미 있는 삶을 살아갈 기회를 박탈한다".[2]

강요된 빈곤의 상태에, 그것이 야기할 수 있는 모든 피해, 즉 존엄한 삶을 살 수 있는 가능성을 심각하게 위협하는 그런 피해들 속에 그 또는 그녀를 방치하는 것은 인간성을 해치는 범죄다. 더욱이 강요된 빈곤 상태는 대부분의 신체적 상해보다 한 사람의 인간성에 대한 더 나쁜 범죄다. 빈곤의 결과가 더 심각하고 장기적이기 때문이다.[3]

그 결과, 몇몇 선구적 학자들은 구조적 폭력과 빈곤의 관련성을 주장했다. 폴 파머는 "전 세계 빈민은 구조적 폭력의 주요 희생자들이다. … 빈민들이 고난을 겪을 가능성은 높지만, 그들의 고난이 주목받을 가능성은 거의 없다"고 했으며,[4] 아마르티아 센은 빈곤이 기본적인 "배고픔, 질병, 문맹에서 벗어날" 기본적 자유를 비롯한 근본적 역량에 대한 체계적 또는 구조적 부정으로 이루어진다고 주장한다.[5]

---

[2] Steven Lee, "Is Poverty Violence?", in *Institutional Violence*, ed. Deane Curtin and Robert Litke (Amsterdam: Rodopi 1999) 9.

[3] 같은 책 11.

[4] Paul Farmer, "On Suffering and Structural Violence: Social and Economic Rights in the Global Era", in *Partner to the Poor: A Paul Farmer Reader*, ed. Haun Saussy (Berkeley and Los Angeles: University of California Press 2010) 344.

[5] Amartya Sen, *Development as Freedom* (Oxford: Oxford University Press 1999) 74; Kathleen Ho, "Structural Violence as a Human Rights Violation", *Essex Human Rights Review* 4, no. 2 (2007) 4, http://projects.essex.ac.uk/ehrr/V4N2/ho.pdf.

캐슬린 호가 썼듯이, "왜 빈민들이 인권 침해라는 이 부당한 짐을 지는지를 설명하는 구조적인 논리가 있다".[6] 이러한 구조적 논리에는 무엇보다 인종 간 불평등이 있다. 인종 간 불평등은 전 세계에서 시대와 장소에 따라 다양하게 표현되었다. 미국에서는 노예제, 남아프리카에서는 아파르트헤이트, 아프리카의 나머지 지역에서는 식민 지배의 형태였다. 인종 간 불평등은 교육, 의료, 사법 체계, 좋은 일자리 등에서 평등한 대우를 받을 수 없다는 점 외에도 주체성을 발휘할 수단을 제한할 수밖에 없는데, 이것은 전형적으로 캐슬린 호가 "인권에 대한 구조적 침해"라고 말했던 빈곤 상태로 귀결된다.[7]

젠더의 측면에서도 우리는 비슷한 주장을 할 수 있다. 건강, 교육, 고용, 에너지, 기술에 대한 접근과 관련된 전반적인 통계를 인용하면서 '원ONE 캠페인' 보고서는 "빈곤은 성차별적이다"라고 결론을 내린다.[8] 예를 들어, 아프리카에서 가난한 시골의 여자아이들은 겨우 20퍼센트만 초등교육을 마치며, 10퍼센트만 중등교육을 받는다. 사하라 이남 아프리카에서는 취약한 고용에 처한 남성들은 70퍼센트 정도인 반면 여성은 86퍼센트가 그렇다. 게다가 "전 세계 임산부 사망의 거의 절반(45퍼센트)이" 저개발 국가에 사는 "13퍼센트

---

6 Ho, "Structural Violence as a Human Rights Violation", 9.

7 같은 책 5.

8 ONE Report, "Poverty Is Sexist: Why Girls and Women Must Be at the Hearty to the Fight to End Extreme Poverty"의 데이터는 세계은행, 유네스코통계연구소, 세계금융포용성 데이터베이스, 국제노동기구 교육 데이터베이스에 근거하고 있다. https://s3.amazonaws.com/one.org/pdfs/poverty_is_sexist_report.pdf.

의 세계 극빈층 여성 사이에서 일어난다". 이러한 현실은 "빈곤의 여성화"라는 말로 표현되고 있다.⁹

주디스 버틀러는 이렇듯 구조적 폭력으로 인해 다수가 처한 취약한 상황을 "위태로움"이라는 말에 담아냈다. 그녀에 따르면, 위태로움은 모든 삶의 근본적 특징으로, 사람들이 생각하는 것보다 더 취약한 사람들 모두가 공유한다. 사람에게는 태어나서 죽을 때까지 생계유지와 주거, 보호가 필요하다. 게다가 언제라도 그들의 삶은 우연이나 타인의 자의적인 행동에 의해 파괴될 수 있다. 그러나 버틀러가 말하는 "위태로움"이란 "정치적으로 유발된 상태로서 특정 인구가 사회적·경제적 지원망이 없어 고통받으며 이들만 부상, 폭력, 죽음에 차별적으로 노출되는 것"을 의미한다.¹⁰ 그러므로 "위태로움"이라는 단어는 앞에서 강조한 구조적 폭력의 일면을 보여 주는데, 즉 한 그룹이 다른 그룹보다 더 취약하다는 것이다. "위태로움"은 게다가 매우 취약한 상황에 처해 있는 집단 전체를 하나로 묶는 강점이 있다. 버틀러에 따르면, "여성, 동성애자, 트랜스젠더, 가난한 자들, 국적 없는 난민" 모두는 "위태로운 삶"으로, "인식할 만하

9　ONE Report, "Poverty Is Sexist", 19, 21, 8. 이 외에 Alaka Malwade Basu, "Women, Poverty, and Demographic Change: Some Possible Interrelationships over Time and Space", in *Women, Poverty and Demographic Change*, ed. Brigida Garcia (Oxford: Oxford University Press 2000) 24-25; Nancy Bonvillain, *Women and Men: Cultural Constructs of Gender*, 4th ed. (Upper Saddle River, NJ: Prentice Hall 2007) 170-82도 참조.

10　Judith Butler, *Frames of War: When Is Life Grievable?* (Brooklyn, NY: Verso 2009) 25.

거나, 알아볼 만하거나, 애도할 만하지 않은 삶들로 여겨지는" 것이 특징이다.[11]

　이 장에서는 여성의 삶이 풍요로워지는 것을, 곧 온전한 잠재력을 실현하는 것을 방해하는 힘들로 인해 여성 인물의 안녕이 심각하게 위협당하는 성경 이야기에 집중하고자 한다. 하가르와 사라 이야기(창세 16, 18, 21장), 룻과 나오미(룻기)와 타마르(창세 38장)의 서로 연결된 이야기 모두에서 다양한 구조적 힘이 여성의 사회적·경제적 안전을 크게 위협한다. 그래서 우리가 보려는 것은, 예를 들면 이 이야기들에서 불임이 아이를 낳는 능력에 큰 가치를 두는 사회에서 여성의 지위에 얼마나 적대적인 영향을 주는가 하는 것이다. 자손을 낳지 못한다는 것은 인종, 민족, 사회 계급이 서로 다른 이 여성들 모두를 엄청난 위기에 몰아넣는다. 그래서 남자와의 관계가 없으면 너무 취약해서 기근, 가난, 심지어 죽음에까지 이르는 힘들에 굴종할 수밖에 없게 된다. 그러나 이 장에서 소개하는 이야기들에서 우리는 여성 인물들이 그들이 처한 불임과 잠재적 또는 실제적 빈곤 같은 위태로운 상황에 어떻게 다양한 방식으로 저항하고 있는지 또한 보게 될 것이다. 이러한 저항들은 매우 복합적일 수 있다. 그래서 한 여성의 저항이 다른 여성의 안녕에 적대적인 영향을 미칠 수도 있다는 점도 분명해질 것이다.

11　Judith Butler, "Performativity, Precarity and Sexual Politics", *Antropólogos Iberoamericanos en Red, Revista de Antropología Iberoamericana* 4, no. 3 (2009) xvii-xviii, www.aibr.org.

2. 하가르의 눈물(창세 16, 21장)과 사라의 웃음(창세 18, 21장)

1) 광야에서

여종 하가르의 이야기는 빈곤의 폭력이 구조적 폭력과 긴밀하게 연결되어 있음을 생생하게 보여 준다. 하가르가 광야에 있던 때로 이야기를 시작해 보자. 여기서 광야는 위태로운 상황을 표현하는 강력한 상징이다. 창세기 16장과 21장에서 하가르는 정말로 위태로운 처지에 놓여 있다. 광야는 여자 혼자서 (21장에서는 아이와 단둘이) 머물기에는 불안한 곳일 수밖에 없다. 거기에는 물도 없고, 음식도 없고, 쉴 곳도 없다. 하가르와 아들 이스마엘이 심각한 상황이라는 것은 창세기 21장 15절에 잘 나타난다. 하가르는 아들이 죽는 것을 차마 볼 수 없어서, 말 그대로 그를 덤불 속에 던져 버린다(šlk).[12] 엑섬은 하가르의 행동이 그녀의 "비참한 상태"를 보여 주는 동시에 이스라엘에 맞서서 자신의 정체성을 선언하는 방식이라고 서술했지만, 나는 이 장면이 빈곤이 초래한 신체적·심리적 결과를 보여 주는 것이라고 제안한다. 궁핍한 처지의 어머니와 아이가 광야에 있다. 이 절망적인 상황은 이 취약하기 그지없는 두 사람의 신체적·

---

12 J. Cheryl Exum, "Hagar en Procès: The Abject in Search of Subjectivity", in *From the Margins 1: Women of the Hebrew Bible and Their Afterlives*, ed. Peter S. Hawkins and Lesleigh Cushing Stahlberg (Sheffield, UK: Sheffield Phoenix Press 2009) 1-16. 엑섬은 히브리 성경에서 '샬라크'(šlk)가 내던져지거나 죽음에 내몰린 사람들을 묘사하는 전형적 표현이라고 지적한다(예를 들어, 요셉은 형제들에 의해 구덩이에 내던져졌고, 파라오는 남자 아이들을 나일강에 내던지라고 명한다). 같은 책 13.

정서적 안녕에 헤아릴 수 없는 피해를 끼쳐서, 결국 어머니는 자신이 사랑하는 아들을 내버릴 결심을 하기에 이른다.

창세기 16장과 21장의 이야기가 우리에게 정말 말해 주는 것은 빈곤의 구조적 특징이다. 하가르의 이야기는 그녀의 주인이었던 히브리인 사라의 이야기와 뗄 수 없다. 서로 얽혀 있는 두 이야기는 민족, 인종, 계급까지 다른 두 여성의 관계를 뚜렷하게 묘사하고 있다.[13] 이집트인 여종 하가르는 주인인 사라의 학대를 피해 광야로 도망친다. 남편 아브라함에게 아들을 낳아 주기 위해 사라는 하가르를 이용했는데, 이것은 성폭행까지는 아니더라도 성적 착취로 볼 수 있다. 그런데 임신한 후에 하가르는 사라에게 구박을 받는다(창세 16,6). 히브리어 단어 '야나'('nh)에는 폭력과 관련된 고유한 함의들이 있다(탈출 1,11.12와 신명 26,26에서 이 단어가 이스라엘의 압제 경험을 표현하는 것을 참조하라). 창세기 16장에서 시작해서 창세기 21장에 이르기까지 사라는 계속 하가르를 가혹하게 대하며 학대한다. 결국 사라는 아브라함이 하가르와 이스마엘을 광야로 내쫓게 만든다. 이것은 하가르와 이스마엘 모자를 죽음에 내몬 것이나 다름없었다(10절).

게다가 혐오나 증오 같은 감정들은 이집트인 여종을 비인간화하는 데 더욱 기여했는데, 이런 측면도 하가르의 고통을 더해 주었다. 나는 다른 지면에서 혐오와 같은 정서들이 두려움과 결합되면

---

[13] 이 두 여성의 이야기가 서로 얽혀 있다는 점에 대해서는 이미 다른 논문에서 검토한 바 있다. L. Juliana Claassens, "Laughter and Tears: Carnivalistic Overtones in the Stories of Sarah and Hagar", *Perspectives in Religious Studies* 32, no. 3 (2005) 295-308.

자신과 타자 사이에 경계를 만든다고 쓴 적이 있다.[14] 사라가 하가르에게 품은 혐오의 감정은 창세기 21장 10절에 분명하게 나타난다. 사라는 남편에게 불평을 하면서 하가르의 이름을 부르지 않고 "저 여종"이라고 말한다(창세 16,5-6 참조). 사실 혐오는 어떤 개인이나 집단을 둘러싸고 형성되는 고정관념을 중심으로 커지게 마련이다. 이런 경향은 하가르의 생식력을 성욕 과잉과 연결시킨 이 본문에 대한 해석사에서도 분명하게 볼 수 있다.[15] 사라 아메드가 지적했듯이 이런 고정관념들은 혐오의 대상에게 "달라붙어서" 새로운 의미가 생겨나지 못하게 막는다.[16] 이런 식으로 "우리"와 "그들" 사이의 고정된 경계가 구축되고, 가장 극단적인 표현으로 폭력이 분출되는 상황을 조성한다.[17]

---

14 L. Juliana Claassens, "Just Emotions: Reading the Sarah and Hagar Narrative (Genesis 16, 21) through the Lens of Human Dignity", *Verbum et Ecclesia* 34, no. 2 (2013) Art, # 787, http://www.ve.org.za/index.php/VE/article/viewFile/787/1206.

15 10세기경에 나온 창세기 미드라쉬인 하가다 베레쉬트를 예로 들 수 있다. 이 해석은 하가르의 생식력을 이집트인이라는 그녀의 민족 정체성과 연결시킨다. (에제키엘서 23장에서 이집트인들을 성적으로 문란하다고 묘사한 것에도 히브리들의 선입견이 반영되어 있다.) Adele Reinhartz and Miriam-Simma Walfish, "Conflict and Coexistence in Jewish Interpretation", in *Hagar, Sarah, and Their Children: Jewish, Christian, and Muslim Perspectives*, ed. Phyllis Trible and Letty M. Russell (Louisville, KY: Westminster John Knox 2006) 106.

16 아메드는 "파키"(영국에서 파키스탄 사람들을 경멸적으로 이르는 말. 인도와 방글라데시 출신 사람을 가리킬 때도 있다)의 예를 든다. 그녀가 살고 있는 런던의 상황에서 이 단어는 "이주민", "외부인", "더러운 사람" 등의 단어와 연결되고, "파키"라는 단어는 욕설이 되었다. Sara Ahmed, *The Cultural Politics of Emotion* (Edinburgh: Edinburgh University Press 2004) 92.

17 같은 책 57, 60.

창세기 21장에서 하가르를 쫓아내는 사라의 행동은 혐오가 주체에게 미치는 즉각적인 영향으로 이해할 수 있다. 그 행동은 그 또는 그녀가 발견한 대상/주체와 자신 사이에 거리를 두고 싶어 하는 것이다. 이 점에서 사라 아메드에 따르면, "무언가를 내팽개친다는 것은 글자 그대로 그것을 내쫓거나 추방하는 것이다".[18] 음식을 예로 들자면, 역겨운 음식을 뱉어 버리는 것과 다름없다. 사회적 차원에서, 이와 마찬가지로 혐오는 원하지 않는 요소들을 내쫓거나 제거하는 결과로 이어질 것이다.

다음의 내용에서 분명해지겠지만, 이 흥미로운 이야기에서 사라는 무척 위태로운 상황에 처해 있음에도 여전히 여종 하가르에게 권력을 행사한다. 반면 하가르는 본질적 "타자", 곧 '하-게르', 즉 외국인, 이방인으로 묘사된다. 나아가 이것은 캐롤 마이어스가 주장한 "헤테라키"라는 용어가 분명한 가치가 있다는 것을 보여 준다. 사라와 하가르 이야기 같은 서사에 서로 다른 위계의 차원들이 복잡하게 교차하는 것을 잘 드러내 주기 때문이다.

게다가 헤테라키의 폭력은 위태로움의 폭력을 초래한다. 우리는 광야에 있는 하가르의 모습에서 이것을 생생하게 볼 수 있다. 그녀는 대상화되고, 추방된 다음, 무력하고, 헐벗으며, 두렵고, 집도 없으며, 배고프고, 목마른 처지다. 경제적·성적 착취의 피해자이자, 비방과 혐오의 대상이다. 하가르의 이야기는 오늘날 빈곤과, 거기서

---

[18] 같은 책 94.

발생하는 인간 존엄에 대한 온갖 침해들에 얽매여 아무것도 할 수 없는 상황에 처한 많은 여성을 상기시킨다.

하가르가 이집트인이라는 점에서 특히 아프리카계 미국인 해석자들은 하가르의 이야기를 좋아했다. 하가르는 인종뿐 아니라 노예 여성의 정체성 측면에서 아프리카계 미국인과 동일시되었다. 들로리스 윌리엄스는 아프리카계 미국인들의 상상력에 하가르가 등장하는 여러 사례를 보여 준다. 19세기에 아프리카계 미국인 조각가 에드모니아 루이스는 「광야의 하가르」라는 놀라운 작품을 남겼다. 토니 모리슨의 『솔로몬의 노래』에도 하가르라는 이름의 여성 인물이 등장한다. 또 마야 안젤루의 시 「어머니의 사랑」*The Mothering Blackness*에는 "하가르의 딸만큼이나 검은" 여인이 언급된다.[19]

이 외에도 윌리엄스는 하가르 이야기의 여러 핵심 주제가 특히 아프리카계 미국인들의 경험과 연결된다는 점을 지적한다. 그중에서도 성적 착취에 관한 주제는 노예 시절 수많은 여성의 경험을 상기시키기에 많은 아프리카계 미국인들에게 사실처럼 들린다.[20] 레니타 윔스가 쓴 것처럼 말이다.

> 이집트인 노예와 그녀의 여주인인 히브리인 이야기는 노예제 시대 흑인 노예 여성과 백인 여주인에 대한 충격적인 기록들을 상

---

19 Delores Williams, "Hagar in African American Appropriation", in Trible and Russell, *Hagar, Sarah, and Their Children*, 172-73.

20 같은 책 173.

기시킨다. 우리는 백인 주인이 흑인 여성을 마구잡이로 잔인하게 강간했다는 이야기를 반복해서 들어 왔다. 화가 난 백인 아내는 벌로 강간당한 노예를 매질했다. 그들은 남편의 욕정과 야만성을 강간당한 노예의 탓으로 돌렸던 것이다.[21]

없는 것이나 진배없는 희박한 자원을 가지고 근근이 살아가려 애쓰며 혼자 아이를 키우는 엄마로 하가르를 보는 관점이 있다. 이것은 혼자 가정을 책임지고 있는 많은 아프리카계 미국인 여성에게 매우 친숙한 주제다.[22] 하가르가 여주인 사라에게 당한 사회적·경제적 학대는 아프리카계 미국인들의 경험과 관련지으면 정말 뼈아픈 지점일 것이다. 그래서 레니타 윔스는 이 "경제적·성적 학대로 더 악화된 인종적 편견의 이야기"를 두고 이렇게 말한다. "물론 이것이 우리의 이야기는 아니다. 그러나 우리 어머니, 할머니, 숙모, 이웃에 사는 많은 여성들의 이야기다. 그것을 우리는 그냥 마음으로 안다."[23]

그렇다면 이처럼 위태로운 상황에 처한 여성들이 빈곤의 폭력에 저항하려고 어떻게 나설 수 있을까? 광야에서 희망이 없던 하가르의 이야기에 어떤 저항이 나타나는가? 아니면 하가르의 이야기는 아프리카계 미국인 여성들을 위해 있는 것이 아니며 위태로운 상황

---

21 Renita Weems, "Do You See What I See? Diversity in Interpretation", *Church and Society* 82 (1991) 36.

22 Williams, "Hargar in African American Appropriation", 173.

23 Weems, "Do You See What I See?", 33.

에 처해 있는 다른 여인들을 위한 것일 수 있다고 말하는 러네이 해리슨이 옳을까? 해리슨은 여기서 더 나아가 하가르의 이야기가 "아프리카계 미국인 여성들의 억압을 승인하고 영속화한다"고까지 주장하면서 결국 "거부의 해석학"을 채택한다. 그것에 따라 그녀는 하가르 이야기 같은 성경의 이야기들은 아프리카계 미국인, 특히 여성들을 위해 "통전성, 온전한 인간으로서의 주체성과 해방"을 성취하는 데 도움이 되지 않는다고 말한다.[24]

아니면 하가르가 처한 위태로운 상황이 전 세계 많은 여성의 현실을 반영한다고 보고 그 안에서 우리가 저항의 징표를 찾는 것이 옳을까? 나는 하가르의 이야기에서 저항의 행위를 알아채는 것이 처절한 빈곤과 박탈에 직면한 여성들이 자신들의 존엄을 주장하는 다양한 방식들을 생각해 보는 데 중요하다고 말하고 싶다.

2) 항의의 눈물

하가르가 처음 등장하는 창세기 16장에서 그녀는 한 사람의 주체로 보이지 않는다. 이 장에서 하가르가 주체적으로 행동한 것은 학대당하는 상황을 피하여 달아난 것뿐이다. 그러나 앞에서 주장했듯이, 그녀의 도주는 더 심한 박탈의 상황으로 이어지며 이는 임산부에게 더욱 위험했을지도 모른다. 그러나 중요한 것은 달아나는 그

---

24 Renee K. Harrison, "Hagar Ain't Workin', Gimme Me Celie': A Hermeneutic of Rejection and a Risk of Re-appropriation", *Union Seminary Quarterly Review* 58, nos. 3-4 (2004) 38-39.

녀의 행동을 저항의 행위로 인식하는 것이다. 이 행동으로 대상화되고 학대받은 노예 여성이 그녀가 받는 대우를 더 이상 용납하지 않겠다고 공개적으로 천명했기 때문이다.

창세기 21장에서 우리는 이보다 더한 하가르의 저항을 볼 수 있다. 희망도 자원도 없는 혹독한 장소인 광야에서 우리는 하가르가 그녀 이전과 이후의 다른 많은 비참한 처지의 여성들이 했던 것처럼 마음껏 외치는 것을 듣는다(16절).[25] 그녀는 허기와 목마름으로 죽어가는 아들을 위해 통곡한다. 하가르는 이렇게 울음을 통해서 (아이와 함께 광야로 쫓겨난) 그녀의 절망적 상황에 대한 좌절을 소리 내어 표현한다. 하가르가 흘린 항의의 눈물은 극도의 무력한 상황 속에서도 그녀의 주체성을 보여 주는 중요한 표지다. 하가르의 눈물은 그녀 내면의 감정을 반영하는 그녀의 목소리를 듣게 하는 방법이다. 하가르의 눈물은 체념의 표시가 아니다. 오히려 그녀의 눈물은 그 자체로 저항 행위이며, 자신이 처한 상황을 그대로 받아들이기를 거부하는 행위다.

또한 하가르의 눈물에는 외적인 효과가 있다. 하가르의 눈물을 본 누군가가 다름 아닌 들어주시는 하느님이심을 그녀가 점차 알게

---

25 칠십인역에서 통곡하는 주체를 하가르 대신에 남성 주어("소년")로 바꾼 것을 지적하는 것이 중요하다. 이러한 변경을 RSV와 NAB도 따르고 있다. Westermann, *Genesis*, 341 참조. 필리스 트리블은 아주 초창기부터 나타난 이러한 번역자들의 행동을 여성에게서 슬픔을 박탈하는 것으로 묘사한다. Trible, "Hagar: The Desolation of Rejection", in *Texts of Terror: Literary-Feminist Readings of Biblical Narratives* (Philadelphia: Fortress Press 1984) 24, 34.

되기 때문이다. 그녀가 아이를 "이스마엘"이라고 이름 지은 것은 아들을 부를 때마다 하느님이 정말로 부르짖음을 들어주시는 분, 무엇보다 버려진 자들, 궁핍한 자들, 추방된 자들의 외침을 들어주시는 분임을 상기시키기 위한 것은 아니었을까(창세 16,15)? 패트릭 밀러는 애가, 또는 도움을 청하는 기도는 "고통의 경험으로 아픈 사람들이 그때그때, 계획 없이" 할 때가 많지만, 가장 확실한 것은 거기에는 도움을 확보하려는 목적이 있다고 쓰고 있다.[26] 아무 말도 없이, 하가르는 눈물로 하느님께서 그녀를 도우러 와 주시기를, 그래서 그녀가 당면한 고통스러운 현실을 변화시켜 주시기를 간청한다.

그러자 하느님께서 들으신다. 하가르의 눈물은 구약성경에 나오는 다른 간청의 기도와 마찬가지로 구원의 신탁을 통해 응답받는다. 하느님은 하가르에게 직접 말씀하신다. "하가르야, 어찌 된 일이냐?"(21,17). 하느님은 하가르와 그녀의 아들이 처한 구체적인 상황을 언급하면서 당신이 아이의 목소리를 들었다고 말씀하신다. 안심시키는 말씀을("두려워하지 마라") 하신 하느님은 아이의 목소리를 들었으며, 그들이 처한 상황을 바꾸시겠노라 말씀하신다.[27] 하가르의 눈물이 하느님의 응답을 이끌어 내는 결과를 가져왔다는 점이 중요

---

26 Patrick D. Miller, "Heaven's Prisoners: The Lament as Christian Prayer", in *Lament: Reclaiming Practices in Pulpit, Pew, and Public Square*, ed. Sally Brown and Patrick D. Miller (Louisville, KY: Westminster John Knox 2005) 18.

27 이 구원 신탁 안에 있는 다양한 요소를 더욱 구체적으로 보기 위해서는, Patrick D. Miller, *They Cried to the Lord: The Form and Theology of Biblical Prayer* (Minneapolis, MN: Fortress Press 1994) 235를 참조하라.

하다. 하느님이 그 상황에 응답하신 것은 하가르가 목소리를 높여 울부짖은 다음이었다. 이것은 하느님이 곤경에 처한 이들의 울부짖음을 들으신다는 구약성경의 중심 관점과 공명하고 있다(시편 34,18; 69,34).

하느님을 향한 하가르의 행동은 윌리엄스에게 아프리카계 미국인 여성의 믿음을 상기시킨다. 역사 전반에 걸쳐 많은 아프리카계 미국인 여성들은 "길 없는 곳에 길을 만들게" 하는 깊은 믿음을 간직하고 있었다. 이런 점은 하가르가 하느님의 이름을 부르면서 믿음을 고백할 때 분명하게 나타난다. "당신은 '저를 돌보시는 하느님'(엘로이)이십니다"(창세 16,13). 윌리엄스에 따르면, 이 말은 광야에 있는 많은 여성이 생존할 수 있게 해 주는 믿음의 고백이다.[28] 따라서 윌리엄스는 억압과 투쟁의 이야기로 점철된 아프리카계 미국인 여성의 역사에 있어 핵심은 "희망"과 "인내"라는 이중의 주제임을 보여 준다. 윌리엄스에 따르면, 인정과 해방을 위한 투쟁에는 "때로 공격적이고, 때로는 미묘한 저항"도 포함된다. 그러나 이 투쟁 전반에서 아프리카계 미국인 여성들은 "하느님이 그들의 삶의 투쟁에서 흑인 여성의 동지였다"는 일관된 믿음을 견지할 수 있었다.[29]

그러나 우리는 하느님과 하가르의 관계에 모호한 점도 있음을

---

[28] Williams, "Hagar in African American Appropriation", 182-83. 또한 "아프리카계 미국인의 성경 전유에 나타난 생존과 삶의 질 전승"에 대한 윌리엄스의 서술도 참조하라. 같은 책 177.

[29] 같은 책 181.

보게 된다. 필리스 트리블 같은 학자들이 지적한 대로, 17절에서 하느님은 **그 아들**의 울음을 들으셨다. 트리블은 이것을 창세기 16장에서 하가르에게 주인에게 돌아가라고 지시하신 하느님이 21장에서는 하가르를 내쫓는 것을 편들기까지 하면서 이 여종의 곤경을 무시하셨음을 보여 주는 증거라고 생각한다.[30] 그러나 이에 반대하는 해석자들도 있다. 어미와 아이의 운명은 직결된 것이기 때문에 아들에게 하느님이 응답하신 것은 그 어머니에게 응답한 것과 같다는 것이다.[31] 더욱이 하가르에게 하느님이 응답하신 것은 하가르와 아이의 상황이 변화될 때 반전의 행위로 이어진다. 하가르의 눈이 열려서 우물을 발견하는데, 이것은 그녀와 아이에게 생명을 의미한다. 여기서 더 나아가 본문은 하가르와 이스마엘이 광야에서 계속 살아야 했기 때문에 고난과 극단의 조건 속에서도 그들이 살아남았음을 보여

---

[30] Trible, "Hagar: The Desolation of Rejection", 15-16, 25. 트리블의 해석이 모두에게 받아들여지는 것은 아니다. 리처드 D. 와이스는 타메스, 윌리엄스, 진손느, 웜스가 하나같이 하느님과 하가르 사이의 대화를 아주 다르게 해석하고 있음을 보여 준다. 그러나 트리블과는 대조적으로 이 해석자 모두는 하느님이 억압하는 자의 편이 아니라 억압받는 자의 편이라고 주장한다. Richard D. Weis, "Stained Glass Window, Kaleidoscope or Catalyst: The Implications of Difference in Readings of the Hagar and Sarah Stories", in *A Gift of God in Due Season: Essays on Scripture and Community in Honor of James A. Sanders*, ed. Richard D. Weis and David M. Carr, Journal for the Study of the Old Testament Supplement Series 225 (Sheffield, UK: JSOT Press 1996) 264.

[31] 진손느는 하가르가 운 것은 아들이 죽어 가고 있기 때문이었음을 지적한다. 이스마엘이 우는 것을 들으시고 하느님은 하가르가 울부짖는 이유에 응답하신 것이다. 게다가 천사가 하가르를 사라의 여종이라 부르지 않고 직접 이름으로 부르는 것도 중요하다. Sharon Pace Jeansonne, *The Women of Genesis: From Sarah to Potiphar's Wife* (Minneapolis, MN: Fortress Press 1990) 23; Miller, *They Cried to the Lord*, 236.

준다.³² 그러므로 광야는 하가르의 아이를 죽일 뻔 했던 위태로운 실존의 공간에서 어머니와 아이가 살아남을 뿐 아니라 그들끼리 나은 삶을 살게 해 준 공간으로 변모한다.

이 점은 광야에서 하느님이 이스마엘과 함께하셨다는 20절의 진술에서 뚜렷해진다. 구약성경 전체에서 하느님의 현존은 정말로 변혁의 능력이다. (하느님은 이끄시고 먹이시는 분이다. 광야에서 만나를 주시는 탈출기 16장에서, 낮에는 구름기둥으로 밤에는 불기둥으로 지켜 주시는 탈출기 13장 21절이 그 예다.) 게다가 이스마엘이 능숙한 활잡이가 되었다는 20절의 언급은 음식과 보호를 의미하며 그들의 생존을 상징한다. 하가르에 대해서 우리가 마지막으로 살펴봐야 할 중요한 점이 있다. 그것은 하가르가 아들을 위해 이집트인 아내를 얻어 주었다는 언급이다. 이것은 하가르의 주체적인 행동이며 그(와 그녀 자신)의 미래를 보장하는 일이다. 이런 언급은 하가르가 훌륭하게, 그것도 광야에서 홀로 아이를 길렀다는 사실을 증언한다. 이렇게 창세기 16장 10절에서 하가르가 큰 민족의 어머니가 되리라고 그녀에게 하신 하느님의 약속이 여기서 실현된다.³³

---

32 광야를 어떻게 보느냐 하는 점에서 해석자들은 견해를 달리한다. 트리블에게 광야는 하가르에게 자유와 새로운 생명을 준 곳이다. 그러나 타메스와 윌리엄스에게 광야는 홀어머니와 아이의 안녕을 위협하는 장소였기 때문에 창세기 16장에서 하느님이 하가르에게 종살이하는 집으로 돌아가라고 명한 것도 하느님 편에서는 어미와 아이의 생존과 전체적인 안녕을 보장하려는 자비의 행동으로 이해된다. 그러나 진손느의 해석은 광야라는 공간의 모호함을 좀 더 부각시키는데, 이 점에 대해서는 이 장에서 이어질 해석에 나올 것이다. 이 주장과 다른 이들의 견해를 비교하기 위해서는, Weis, "Stained Glass Window", 264-66을 참조하라.

살아남는 것은 비인간화하는 힘들에 맞서는 저항의 궁극적 형태 중 하나다. 그러나 이보다 더 위대한 저항의 행위는 생존을 넘어 번영하는 것이다. 이 점에서 해리슨은 아프리카계 미국인들이 하가르의 이야기를 거부하고 앨리스 워커의 강력한 소설 『컬러 퍼플』의 주인공 셀리를 전유할 것을 제안하면서, 단순히 살아남는 것에서 한 걸음 더 나아가 번성할 수 있는 상황에 더 관심을 둔다. 해리슨에 따르면, 셀리는 그녀의 남편 미스터에게 지속적으로 육체적·성적 학대를 겪는 상황 속에서 친구 소피아의 도움으로 살 만한 가치가 있는 삶을 추구하게 해 줄 건설적인 저항의 전략을 찾아낼 수 있었다. 그래서 "못 쓰는 커튼을 잘라 퀼트 이불"을 만들기도 하고 "나는 이제 아기처럼 잠을 잔다"고 고백한다. 이것은 해리슨에 따르면 셀리가 내면의 평화를 갖고 "통전성, 주체성, 해방"을 말하는 창조적 활동에 참여할 수 있음을 증언한다.[34] 셀리는 아버지와의 근친상간으로 태어난 자신의 두 아이를 여동생 네티가 돌보고 있는 것을 나중에야 알게 된다. 해리슨에 따르면, 훗날 네티가 돌아오자 셀리는 "저항의 가장 효과적인 전략으로서 사랑"을 받아들인다. 해리슨은 이렇게 말한다. "셀리는 자신의 운명에 대한 주도권을 쥠으로써 자신의 서사를 재천명하고, 다시 쓰며, 재창조한다. 그녀는 자신을 다시 사랑하기 위해 필요하다고 생각되는 어떤 수단이든 동원해 그 상황

---

33 Williams, "Hagar in African American Appropriation", 173.

34 Harrison, "'Hagar Ain't Working', Gimme Me Celie", 50.

에서 빠져나올 길을 내며 불가피하게 싸운다. … 그녀는 주체성을 발휘하여 자신의 목소리, 자아, 가치를 되찾는다."[35] 우리는 이것을 남편의 학대에 반항하면서 셀리가 한 강력한 말에서 볼 수 있다. "나는 지지리도 가난하고 흑인이고 못난 데다 요리도 못하고 하는 말에 대답만 하는 사람이다. 그러나 나는 여기에 있다."[36]

광야에서 하가르의 생존은 — 아이를 기르기 힘든 상황에서도 생계를 꾸리고 아들을 위해 손자를 낳을 아내를 얻어 주는 일은 — 물론 해리슨이 셀리 같은 인물에게서 찾은 그런 유형의 주체성을 보여 주지는 못한다. 우리는 하가르의 목소리, 또는 살아남을 뿐 아니라 번성할 수 있는 그녀의 능력을 보여 주는 그녀 삶의 세부 내용들을 미처 보지 못했다. 그러나 좀 더 면밀하게 들여다보면 우리는 하가르가 행한 작은 저항의 몸짓을 발견할 수 있다. 거기서 우리는 하가르의 주체성과 주관, 아들에 대한 사랑과 관심을 발견할 뿐 아니라 나아가 그녀의 며느리와 손자들에 대한 애정, 그리고 비인간화에 맞서 자신의 존엄을 주장하길 바라는 깊은 인간적 욕구까지도 발견할 수 있을지 모른다. 아마도 셀리는 우리가 하가르의 삶에서 잃어버린 이러한 세세한 것들을 상상하고, 위태로움의 폭력에 진정으로 저항한 여성으로 하가르를 다시 만날 수 있게 도와줄 것이다.

---

[35] 같은 책 49-50.

[36] Alice Walker, *The Color Purple* (New York: Harcourt, Brace Javonovich 1982. repr. 2003) 207.

3) 사라의 웃음(창세 18, 21장)

이 장을 시작하며 하가르 이야기가 사라 이야기와 밀접하게 연결되어 있다고 말한 바 있다. 사라도 위태로움의 상황에 처해 있다고 할 수 있는가 하는 문제가 아직 남아 있다. 여성의 출산 능력에 높은 가치를 두는 사회에서 불임은 사라의 지위에 큰 위협이었다.

사라는 공동체에서 높은 사회적·경제적 지위를 가진 부유한 여성으로 묘사된다. 그럼에도 아이가 없었기 때문에 사라는 무척 위태로운 상황에 처한다. 레니타 윔스가 잘 말했듯이 "사라가 살았던 문화에서 여성의 자궁은 그녀의 운명을 결정했다".[37] 자식이 없었기 때문에 남편인 아브라함이 죽고 그녀를 돌봐 줄 사람이 없어지면 사라는 매우 취약한 처지가 되었을 것이다. 게다가 사라가 살았던 그 위태로운 세상은 윔스가 우리에게 상기시키듯 "기근, 가뭄, 역병이 일어나면 가족, 공동체, 민족까지 경고도 없이 모조리 없어질 수 있는 세계였고, … 인간의 평균 수명은 남자는 40세, 여자는 30세에 불과했다. 그런 세상에서 자식을 낳아 인구를 늘리는 능력은 높이 평가받았다".[38] 그러므로 아브라함과의 결혼으로 인해 사라는 사회적·경제적으로 상당한 지위를 누렸지만, 그와는 별개로 불임이라는 이유로 업신여김을 받는 여인이다.[39]▶

그러나 그만큼 불임은 불확실성의 원인이어서 '백인' 여성 혼자만의 곤경이 아니었다는 사실을 지적하는 것이 중요하다. 불임은 인

---

[37] Weems, "Do You See What I See?", 33-34.
[38] 같은 곳.

종, 민족, 심지어 계급과 상관없이 고통스러운 경험을 안겨 주는 공통적 요인이다. 예를 들어, 도라 음부와예상고에 따르면, 짐바브웨에서 자식이 없다는 것은 많은 여성을 위태롭게 만드는 실질적 요인이었다.

> 아이를 갖는 것이 얼마나 중요한지는 쇼나족 사회에서 쿠가차마피화(kugadza mapfiwha)라는 관습이 있는 것을 통해서 잘 알 수 있다. 그 관습에 따르면 결혼한 여성은 … 아이를 낳은 후에야 자기 부엌을 가질 수 있었다. 그 전까지는 아이로 취급받았으며 시어머니의 감독 아래 있었다. 자기만의 부엌에서 첫 식사를 준비하는 의식과 함께 한 여성에게 부엌이 주어졌다. 그러나 아이가 없는 여성은 아이나 다름없어서 어머니 또는 시어머니가 시키는 대로 요리를 해야 했다. 성숙한 여인으로 대우받으려면, 식단을 짤 권리를 가져야 한다.⁴⁰

이런 점에서, 사라가 자신의 위태로운 처지에 저항하는 신호를 보여

◂39 캐서린 피스터러 다르는 불임과 관련된 종교적 차원을 부각시키면서 이렇게 주장한다. "사라는 수십 년 동안 그녀에게 아이를 주시지 않는 것은 하느님이라고 믿고 살았다. 물론 불임의 책임은 언제나 그녀 자신에게 있었다. 그녀의 사회적 지위에도 불구하고 그녀는 비난의 대상이었다. 이웃들은 '무슨 엄청난 죄를 지었기에 사라는 저런 벌을 받고 있는 것인가?'라고 궁금해하고 그녀에 대해서 수군거렸을 것이다." Pfisterer Darr, "More Than a Possession: Critical, Rabbinical and Feminist Perspective on Hagar", chap. 4 in *Far More Precarious than Jewels: Perspectives on Biblical Women* (Louisville, KY: Westminster John Knox 1991) 154.

준 방식을 알아차리는 것이 도움이 된다. 우리는 사라의 웃음이 하가르의 눈물과 얼마나 유사한지 보게 된다. 이 두 여성은 각각 웃음과 눈물로 그들이 처한 소외된 장소에서 자신의 목소리를 높이고 있다. 그것은 그들의 안녕과 풍요로울 능력을 위협하는 상황에 저항하는 것이다. 따라서 창세기 18장에서 하느님이 보낸 천사들이 아브라함을 찾아와 다시 한번 사라가 아이를 낳을 것이라고 약속했을 때 우리는 사라가 웃었다는 이야기를 듣는다. 그리고 아이를 갖는 일이 불가능하다고 말하면서 자신도 아브라함도 너무 늙었다고 지적한다. 성적인 함의가 담긴 언어로 그녀는 "그녀에게 무슨 육정이 일어나랴?"(창세 18,12)라고 묻는다.

물론 해석자들이 사라의 웃음을 이렇듯 좋게만 해석한 것은 아니다. 사라는 하느님의 말씀을 의심하고 그분의 약속을 믿지 못하는 불신앙의 상징으로 묘사되었다. 결과적으로 그녀의 웃음은 "조롱"으로 여겨졌다.[41] 그러나 우리가 사라의 웃음을 미하일 바흐친이 말하는 '카니발적 웃음'으로 읽는다면, 다른 그림이 나타난다. 사라의 웃음은 카니발적 웃음과 마찬가지로 상스럽고 불경한 표현이라는

---

[40] Dora Rudo Mbuwayesango, "Childlessness and Woman-to-Woman Relationships in Genesis and in African Patriachal Society: Sarah and Hagar from Zimbabwean Woman's Perspective (Gen 16,1-16; 21,8-21)", in *Reading the Bible as Women: Perspectives from Africa, Asia, and Latin America,* ed. Phyllis A. Bird et al., Semeia 78 (Atlanta, GA: Scholars Press 1997) 28.

[41] Walter Brueggemann, *Genesis, Interpretation* (Atlanta, GA: John Knox 1982) 158-59. 또한 Claus Westermann, *Genesis 12-36*, trans. John J. Scullion (Minneapolis, MN: Augsbrug 1985) 281 참조.

바로 그 이유로 주체가 지배 구조의 인습과 확립된 진실에 저항하는 하나의 방법으로 카니발적 의미로 기능한다.⁴²

이런 식으로 읽을 때 사라의 웃음은 일시적으로나마 자신의 상황을 초월하는 수단이 되며, 그녀는 내면의 생각과 욕망을 드러내는 주체가 된다. 그녀의 웃음과 함께 나온 발언은 그녀가 오로지 아이를 낳는 기능만 하는 자궁에 불과한 존재가 아님을 선언한다. 또한 그녀는 자신의 성행위를 통해 쾌락을 추구하는 한 사람의 여성이기도 하다. 그러므로 개인적 차원에서 그녀의 웃음은 내적 저항 행위다. 이것을 버시는 다음과 같이 잘 표현했다. "웃음은 사람들에게 들려주는 저항이다."⁴³ 사라의 웃음은 공식적인 체제에 의해 실현되지 않는 약속들에 대한 그녀의 절망을 보여 주며, 그녀를 억누르려고 하는 그 어떤 것에 대해서도 맞서고자 하는 그녀의 정신이 살아 있음을 의미한다.

그러나 이러한 내적 저항이 외적 효과를 보여 준다는 점이 중요하다. 사라가 웃은 것은 천막이라는 사적 공간 안에서였지만, 하느님은 그녀의 웃음을 알아보고 말씀하신다. 마치 사라의 웃음이 하느님을 대화에 초대한 듯하다.⁴⁴ 이때까지, 하느님은 사라에게 한 번도

---

42 이 주제에 대한 자세한 논의를 보기 위해서는, L. Juliana Classens, "Laughter and Tears: Carnivalistic Overtones in the Stories of Sarah and Hagar", *Perspectives in Religious Studies* 32, no. 3 (2005) 295-308 참조.

43 Jacqueline A. Bussie, "Laughter as Ethical and Theological Resistance: Leymah Gbowee, Sarah, and the Hidden Transcript", *Interpretation: A Journal of Bible and Theology* 69, no. 2 (2015) 182.

말씀하지 않으셨는데 이때만 하느님은 사라에 대해서 그녀의 남편 아브라함에게 약속을 하신다. 물론 이때도 사라의 웃음에 관한 하느님의 첫 반응은 여전히 아브라함을 향했고, 하느님은 왜 사라가 웃는지 그에게 물으신다(13절). 사라가 두려웠던 나머지 웃었다는 사실을 부인하자, 하느님은 결국 사라에게 직접 말씀하신다. 분명한 것은 하느님이 결국 사라를 한 사람의 주체로서 인식하게 만든 것은 다름 아닌 사라의 웃음이었다는 것이다.

이보다 훨씬 더 중요한 사실이 있다. 여기서 하느님이 "너무 어려워 주님이 못 할 일이라도 있다는 말이냐?"(14절)라고 하시며 바꿀 수 없는 사라의 처지를 마침내 바꾸게 만든 것 역시 사라의 웃음이라는 점이다. 최후의 순간에 하느님은 예정된 시간이 되면, 봄이 와 다시 오실 때에 사라에게 아들이 있을 것이라고 약속하신다. 여기서 봄(글자 그대로 '만물이 소생하는 때')은 불가능한 상황, 곧 불임인 이 여인에게 새 생명이 오는 것을 상징한다.[45] 그리고 창세기 21장 1절에서 드디어 하느님은 극적으로 사라의 상황을 반전시키신다. 그녀에게 말씀하신 대로 사라에게 주의를 기울이셔서(방문하셔서, *pqd*) 그녀에게 하신 약속을 지키신 것이다. 하느님은 사라에게 다시 관심을 가졌고 그녀는 이사악을 낳는다. 여러 번 약속이 지연되긴 했지만, 하

---

[44] 이 점에서 데일 바우어는 문학에서 전통적인 규약에 저항하거나 심지어 위반하는 여성의 목소리가 또 다른 대화를 여는 기능을 해서 그 결과 변화와 폭로를 허용하게 된다고 주장한다. Dale Bauer, *Feminist Dialogics: A Theory of Failed Community* (Albany, NY: State University of New York Press 1988) 4.

[45] Jeansonne, *The Women of Genesis*, 23.

느님은 그녀의 웃음에 반응하여 그녀의 상황을 바꿔 놓으신 것으로 보인다.[46]

이렇듯 사라의 운명이 반전되자 그녀는 더 많이 웃는다. 우리는 21장 6절에서 사라가 또 한 번 웃는 것을 듣게 된다. 그러나 이번에는 기쁨의 웃음이다. 그녀는 자신에게 웃음을 가져다주신 분이 하느님이라고, 그리고 이 소식을 듣는 누구라도 그녀와 함께 웃을 것이라고 장담한다. 사라의 웃음과 그녀의 뒤바뀐 운명은 이사악의 이름에 잘 반영된다. 그 이름은 "그가 웃었다"는 뜻이다.

그러나 이 지점에서 우리는 사라의 웃음이 양가적이라는 것을 보게 된다. 사라의 웃음이 양가적인 성격을 지닌다는 점은 창세기 21장에서 사라가 기쁨에 차서 웃을 때 그녀와 하가르의 이야기가 엇갈린다는 사실에서 분명하게 나타난다. 사라의 이야기는 하가르의 이야기로 자연스럽게 연결된다. 사라가 자기 자식의 출생으로 인해 자신과 함께 기뻐하며 웃는 다른 이들을 칭찬하면서 흥청거리는 바로 이 지점에서 그녀는 돌아서서 하가르를 학대한다.

사라의 웃음은 저항의 수단으로서 다음과 같이 놀라운 통찰력

---

[46] 이 진술이 모호하지 않은 것은 아니다. 넓은 이야기 맥락에서 보면 하느님이 마침내 행동하시기 전에 세 장에 걸친 이야기가 더 진행되는데 이것은 긴장을 만들어 낸다. 그러나 우리가 창세기 18장과 21장을 하나의 서사로 읽는다면, 하느님의 행동은 사라가 웃은 바로 다음에 이어진 것이다. 또한 사라의 행동을 가리켜 버시가 "후츠파"(*chutzpah*)라는 단어를 쓰고 있는 것을 참조하라. 버시는 하시딤 철학자 모르데하이 로텐버그를 인용하는데, 그에 따르면, "후츠파는" "하느님에게 영향을 미쳐서 그분이 명령을 바꾸고 결과적으로 자신의 행동으로 하느님께 정당한 불평을 해서 인간의 미래를 바꾸는 일"로 해석될 수 있다. Bussie, "Laughter as Ethical and Theological Resistance", 181.

을 보여 준다. 첫째, 이 여인들의 삶이 사라가 가장 취약해진 그 순간에 교차한다는 사실은 주목할 만하다. 마사 누스바움에 따르면, "분노와 증오 그리고 혐오의 뿌리는 인간 삶의 구조 저 깊은 곳에, 즉 우리가 대상들을 통제하지 못하고 애매한 관계를 맺고 우리 자신의 몸이 무기력한 바로 그곳에 자리한다."[47] 사라의 경우도 하가르에게 삶의 고통과 고난을 안겨 준 직접적인 책임은 불임인 사라 자신에게 있었다. 그때 사라는 하가르의 몸을 자신과 남편을 위해 아이를 얻는 수단으로 이용한다. 이 계획이 자기 생각대로 되지 않자 그녀는 하가르를 괴롭힌다. 게다가, 자기 아들이 태어나는 기적이 일어난 후에, 사라는 이사악이 이스마엘과 노는 것을 보고서 그의 존재가 자기 아들에게 위협이 될 것이라 생각한다.[48] 실로 사라의 이야기는 자신도 고통을 겪고 있으면서 또 다른 누군가를 학대할 수 있으며, 개인적·집단적 고난은 자주 폭력으로 이어질 수 있다는 사실을 성찰하게 해 준다. 또한 사라의 저항에 관한 이야기는 자신의 안녕을

---

[47] Nussbaum, *Upheavals of Thought*, 234.
[48] 이 본문은 두 아들 사이에서 무슨 일이 일어났는가와 관련해서 확실히 모호한 부분이 있다. 창세기 21장 9절은 사라가 하가르의 아들 이스마엘이 "노는 것"(*mĕṣaḥēq*)을 보았다는 모호한 독해를 포함한다. 칠십인역은 "이사악과 함께"라는 목적어를 삽입했는데, 이스마엘이 이사악과 노는 것을 분명하게 하기 위해 NRSV도 그 번역을 따르고 있다. Tikva Frymer-Kensky, "Hagar, My Other, My Self", in *Reading the Women of the Bible: A New Interpretation of Their Stories*, ed. Tikva Fryver-Kensky (New York: Schocken Books 2002) 234. 그러나 어떤 주석가들은 이스마엘이 이사악과 논 것이 아니라 그를 놀리고 있었다고 주장한다. 아니면 이스마엘이 이사악을 놀리면서 자신이 후계자인 척한 것일까? 트리블은 이스마엘이 "이사악인 양 굴었다"고 해석한다. Trible, "Ominous Beginnings for a Promise of Blessing", in Trible and Russell, *Hagar, Sarah, and Their Children*, 44.

위협하는 세력에 맞서는 저항이 결과적으로 다른 이에게 해를 끼치는 행위가 되어서는 안 된다는 사실을 생생하게 깨우쳐 준다.

둘째, 재클린 버시는 사라의 웃음을 "비극적 웃음"을 보여 주는 최고의 예라고 말한다. 이것은 고통과 고난의 상황에서 그 상황을 뛰어넘는 수단이 되어 주는 웃음이다. 버시는 한편으로 사라의 이야기가 어떻게 "부정성과 상처 입음, 고난과 애도의 이야기"가 되는지 말한다. 다른 한편으로, 사라의 웃음은 절망의 이야기 한가운데서 믿음의 이야기를 붙잡는 저항의 행위, 그러므로 "둘 다로부터 솟아 나온 웃음"이다.[49] 그러므로 버시는 아프리카계 미국인들이 노예제가 만들어 놓은 억압적이고 비인간적인 상황들에 저항하는 방식들을 생각할 때, 그녀의 책 제목과 같은 "억압당하는 자들의 웃음"이라는 이 체험적 범주를 사용한다. 이 책의 서론에서 언급했듯이, 버시는 토니 모리슨의 소설『빌러비드』에서 다양한 인물들이 웃음을 통해 그들의 상황을 어떻게 뛰어넘는지를 보여 준다. "웃음은『빌러비드』전체에서 거듭해서 심리적·육체적으로 자유를 실현하는 순간과 관련된다."[50] 예를 들어, 베이비 석스가 오하이오에서 자유를 찾았을 때, 다음과 같이 묘사된다. "그녀는 바보 같은 생각에 큰 소리로 웃기 시작했다. … 도무지 웃음을 멈출 수 없었다. … 너무 큰 소

---

49 Bussie, "Laughter as Ethical and Theological Resistance", 180.

50 Jacqueline A. Bussie, "Flowers in the Dark: African American Consciousness, Laughter, and Resistance in Toni Morrison's Beloved", chap. 5 in *The Laughter of the Oppressed: Ethical and Theological Resistance in Wiesel, Morrison, and Endo* (New York: T & T Clark 2007) 161.

리로 웃지 못하게 입을 막아야 했다."⁵¹ 이런 장면도 있다. 세서와 그녀의 딸들이 "과거에서 자유로워진 것을 잠깐 기념하면서 얼음 위에서 도움도 없이 스케이트를 타다가 넘어진다. '그들이 넘어지는 것을 아무도 보지 못하기' 때문에 어머니와 딸들이 모두 웃는다".⁵² 이런 웃음은 죽음을 앞둔 상황에서도 나온다. 식소라는 인물은 산 채로 태워지면서도 자지러지게 웃는다. 버시에 따르면, 이것은 "공포의 초월"로 억압당하는 사람들의 웃음을 전달하는 끔찍하고 기괴한 이미지다.⁵³

버시는 코넬 웨스트의 글을 인용한다. 웨스트는 아프리카계 미국인 공동체에서 웃음이란 "인간 실존의 비극적인 사실들, 가령 죽음, 질병, 좌절, 공포, 절망과 같은 것들을 끈질기게 강조"하는 "비극적 희망의 세계관"을 전달하는 수단이라고 주장한다. 그러나 아프리카계 미국인들의 경험 속에서 웃음은, 웨스트에 따르면 "흑인 공동체에서 널리 발견되는 기쁨, 웃음, 유머에 대한 기발한 감각으로 주로 아프리카계 미국인들이 비극에 사로잡혔을 때 우러나온다".⁵⁴

웃음으로 분출된 하가르의 눈물과 아울러, 눈물에서 흘러나온 사라의 웃음은 어쩌면 이 두 여성을 조금 더 가깝게 묶어 줄 방법일

---

51 Toni Morrison, *Beloved* (New York: Knopf 1987) 147; Bussie, "Flowers in the Dark", 161에서 재인용.

52 같은 곳.

53 같은 책 150-53.

54 Cornel West, *Prophecy Deliverance! An Afro-American Revolutionary Christianity* (Philadelphia: Westminster 1982) 151; Bussie, "Flowers in the Dark", 163에서 재인용.

지도 모른다. 이 두 여성 모두 각자의 위태로운 상황을 극복하고자 얼마나 고군분투하는지 보여 준다. 그들은 구조적 폭력이 피부색과 신앙이 다른 여성들이 진정으로 모두 함께 번영할 수 있는 삶을 사는 것을 막는 존엄성을 부정하는 상황을 양산하는 현실에 직면했던 것이다.

4) 위태로운 삶들

하가르와 사라 둘 다 위태로움에 저항한 인물로 인정하는 일은 세상의 수많은 사라와 하가르를 연결하라는 요청이라 할 수 있다. 이는 서로 다른 인종, 계급, 성적 지향의 경계를 넘나들면서 연합과 연대를 구축하는 일이다. 레니타 윔스는 바로 이러한 요청을 하면서 사라와 하가르 이야기에 관해 다음과 같이 명료하게 말한다.

> 배신, 착취, 부정, 분개, 의심, 불신, 분노, 침묵, 이 모든 기억을 우리가 어떻게 넘어설 수 있을까? 우리는 어떻게 서로의 입장에 대한 불신이라는 거대한 심연을 뛰어넘어 우정과 연합을 구축할 수 있을까? 물론 쉽지 않은 일이다. 실은 무척이나 힘든 일일 것이다. 이 일은 무시하기가 더 쉬운 상황에서 우리가 의지적으로 먼저 들으려고 노력할 것을 요구한다. 때로, 우리 여성들의 공동체는 세상의 악을 지적하듯이 우리 안에 있는 악과도 기꺼이 대면하여 그것을 고백해야 한다. 그것은 고통스럽더라도, 그리고 고통스럽기 때문에 서로 함께 행동하려는 결단을 요구한다. 서로

의 모습 속에 있는 진정한 차이들을 존중하고, 그 차이들이 우리의 골칫거리가 아니라 우리의 연대가 지닌 장점으로 보는 자발성을 요구할 것이다. 미국에서 흑인과 백인 여성으로, 이스라엘과 레바논 여성으로, 남아프리카의 백인 여성과 흑인 여성으로, 아시아와 유럽 여성으로, 테러리스트의 아내와 테러 피해자의 아내로, 서로 놀랍도록 고립된 채 정의를 위해 행동한다는 것은 우리에게 허락되지 않은 사치다.[55]

이런 면에서, 주디스 버틀러가 제안한 "위태로움"의 개념은 매우 유용하다. "국가 폭력은 이익과 영역 방어를 위해서 위태로운 상황을 만들어 내고 그것을 이용하고 또 퍼트린다. 그래서 '위태로움'은 이러한 국가 폭력에 반대하는 동맹을 결성하기 위한 기반을 형성하면서 다문화적 지형뿐 아니라 정체성 범주들을 넘어선다."[56] 또한 버틀러는 "이러한 동맹이 욕망이나 신념 또는 자기 확인과 관련된 온갖 문제에 대한 합의를 요구하지 않는다"고 지적하는데,[57] 이는 옳은 말이다. 오히려 이 동맹에는 다양한 참여자들 사이에 존재하는 지속적이고 때론 격렬한 차이들을 잘 알고, 상처가 되는 분열들을 넘어서는 공통된 인식이 포함된다.

---

[55] Weems, "Do You See What I See?", 41.
[56] Butler, *Frames of War*, 32.
[57] 같은 곳.

3. 룻과 나오미 그리고 타마르의 탄력성[58]

1) 여성의 가치 침해

두 번째로 살펴볼 이야기는 자신이 처한 비인간적 조건에 저항한 놀라운 여성들의 사례다. 여기서는 룻(과 나오미) 이야기와 창세기 38장의 타마르 이야기를 연관시켜 읽어 보고자 한다. 이 이야기는 얼마나 다양한 요인들로 인해 사회의 가장 취약한 성원들(여성, 외국인, 과부)이 비인간화의 피해자로 전락할 수 있는지 보여 준다. 룻과 타마르 이야기 모두에서 죽음은 여성 주인공의 가치를 위협하거나 축소시키는 상황을 초래한다. 룻의 시아버지와 남편은 이야기가 시작되자마자 죽고, 타마르는 한 번도 아닌 두 번이나 과부 신세가 된다. 두 이야기는 남성 보호자가 죽는 이 불가해한 비극을 하느님 탓으로 돌린다. 이것은 나오미가 빈손으로 고향에 돌아왔으니 자신을 마라라 불러야 한다고 말하는 데서 분명해진다. 그녀는 하느님 때문에 '쓰라린'(히브리어 마라의 의미) 인생이 되었다(룻 1,20-21). 타마르의 경우, 화자가 남편들을 죽인 것은 하느님이라고 독자에게 알려 준다. 그녀의 첫 남편은 악해서, 두 번째 남편은 [형의] 타마르를 구원해 줄 의무를 다하지 않아서 하느님이 벌하신다(창세 38,7.10).

고대사회에서 남성 보호자의 죽음은 여성들의 가치에 엄청난

---

[58] 이 장은 L. Juliana Claassens, "Resisting Dehumanization: Ruth, Tamar and the Quest for Human Dignity", *Catholic Biblical Quarterly* 74, no. 4 (2012) 659-74에 게재된 것을 개정한 것이다.

영향을 미쳤다. 당시 여성의 명예는 본질적으로 남성 친척의 명예와 얽혀 있었다. 그런데 룻과 타마르가 임신을 못한 것은 그 둘의 남편이 자손을 잉태하기도 전에 죽었기 때문이다. 이 점에서 히브리 성경에 등장하는 불임 아내들과 달리 이 두 여인의 경우 이들의 몸은 잘못이 없었다. 룻과 타마르가 잉태할 수 없었던 것은 배우자의 사망 그리고 내켜하지 않는 남편 때문이었다.[59] 여성의 출산 능력을 중시하는 사회에서, 이같이 '강요된' 불임은 사회에서 그들의 위치에 부정적인 영향을 미치고, 그들을 사회적 지위가 없는 한계 상황에 내던져 놓는다. 또한 강요된 불임은 이 여인들이 자원이 부족한 상황에서 생존을 위해 굴욕적이고 모멸적인 수단에 의존하지 않을 수 없게 만든다.[60]

룻과 타마르 이야기는 형사취수 결혼 관습(자식 없는 과부의 남성 친척이 그녀와 결혼하여 그녀의 미래와 죽은 남편의 유산을 보장할 의무를 지는 관습)에 결함이 있음을 시사하는 것으로 보인다. 이와 같은 사회적 기제는 원래는 극빈자들을 보호하기 위한 것이었다. 그러나 의무를 진 남성이 가장 취약한 사회 구성원의 유익을 위해 행동할 책임을 회피할 때는 어쩔 도리가 없었다.[61] 룻 이야기를 보면 이 과부가 돌아오고 긴 시간이 흐른 것 같은데 누구도 이들의 삶의 안녕을 보장할 '구원

---

[59] 그러나 엘린 판 볼데의 주장과 비교하라. 볼데는 룻의 불임은 남편이 죽기 전으로 거슬러 올라간다고 주장한다. 결혼하고 10년 동안 그녀가 아이를 낳지 못했기 때문이다. Van Wolde, *Ruth and Naomi* (London: SCM Press 1997) 108.

[60] 같은 책 2.

자'로 나서지 않는다. 결국 마지막 장에 가서 '구원자'가 나선다(룻 4,1-6). 그러나 그는 명예롭게 자기 책임을 다하지는 못한다.[62] 타마르의 경우에서도 남성 인물들은 연달아 실패한다. 오난은 구원자의 책임을 피해서, 과부가 된 형수에게 생명을 가져다줄 수도 있는 그의 '씨'를 글자 그대로 "쏟아 버렸다". 유다는 셋째 아들을 타마르의 남편으로 주지 않으면서 형사취수 관습을 거부한다. 그리고 셀라가 자랄 때까지 기다리라는 거짓 약속으로 타마르를 달래려 한다. 셀라가 자랄 만큼 충분한 시간이 흘렀지만 타마르에게 남편으로 주지 **않자** 타마르의 상황은 더욱 비참해지고, 그녀의 좌절도 커졌을 것이다.

여성 인물들의 존엄을 심각하게 위협한 두 번째 요인은 기근과 관련된다. 룻 이야기의 배경인 기근은 여성들이 살림살이와 삶을 유지할 기본권을 위협한다. 오늘날과 마찬가지로 성경 시대에도 먹거리를 얻을 수 없다는 것은 극단적인 비인간화의 상황이다. 그런 상황에서 사람들은, 더욱이 남성 보호자도 없는 여성들은 살아남기 위해 구걸하거나 부끄러운 일까지도 해야 했다. 아니면 나오미의 가족처럼 기근 때문에 낯선 땅으로 음식을 찾아 이주하는 사람들도 있었

---

[61] 존 바턴은 이스라엘에서 형사취수 율법이 가장 취약한 계층을 보호하기 위한 것임에도 사회체제가 오용할 수 있는 허점이 있음을 잘 보여 준다. 타마르와 룻 이야기 등은 정의가 실행되지 않을 때 무엇을 할 수 있는지에 관한 문제를 제기한다. 바턴에 따르면, "그러므로 도덕적 삶을 하느님과 인간 사이의 협력적 시도로서 상상해야 할 것 같다". Barton, *Understanding Old Testament Ethics: Approaches and Explorations* (Louisviile, KY: Westminster John Knox 2003) 53.

[62] 룻 4,1에 나오는 '펠로니 알모니'*pélōnî 'almōnî*라는 이름은 창의적으로 번역하면 "누구누구 씨"라 할 수 있다. Van Wolde, *Ruth and Naomi*, 95-96.

다. 이때 이 절망적인 이주민들이 그들의 존엄성을 훼손당할 가능성은 더 컸다. 룻과 나오미 이야기는 음식이 풍부한 상황에서도 사회의 가장 취약한 집단 내에서는 적절한 자원이 없거나 부족한 상황이 계속되었다고 말한다. 그래서 말 그대로 "빵의 집"(베들레헴)에서 과부들은 "가진 자들", 곧 (신명 15,7에서 명한 대로라면) "인색하게 굴어서는" 안 되는 이들의 관대함에 의존해야 했다. 그러나 배고픈 과부들이 음식을 얻을 수 있는 방법이었던 이삭줍기 관습도 임시방편일 뿐이었다. 곧 추수가 끝난다는 사실은 룻이 등장하는 소설 속 두 여인에게 절망을 더해 주고 있었다.[63]

타마르 이야기는 기근을 명시적으로 언급하지 않는다. 남편이 죽은 후 타마르는 친정아버지의 집으로 돌려보내진다. 그녀를 보호해 줄 남성 친족이 있다는 점에서 룻과 나오미보다는 타마르의 형편이 나았을 수도 있다. 그러나 프랭크 스피나는 타마르가 "항상 애도하는 옷을 입고 있었고, 적어도 공식적·공개적으로 계속 슬퍼하고 있었다"는 데 주목해야 한다고 지적한다.[64] 그러므로 창세기 38장 14절과 19절에서 거듭 타마르의 과부 옷을 언급하는 것은 그녀의 미래에 사랑과 안전에 대한 희망이 없음을 암울하게 상기시킨다. 혹시라도 그녀의 아버지가 죽는다면 과부 처지인 타마르는 취약한 상

---

[63] Katharine Doob Sakenfeld, *Just Wives? Stories of Power and Survival in the Old Testament and Today* (Louisville, KY: Westminster John Knox 2003) 32-33.

[64] Frank Spina, *Faith of the Outsiders: Exclusion and Inclusion in the Biblical Story* (Grand Rapids, MI: Eerdmans 2005) 44.

황에 놓일 것이고 아마도 룻과 나오미처럼 과부의 몸으로 음식을 찾을 처절한 수단들에 의존하지 않을 수 없었을 것이다.

마지막으로, 여성 인물들의 인간적 존엄이 침해당하거나, 침해당할 수 있는 가장 극한 상황은 죽음의 위협이다. 이것은 특히 타마르 이야기에 분명히 나타난다. 그녀는 처형을 당하기 직전까지 간다. 타마르의 임신을 공동체가 알게 되자, 시아버지 유다는 그녀를 끌고 와 화형에 처하라고 명한다.[65] (이것은 매춘을 한 사제의 딸들에게 내려지던 가혹한 형벌이었다.) 목숨이 위협받는 타마르는 오늘날 다양한 성적 규율을 위반했다는 이유로 공동체에서 죽임을 당하는 많은 여성을 떠올리게 한다. 타마르를 고발할 때 드러나는 유다의 위선과 불의는 마지막 순간에서야 밝혀진다. 그제야 타마르는 유다가 관련되었음을 증명해 줄 증거를 내놓고 잔인한 죽음에서 스스로를 구할 수 있었다.

타마르가 간신히 이 위기에서 벗어난 것은 룻이 처한 상황의 위험성을 부각시킨다. 룻이 들판에서 이삭을 줍는 동안 안전한지를 나오미와 보아즈가 걱정할 때 룻의 존엄성에 대한 위협은 숨어서 도사

---

[65] 샤론 페이스 진손느에 따르면, "화형은 사제의 딸이 매춘을 했을 때 특별하게 내려지는 벌이었으며(레위 21,9), 또한 한 남자가 한 여자와 그 여자의 어머니를 동시에 아내로 취했을 때 세 사람 모두에게 화형의 형벌이 내려졌다(레위 20,14). 그러나 간음이 사형에 처해지는 죄이긴 해도, 화형은 흔한 선고는 아니었다". Jeansonne, *The Women of Genesis*, 105. 진손느는 한 걸음 더 나아가 "타마르가 간통을 저지른 여인으로 여겨지려면 그녀는 에르의 과부였거나, 미래에 셀라의 과부가 되거나 해야만 했다. 타마르는 이도 저도 다 거부당한 처지였다". 같은 책.

리고 있다(룻 2,8-9.22). 이러한 묘사는 여성들이, 특히 이방 여인이 들판에서 일할 때 안전하지 않을 수 있는 상황을 암시한다. 보아즈가 자기 종들에게 그녀를 "건드리지[괴롭히지]"(ngʻ) 말라고 명했노라고 룻에게 말할 때 이것이 특히 분명하다. 여기서 동사 '나가'(ngʻ)는 히브리어 성경의 영어 번역판(JPS)에서 성적인 함의가 있는 "molest"(성추행하다)로 번역된다.[66] 더욱이 룻이 타작마당을 방문한 후에 그녀의 평판을 지켜 주려고 보아즈가 신중하게 대처한 것도 룻이 직면했을 위험을 인지했다는 증거다.[67]

비인간화의 상황이 이 두 여인의 이야기를 묶어 주는 공통점임을 감안할 때 우리는 어떻게 비극과 불의가 우연히 얽혀서 여성 인물들의 가치를 침해하는 조건들을 만드는지 알 수 있다. 기근이 견디기 힘든 고난을 만들고 그로 인해 모두가 취약한 극빈자로 전락한다면, 그것은 틀림없는 비극이다. 또한 아무리 성경 본문이 그것을 신정론神正論으로 설명하려 하더라도 남편의 죽음 또한 비극적인 현실이다. 룻과 나오미 그리고 타마르의 서사에서 미리 예견하지 못한

---

[66] Sakenfeld, *Just Wives?*, 33

[67] 앙드레 라코크는 룻이 거의 모든 세부 사항에서 타마르와 같은 운명이 될 위험을 무릅썼다고 주장한다. LaCocque, *The Feminine Unconventional: Four Subversive Figures in Israel's Tradition*, Overtures to Biblical Theology (Minneapolis, MN: Fortress Press 1990) 105. 요안나 W. H. 보스도 참조할 수 있다. "룻과 보아즈의 평판은 성문에서 모든 일이 잘 처리될 때까지 보호받아야 한다." Johanna W. H. Bos, "Out of the Shadows: Genesis 38; Judges 4,17-22; Ruth 3", in *Reasoning with the Foxes: Female Wit in a World of Male Power*, ed. J. Cheryl Exum and Johanna W. H. Bos, Semeia 42 (Atlanta, GA: Society of Biblical Literature 1988) 37-67, 특히 60.

상황이 펼쳐질 때 사람들은 풍요를 누리기는커녕 기본적인 욕구조차 충족시키지 못하게 된다. 그러나 두 이야기 모두에서 분명하게 드러나는 것은 이 과부들이 처한 비인간적인 조건들이 (구조적) 불의의 결과라는 사실이다. 다시 말해 비극이 벌어지는데 다른 이들의 선을 위해 행동하지 않는 사람들이 있다는 것이다. 여성 인물들은 이처럼 비극과 불의가 뒤얽힌 상황에 대응해야 하는 처지였다.

2) 맞서 싸우기

이 여성 인물들은 인간으로서 그들의 가치를 축소시키려는 사람이나 세력들에 맞서 저항한다. 이 점에서 룻(과 나오미), 타마르의 이야기를 묶어 주는 공통점은 비인간화에 대한 이러한 응답이다. "나를 나오미라 부르지 말고 마라(쓰라림)라고 부르라"는 나오미의 외침에서 우리는 이러한 저항의 일면을 발견한다(룻 1,20). 그녀의 외침은 자신에게 닥친 비인간화의 힘들에 대해 그녀가 느끼고 있는 분노를 반영하기 때문이다. 랩슬리는 불임과 기근, 노년의 나이, 죽음의 상황에서 나온 나오미의 외침을 욥의 애가와 관련시켜 의로운 분노의 표출로 읽어 낸다. 이런 관점에 따르면, 나오미는 "욥과 같이 하느님을 향해 감히 자기의 주장을 펼친 인물"이다.[68]

물론 룻과 타마르가 애통해하면서 외치는 저항의 목소리를 우리가 들을 수는 없다. 그럼에도 그들 각자가 한 저항의 행위들은, 한

---

68 Jacqueline Lapsley, *Whispering the Word: Hearing Women's Stories in the Old Testament* (Louisville, KY: Westminster John Knox 2005) 94-99.

계가 있고 모호함으로 가득 차 있다 해도, 이 여인들이 그들이 처한 상황을 당연하게 받아들이지 않고 거기에 맞서 싸우고자 했다는 중요한 표지다. 예를 들어, 두 이야기에서 우리는 거듭해서 그들 각자가 처한 비인간적인 상황들에 맞서서 그것을 뛰어넘으려고 행동하는 여인들을 보게 된다. 타마르는 고전적인 재간꾼(사회적 약자의 처지에서 법을 어기고 힘 있는 자들을 이겨 내거나 그보다 더 영리한 사람)으로 등장하여,[69] 자기 것이라고 생각한 것을 얻어 내기 위해서 간계와 속임수를 사용하여 옷을 바꿔 입고 나서서, 죽게 된 자신의 처지를 생명을 얻는 상황으로 변화시킨다.[70] 가장 취약한, 죽기 직전의 상황에서 타마르는 선견지명과 기발함으로, 부정을 저질렀거나 저질렀다는 혐의를 받는 전 세계 많은 여성이 겪는 운명에서 스스로를 구해 낸다.

룻 역시 비인간화되는 자신의 처지에 적극적으로 대항한 인물이다. 사회에서 낙오자가 되기 쉬운 외부인이었던 룻이 눈에 띄는 존재가 된다. 시어머니의 조언대로 잘 차려입은 룻은 두 여인의 구원자가 되어 줄 존재로 낙점된 보아즈의 관심을 끄는 데 성공한다.

---

[69] Naomi Steinberg, "Israelite Tricksters: Their Analogues and Cross-Cultural Study", in Exum and Bos, *Reasoning with the Foxes*, 1-13, 특히 2-6.

[70] 옷을 바꿔 입는 것에 대해서, 주디 펜트레스윌리엄스는 타마르가 유다에게 자기 정체를 숨기기 위해 입은 옷이 어떤 기능을 하는지에 주목한다. 결과적으로 이 옷은 그녀를 창녀로 만들었다. 펜트레스윌리엄스의 주장에 따르면, "타마르는 베일로 자신을 감추었다. 자신의 몸을 덮는 것은 애도와 자주 관련된다. 여기서 타마르가 스스로를 덮는 행위는 다른 목적, 곧 애도 기간을 끝내고 가계를 이어 가기 위한 것이었다". Judy Fentress-Williams, "Location, Location, Location: Tamar in the Joseph Cycle", in *Bakhtin and Genre Theory in Biblical Studies*, ed. Roland Boar, Semeia Studies 63 (Atlanta, GA: Society of Biblical Literature 2007) 63-68, 특히 64.

재간꾼 같은 룻의 이러한 역할을 보스는 이렇게 묘사한다. "현명하게 국면을 전환하고 보아즈의 책임에 대해 직접 호소하여 그가 직접 나서지 않을 수 없게 만든다. 어떤 식으로든 보아즈를 속이지 않았지만, 룻이 그보다 한 수 위였던 것은 분명하다."[71] 보아즈의 옷자락 아래 보호해 달라는 룻의 청원은(룻 3,9) 그가 자신의 필요를 알아보고 처지를 이해해 줄 것을 — 룻기 2,10에서 룻이 청원한 대로 "호의를 베풀어 주기를" — 전제한다.[72]

이 점에서, 재간꾼 이야기 장르가 억압의 상황에 처한 집단들이 쓸 수 있는 잘 알려진 전략이었다는 것이 중요하다. 예를 들어, 제임스 스콧은 아프리카계 미국인 노예들의 구전 이야기 '브레 토끼'(Brer Rabbit)에서 어떻게 토끼가 힘이 더 센 브레 여우와 브레 늑대를 자꾸 이겨 먹을 수 있는지를 보여 준다. 이 재간꾼의 놀라운 업적은 자주 "이런 이야기들을 만들어 내는 노예들의 생존 전략"을 모방한 것이다.[73] 스콧이 쓴 것처럼, "전형적으로 재간꾼은 적들에 둘러싸

---

[71] Bos, "Out of the Shadows", 62.

[72] 보스가 지적하듯이, 룻은 보아즈에게 대답하면서 "당신의 여종"이라는 표현을 쓰며 자기 이름을 알린다. 그러므로 그녀의 답변은 "나름의 권리를 가진 한 사람의 인격으로 자신을 일컫는 동시에 자기 옆에 있는 남자와 자신을 관련시킨다. 그녀는 예의를 차리면서도 바라는 것을 다 요청한다". 보스는 날개에 대한 언급이 룻이 하느님의 날개 아래 피신하러 왔다는 보아즈의 말을 예표한다고 지적한다(룻 2,12). "룻기 어디에도 3장 9절처럼 인간의 활동과 하느님의 활동이 명확하게 일치하는 것을 찾아볼 수 없다. 하느님의 보상은 보아즈가 직접 행동함으로써 실현되어야 한다." Bos, "Out of the Shadows", 62.

[73] James Scott, *Domination and the Arts of Resistance: Hidden Transcripts* (New Haven, CT: Yale University Press 1990) 163.

인 위험천만한 상황을 헤쳐 나가는 데 성공하는데 힘이 아닌 재치와 교활함으로 이기거나 골탕먹인다".[74] 또한 로리 랜데이는 미국 문화에 나타나는 재간꾼들에 대해 개괄한다. 특히 그녀는 아메리카 토착민들의 구전 및 기록 문학 전승과 아프리카계 미국 민담과 문학 속에서 여성 재간꾼들의 역할에 특별한 관심을 기울인다.[75] 여기서, 여성 재간꾼은 "창의적인 영리함으로 우리를 놀라게 하고 우리가 자주 마주치는 사회적 한계들을 넘어설 가능성을 되살리는"[76] 경계선상의 인물, 곧 자신이 가진 것으로 뭔가를 해내는 사람이자 "제자리에 머물기를 거듭 거부하는"[77] 사람으로 묘사될 수 있는 이들이라는 사실이 분명해진다.

그러므로 이 여성들의 생활과 전반적 안녕이 위협받는 위태로움의 상황 속에서 룻과 타마르는 재간꾼의 역할을 해낸다. 제자리에 머물기를 거부하는 경계선적 인물인 것이다. 그러므로 그들은 꾀와

---

[74] 같은 책 162.

[75] Lori Landay, *Madcaps, Screwballs, and Con Women: The Female Trickster in American Culture* (Philadelphia: University of Pennsylvania Press 1998) 11-22.

[76] Barbara Babcock-Abrahams, "A Tolerated Margin of Mess: The Trickster and His Tales Reconsidered", *Journal of the Folklore Institute* 11, no. 3 (1975) 147; Landay, *Madcaps, Screwballs, and Con Women*, 13에서 재인용. 밥콕에이브러햄스는 이렇게 썼다. "재간꾼의 능력이 그가 속한 집단에 생동감을 주고 요긴하지만, 또한 재간꾼은 위협과 혼돈의 가능성을 가져온다. 중심에 그의 자전이 있긴 하지만 규율을 어기고 금기를 위반한 결과이다. 그러므로 그는 (마리 더글라스의 표현을 쓰자면) 오염이고, 미미하고 주변적이고 영원히 어중간한 상태로 남아 있어야 한다." Babcock-Abrahams, "A Tolerated Margin of Mess", 148.

[77] Landay, *Madcaps, Screwballs, and Con Women*, 20.

기발함으로 존엄이 부정당하는 각자의 상황 속에서 자신의 존엄을 주장하는 일에 착수한다. 보스가 적절하게 지적했듯이, "이들은 각각 그들이 이루려고 착수한 일들에서 성공을 거둔다. 그들은 주인들의 능력을 넘어서 생존을 이뤄 낸다".[78] 두 여성의 행동은 사실 위험천만한 것이었다. 타마르는 처형을 당하기 직전까지 갔다. 그럼에도 살아남으려는 본능은 이 두 여인이 행동하도록, 곧 그들이 속한 공동체가 그들에게 부과한 제약을 뛰어넘도록 만든다. 흥미로운 점은 룻도 타마르도 생존과 존엄을 보장하기 위해 그들 스스로 한 행동으로 인해 부정적인 평가를 받지 않는다는 점이다. 실제로 마지막 구절은 그녀가 "유다보다 더 옳다"(창세 38,26)고 밝히며, 보아즈는 룻을 훌륭한 여인(ēšet ḥayil)으로 부른다(룻 3,11).[79]

이 여성들의 저항 행위들이 모호함에 싸여 있다는 점을 지적하지 않을 수 없다. 캐서린 세이큰펠드는 이 두 서사에 함축된 "의지할 데 없는 여인에게 구원은 부자 남자와 결혼하는 것"이라는 메시지가 정말 문제가 있다고 경고한다. 절망적인 경제 상황에서 "매력적인 왕자님"과 결혼한다는 희망은 어린 소녀들을 성 산업의 먹잇감으로 전락하게 만들 수도 있다.[80] 게다가, 로라 도널드슨과 주디스 맥킨레이 같은 학자들은 중요한 지적을 한다. 룻이 이야기 끝에서

---

[78] Bos, "Out of Shadows", 37.

[79] 보스는 타마르에 관해 이렇게 지적한다. "후대의 청중에게 타마르의 가치는 명백하다. 그녀는 페레츠 그리고 결국에 룻을 통해 다윗왕의 선조가 된다." 같은 책 145.

[80] Sakenfeld, *Just Wives?*, 37-38.

사라지고 그녀가 낳은 아이가 나오미의 무릎 위에 있는데, 이는 입양에 대한 상징으로 보인다(룻 4,17에 "나오미에게 아들이 태어났다"라는 언급도 참조). 이것은 룻이 어쩌면 완전히 이스라엘 공동체로 흡수되면서 모압인이라는 정체성을 잃었을 수도 있다는 문제를 제기한다.[81] 타마르의 경우, 타마르의 행동이 그 이후로 성공적이었는지도 의심스럽다. 유다가 유죄를 인정하고 난 후 타마르와 그녀가 낳은 두 아들을 돌보았는지에 대한 언급이 없기 때문이다.[82]

이런 비판이 중요하게 지적하는 것은 성경 이야기에서 그려지는 여성의 저항에는 어떤 모호함이 있다는 점이다. 그럼에도 불구하고 미첼이 앞에서 지적했듯이 이런 저항은 "인간 영혼의 강인함"을 보여 주는 지표로서, 이 여성들의 존엄이 그토록 비인간적인 조건들 속에서도 살아남았음을 보여 준다.[83]

---

[81] 로라 도널드슨은, 룻이 이스라엘 공동체로 사회적으로 흡수된 것은 "많은 아메리카 인디언 여성과 아이들의 운명을 예언자적으로 예견한다"고 주장한다. 이들은 "동화 정책을 통한 원주민 정복"의 대상이었기 때문이다. Laura Donaldson, "The Sign of Orpah: Reading Ruth through Native Eyes", in *Ruth and Esther*, ed. Athalya Brenner, A Feminist Companion to the Bible, Second Series (Sheffield, UK: Sheffield Academic Press 1999) 130-44, 특히 137-38. 또한 Judith E. Mackinlay, "A Son Is Born to Naomi: A Harvest for Israel", in Brenner, *Ruth and Esther*, 151-57, 특히 156-57; *Reframing Her: Biblical Women in Postcolonial Focus* (Sheffield, UK: Sheffield Academic Press 2004) 53-54.

[82] 진손느는 "유다가 타마르에게 자신이 부당하게 대했음을 인정하긴 했지만, 불의를 시정하기 위해 전혀 노력하지 않았다"고 지적한다. 예를 들어, 셀라를 타마르에게 남편으로 준다든가 하는 어떤 행동도 취하지 않았다. Jeansonne, *The Women of Genesis*, 106.

[83] Beverly Eileen Mitchell, *Plantations and Death Camps: Religion, Ideology, and Human Dignity* (Minneapolis, MN: Fortress Press 2009) 33.

3) 타인의 얼굴을 바라보기

비인간화에 저항하는 데 또 하나 중요한 측면은 인식되거나 목격되어야 하는 인간 고유의 필요와 관련된다. 프리츠 드 랑에에 따르면, 이러한 필요란 목소리를 들어주고 필요에 응답받아야 할 하나의 주체로서 대우받고자 하는 욕망이다.[84] 그러나 타인을 보는 것, 공감을 보여 주는 능력이 그만큼 중요하다. 벤첼 판 하위스테인과 에릭 위브는 공감 보여 주기, 또는 타인의 복지를 위해 행동할 책임을 지는 것의 중요한 측면은 타인의 얼굴을 보는 능력, 즉 자신과 타인 사이의 공통된 연관성을 구축해 낼 수 있는 능력이라고 주장한다.[85] 두 저자는 폴 리쾨르의 연구를 인용하며 우리가 타인과 공감하고 동일시할 수 있도록, 다시 말해 자신이 다른 사람의 입장에 있다고 상상할 수 있게 해 주는 것은 "서사적인 이해"라고 말한다. 그리고 리쾨르의 영향력 있는 연구 『타자로서 자기 자신』을 언급하면서 이렇게 쓰고 있다.

---

[84] Frits de Lange, "The Hermeneutics of Dignity", in *Fragile Dignity: Intercontextual Conversations on Scriptures, Family and Violence*, ed. L. Juliana Classens and Klass Spronk, Semeia Studies 72 (Atlanta, GA: Society of Biblical Literature 2013) 18-19. 줄리아 크리스테바는 이러한 욕망이 "'나를 알아주세요'라는 사랑을 향한 요청"이라고 말한다. Kristeva, *Strangers to Ourselves*, trans. Leon S. Roudiez (New York: Comlumbia University Press 1991) 42.

[85] Wentzel van Huyssteen and Erik Wiebe, eds., "Introduction", in *In Search of Self: Interdisciplinary Perspectives on Personhood* (Grand Rapids, MI: Eerdmans 2011) 1-18, 특히 4.

이처럼 "자기 자신이라는 원"을 확장하는 일은 궁극적으로는 타인의 자리에서 자기 자신을 상상하는 것이 가능한 확장된 심성을 요한다. 이런 식으로 리쾨르는 서사적 이해 — 자신을 다른 것으로 재현하는 — 의 개념을 수정하여, 결국 자신으로서 우리의 정체성을 제거하지 않으면서도 모든 것을 빨아들이는 자기애적 관심으로부터 우리를 해방시킨다.[86]

한 사람이 그/그녀 나름으로 주체로서 타인과 관계 맺을 때 일어나는 그러한 공감의 행위에는 잠재적으로 변혁의 효과가 있다.[87] 마저리 수하키가 쓴 것처럼,

> 변혁은 공감이 만들어 내는 상호성을 통해 이루어진다. 유한성이

---

[86] 같은 곳. '책임'으로서의 윤리학의 개념은 에마뉘엘 레비나스의 연구에서도 발견된다. 레비나스는 나의 책임을 자유롭게 지고 또한 "나그네와 과부, 고아에 대해서 내가 져야 마땅한" 의무도 기꺼이 질 수 있게 하는 것은 "타인의 요구하는 얼굴"이라고 주장한다. Emmanuel Levinas, *Totality and Infinity: An Essay on Exteriority*, trans. Alphonso Lingis (Pittsburgh, PA: Duquesne University Press 1969) 203, 215. 또한 Tamara Cohn Eskenazi, "Introduction: Facing the Text as Other: Some Implications of Levinas's Work for Biblical Studies", in *Levinas and Biblical Studies*, ed. Tamara Cohn Eskenazi et al. Semeia Studies 43 (Atlanta, GA: Society of Biblical Literature 2003) 1-16, 특히 10.

[87] 마저리 수하키는 각자의 정체성을 지키는 일의 중요성을 강조한다. "둘의 관계 자체를 보게 됨으로써 자신과 타인 양자는 보존되는 동시에 변혁된다. … [그러나] 공감은 각자의 주체성을 존중하는 자기와 타인이 서로 알아보고 인정하는 차별성 역시 보존한다. 그러므로 다름을 흡수하지 않고 보존하는 것이 가능해진다." Marjorie Suchoki, *The Fall to Violence: Original Sin in Relational Theology* (New York: Continuum 1999) 40.

수반하는 관점의 자연적인 한계가 있긴 하지만 각자는 다른 사람의 경험을 자기 자신의 경험으로 가져오고, 자기 경험을 타인에게 제공한다. 이것은 자신의 태도와 행동에 깊이를 더해 주거나 도전할 수 있는 관점의 직관적 확장을 제공한다. 공감을 통해서 타인의 입장의 정당성에 자신을 개방하는 것은 변혁과 영적 성장을 향해 스스로를 여는 일이다.[88]

게다가, 수하키에 따르면, 그런 공감의 행위는 그녀가 "상상력으로서의 자기 초월"이라고 부르는 행동에 근거한다. 이러한 행동을 통해 우리는 아직 존재하지 않는 미래에 대한 꿈을 품고, 그렇게 함으로써 현재의 자신을 초월할 수 있다. 그러한 자기 초월은 현상 유지에 도전하고 대안적인 삶의 방식을 유도하는 무한한 가능성 안에 뿌리를 두고 있다.[89]

룻과 타마르 이야기에서, 보아즈와 유다가 다른 사람의 이익을 위해 행동한 것은 그들이 가장 취약한 상황에 놓인 젊은 여성의 얼굴을 진정으로 보았을 때다. 이 점에서 이 두 서사의 공통된 주제가 봄과 보지 못함, 또는 감춤과 드러냄이라는 주장은 일리가 있다.[90] 사실 유다는 처음에 타마르를 알아보지 못한다. 그녀가 누구인지 있

---

88 같은 곳.
89 같은 책 41.
90 보스는 "보다"(r'h), "알아채다"(nkr), "알다"(yd')와 같은 동사들이 아이러니하게 사용되는 것과 관련지어 속임수라는 주제를 설명한다. Bos, "Out of the Shadows", 39.

는 그대로 보지 못한 것이다. 며느리이며 마땅히 그의 보살핌과 지원을 받아야 했지만 그는 물론이고 사회의 다른 구성원들에게 무시당하고 버려졌다.

타마르와 성관계를 맺은 후여서 그는 그녀를 아주 친밀하게 "알고 있었지만" 유다는 그녀를 "알지" 못한다.[91] 그가 종을 보내 "창녀"에게 값을 치르려고 했다는 것은 그가 그녀를 얼마나 모르는지를 드러내며 이 사실은 매우 아이러니하다. 마을 사람들이 종에게 알려준 바와 같이 그 마을에는 창녀가 없기 때문이다.[92] 진손느는 이 점을 잘 말하고 있다. "독자들은 타마르가 신전 창녀도 일반 창녀도 아니며 그저 아이를 낳을 권리를 얻고자 하는 한 사람의 과부라는 사실을 알고 있다."[93] 타마르가 임신했다는 소식을 들었을 때도 유다는 타마르의 모습이 아닌 것, 곧 사형당해 마땅한 문란한 여인으로만 그녀를 본다. 사형은 특히 유다 자신이 관련된 것을 감안하면 너무도 가혹한 판결이다.

결국 유다가 타마르의 의로움을 알아보았고, 그녀의 의로움이 그로 하여금 더 큰 의로움을 행하도록 영감을 준다. 타마르에게는 몹시 위협적인 장소였던 광장에서 그녀는 잠시 후면 목숨을 잃게 될

---

91 Fentress-Williams, "Location, Location, Location", 64.

92 이 이야기에는 "창녀"를 지칭하는 여러 단어가 사용된다. 창세기 38,15에서 유다는 타마르를 보고 창녀(zōnâ)라고 생각한다. 그러나 21절에서 타마르를 찾아다니는 종이 사용한 단어는 신전 창녀(qĕdēšâ)를 콕 집어 가리킨다. 마을 사람들도 여기에 신전 창녀가 없다고 대답할 때 같은 단어를 사용한다. Spina, *Faith of the Outsider*, 47.

93 Jeansonne, *The Women of Genesis*, 104.

것이었다.[94] 더욱이 유다의 정체를 입증할 징표를 요청해 받아 낸 것은 타마르의 혜안이었다. 결국 유다의 눈이 열려서 자기가 한 짓의 증거를 보고 타마르에게 정당한 명분이 있었음을 보게 만든 것이 바로 이 징표였다(창세 38,25에서 "보다", "정말로 보다"와 같은 언급이 반복되는 것을 참조하라). 유다가 타마르에게서 어려움에 처한 여인의 진정한 모습을 인식하고 그녀가 자신보다 더 의로운 사람임을 깨달았을 때야말로 유다가 진정으로 보았을 때다. 그제야 타마르가 창녀가 아니라 며느리이며 가족과 사회의 보호와 돌봄을 받았어야 하는 존재임이 드러났다. 타인을 정말로 보는 것과 정의가 이루어지는 것을 보는 것 사이에는 연관성이 있는 것 같다.

룻의 이야기도 마찬가지다. 보아즈도 타작마당에서 마침내 룻이 그저 한 사람의 이방 여인이 아님을 보게 된다. 룻은 보아즈의 들판에서 이삭을 줍던 가난한 과부였지만 훌륭한 여인이었다. 그녀의 충실함은 보아즈가 더욱 충실하게 행동하도록 영감을 주었다. 보아즈가 이방인 과부의 얼굴을 진정으로 볼 수 있었던 전제 조건은 타인의 이야기를 듣는 행위와 관련이 있었다. 룻기 3장 9절에서 보아즈는 그녀의 정체를 묻는다. "너는 누구냐?" 일꾼들은 룻을 부를 때

---

94 펜트레스윌리엄스의 지적에 따르면, "조우/만남의 모티프는 대화 안에서 언어가 부당하게 이용될 가능성을 만들어 낸다. 타마르와 유다는 같은 언어로 말하지만 그 언어를 다른 방식으로 사용한다. 이 서사에서 그런 것처럼 만남/조우는 [상호] 인정의 가능성을 가져온다. 유다와 타마르 사이의 대화는 현존하는 권력 구조가 기존의 언어 안에서 새로운 가능성을 인정하거나 인식할 수 있는 사람에 의해 도전받을 수 있다는 사실을 보여 준다". Fentress-Williams, "Location, Location, Location", 68.

그녀의 민족 정체성(모압인 룻)과 나오미와 그녀의 관계를 명시한다. 그러므로 우리는 이 이야기에서 룻의 정체성이 이방인, 과부, 이주 노동자에서 "훌륭한" 여성('ēšet ḥayil)으로 보아즈에게 인정받는 과정을 발견한다. 이는 잠언 31장에 나오는 인격화된 지혜를 일컫는 칭호이기도 하다. 그리고 보스가 지적한 것처럼 "그녀의 존엄성을 본다는 표시"이기도 하다.[95] 파란만장한 사연이 있는 여인이 명예를 보호받아야 하는 인간, 기본적 필요를 채워 주고 안전을 지켜 주며 미래를 보장받아야 하는 여성이 되었다. 엘렌 판 볼데는 상상력을 발휘하여 보아즈의 입장에서 이렇게 쓴다.

> 그녀는 나에게 타인의 권리를 보여 주었다. 용감한 행동으로 나에게 그녀의 눈을 들여다보는 법을 가르쳐 준 것이다. 나는 아직도 들판에서 그녀를 처음 본 순간을 기억한다. 그녀는 나에게 한 사람의 이방인으로 다가왔다. … 나는 그녀를 보았지만 그녀의 눈을 본 것은 아니었다. 타작마당의 어둠 속에서 오히려 나는 볼 수 있게 되었다. 성문이 나에게 말을 해 주었고, 나는 다른 사람이 된 것이다.[96]

두 이야기에서 변화의 가능성은 얼굴을 마주보는 만남에서 일어난다. 이러한 변화는 여성들이 자기 존엄이 침해된 상황에서 행한 저

---

95 Bos, "Out of the Shadows", 60.
96 Van Wolde, *Ruth and Naomi*, 105.

항 행위에 반응하여 남성 인물이 그들 앞에 있는 여성도 똑같은 인간임을 인식했을 때 비로소 일어난다. 남성 주인공들은 가림막 뒤에 한 인간/한 여성이 있음을, 현 상태를 제대로 보면, 참여하여 변화시킬 새로운 가능성이 생길 수 있다는 것을 이해할 수 있었다. 이 모든 일이 가능하게 된 것은 공감을 통한 초월을 통해서였다.

그래서 우리는 어떤 세력과 인간이 여성의 인간적 존엄을 침해하고 위협할 때 여성 인물의 저항이 어떻게 남성 인물에게 영향을 미치는지 본다. 룻과 타마르의 두 이야기 모두에서 우리는 어떻게 남성 주인공들 ― 그들 각자가 속한 사회를 대표하는 인물일 것이다 ― 이 함께 살아가는 이들의 인간성을 이해하는 법을 배우는지 본다. 중요한 점은 두 이야기에서 남성들을 계몽하는 역할을 하는 것이 이방인 또는 외부인이라는 사실이다. 이들은 각 공동체의 남성 지도자들 ― 어쩌면 실질적으로 더 큰 사회의 대표들일 수도 있다 ― 을 (여성, 이방인, 과부같이) 버려진 이들의 존엄을 존중하는 위치로 변화시킨다.[97]

더욱이 창세기 38장의 유다와 타마르 이야기가 요셉 이야기와 긴밀하게 얽혀 있다는 사실이 부각되곤 했다.[98] 흥미로운 설명은 타마르와의 관계를 통해 유다가 사회의 가장 취약한 사람들을 보호해

---

[97] 이 이야기에서 타마르는 유다의 눈을 뜨게 해 그의 현실 인식을 회복시켜 주는 사람이다. 창세 38,25-26에서는 동사 나카르(nkr)가 거듭 사용된다. 타마르가 유다에게 "살펴보라"고 말하자(창세 38,25의 *hakker*) 26절에서 유다는 자신이 "살펴보았다"(*wayyakēr*)고 말한다. Van Wolde, "Intertextuality", 449; Bos, "Out of the Shadows", 47-48.

야 한다는 사실을 배웠다는 것이다. 요셉 이야기(창세 37-50장)의 뒷부분에서 막냇동생인 벤야민의 보호자로 나서는 사람은 다름 아닌 유다다(창세 44,10 이하 참조).

마찬가지로 나오미와 룻 이야기도 혼란한 사회를 배경으로 한다. 정치적·사회적 혼돈 상태는 사회에서 가장 취약한 구성원들에게 특히 큰 타격을 준다. 도덕적 실패가 극에 달한 상황에서 룻 이야기는 일종의 이상적 사회에 대한 청사진으로서 제시된다. 그 이야기 속에서 공동체를 대표하는 남성은 한 이방 여인의 충실함(ḥesed)을 보고 깨달아 우리 가운데 있는 과부나 빈자나 이방인을 냉대하지 않는 사회를 만들기 위해 노력한다. 아마도 이 이야기는 에즈라나 느헤미야 시대의 가혹했던 정치 상황에 대한 비판일 것이다.[99]

그러나 이 이야기들이 숨기고 있는 다른 동기가 없는 것은 아니다. 우리는 중요한 남성 인물들이 그들이 한 행동에 대한 대중의 신뢰를 어떻게 얻는지를 인식하지 않을 수 없다. 예를 들어, 다나 놀런 페웰과 데이비드 건은 보아즈가 일종의 홍보전의 귀재여서 룻과 결혼하려는 결정을 내려 나오미의 죽은 남편을 이을 후사를 기른다는

---

[98] 린제이 윌슨은 편집자가 창세기 37-50장 사이에 38장을 삽입해서 요셉과 타마르 이야기의 공통된 주제를 서술하고 있는 것 같다고 주장한다. 요셉과 타마르의 행동은 생명을 보존하고 은밀하게 의인을 변호하고 있다. Linsay Wilson, *Joseph Wise and Otherwise: The Intersection of Wisdom and Covenant in Genesis 37-50*, Paternoster Biblical Monographs (Carlisle, UK: Paternoster Press 2004) 86-90. Fentress-Williams, "Location, Location, Location", 67도 참조하라.

[99] Van Wolde, *Ruth and Naomi*, 124-26.

고귀한 명분을 만들어 냈다고 주장한다.[100] 그럼에도 불구하고, 엘리스 벨리스가 잘 표현했듯이, 너무도 인간적인 인물들이 서로 다른 복잡한 동기들을 가지고 만드는 "인간적인 상호 관계의 얽힘" 속에서도 "하느님의 구원은 일어난다".[101]

4. 이야기를 바꾸면, 공동체가 바뀐다

하가르와 사라, 타마르, 나오미와 룻처럼 위태로움이라는 폭력에 저항하여 그들 나름의 방식으로 싸웠던 모든 여성의 서사는 도덕적 성찰을 할 수 있는 풍요로운 공간이 된다. 독자들은 이러한 여성들의 이야기 안으로 끌려 들어가 어느새 그들이 사는 서사의 세계로 들어간다. 그곳은 도덕적으로 복잡한 문제들로 가득 차 있는 세계다.

이 과정에서, 독자들은 각자의 특수한 상황에서 여성의 저항이라는 문제를 생각하게 된다.[102] 재클린 랩슬리가 주장한 것처럼, 독자들은 "이 이야기들에 관해 윤리적으로 성찰하는 [그들의] 사유 능력과 함께 그들의 정서적 반응을 대화 안으로" 끌고 오도록 초청받

---

[100] Danna Nollan Fewell and David Miller Gunn, *Compromising Redemption: Relating Characters in the Book of Ruth* (Louisville, KY: Westminster John Knox 1999) 91-93.

[101] Alice Ogden Bellis, *Helpmate, Harlots, and Heroes: Women's Stories in the Hebrew Bible* (Louisville, KY: Westminster John Knox 1994) 211. 재클린 랩슬리는 룻과 나오미 서사에서 두 인물이 모두 "각자의 삶의 끈을 들고 그것을 다시 공동체의 회복된 삶으로 이어 짜는" 임무를 맡았다고 주장한다. Bellis, *Whispering the Word: Hearing Women's Stories in the Old Testament* (Louisville, KY: Westminster John Knox 2005) 103.

는다.[103] 이 점에서 불의의 상황에 처한 여성들의 저항을 묘사하는 이야기는 현대 독자들에게 희망의 원천이 될 수 있다. 현대 여성들도 여전히 위계 구조가 확고하고 여성이 그들의 잠재력을 온전히 실현할 수 있는 희망이라고는 거의 또는 전혀 없는 그런 세계에서 살아가기 때문이다. 예를 들어, 타마르와 룻의 행동들은 — 물론 애매하기도 하고 그 안에 한계도 분명 있지만 — 매우 복잡하고 자주 비극적인 상황 한가운데서 오로지 그들 스스로 미래를 개척해 온 여성들에게 어떤 방향을 제시해 준다. 그들 자신의 힘으로 주체로서 권리를 주장하면서 이 여성들 각자가 권력을 가진 자들 앞에서 필요와 바람, 욕구를 가진 주체들로서 자신의 가치를 인정하라는 주장을 하고 있다. 그들의 가치와 존엄을 깎아내리는 어떤 상황에든 저항하면서 그들의 주체성을 되찾은 여성들의 모범은 위태로움의 폭력에 맞서서 그들 자신의 투쟁을 이어 가고 있는 모든 시대의 여성들에게 영감을 줄 것이다.

하가르와 사라의 이야기가 "현대 세계의 인종 간 관계의 역사의

---

102 룻과 나오미 서사를 윤리적 성찰의 자료로 활용한 최근의 사례를 아루나 그나나다슨의 성경 강좌에서 볼 수 있다. 그녀는 "인디언 여성들이 나오미와 룻의 이야기를 자신의 이야기로 만들 수 있었는지"에 관해 묻는다. 나오미와 룻 이야기의 핵심 주제인 여성들의 연대라는 주제에 초점을 맞추어, 그나나다슨은 인도에서 전국의 달리트 여성이 "모든 형태의 불의에 도전하기 위해 자신과 연대하는 다른 사회의 남성들과 여성들"과 어떻게 연합해야 하는지를 보여 준다. Gnanadason, "Their Story Is Our Story–in Our Unity Is Our Power!", in *Righting Her-Story: Caribbean Women Encounter the Bible Story*, ed. Patricia Sheerattan-Bisnauth (Geneva: World Communion of Reformed Churches 2011) 87-89.

103 Lapsley, *Whispering the Word*, 11.

모든 무게를 담아낼 수는 없다"는 웜스의 지적은 옳다.[104] 그럼에도 인종, 민족, 계급, 연령이 다른 이 두 여성이 위태로움의 폭력에 저항한 이야기는 인종 간, 종교 간에 계속해서 발생하는 상호작용 중에 제기되는 복잡한 윤리적 문제들을 숙고하도록 우리를 자극한다. 그러나 사라와 하가르 이야기가 해피엔딩이 아님을 지적하지 않을 수 없다. 이 두 여인의 관계는 완전히 깨져서 결국 하가르는 추방당한다. 그러나 마사 누스바움이 제기한 것처럼 우리가 "도움이 필요하고 한계가 많은 피조물"이라는 사실을 확인시켜 주는 "고통스러운 문학적 경험"은 우리가 타인은 물론 우리 자신을 더 잘 이해할 수 있도록 돕는다는 점에서 유익하다.[105]

마지막으로, 우리의 관심을 끄는 것은 여성 인물들이 위태로움의 폭력에 저항하려 애쓸 때 그 방법은 무수히 많다는 사실이다. 빈곤은 인간의 삶, 특히 여성과 아이들의 삶에 적대적인 영향을 끼친다. 그러나 우리는 또한 대부분 여성들이 생존할 길을 발견하기 위해 얼마나 기민한지도 본다. 예를 들어, 로즈메리 래드퍼드 류서는 그녀가 지구화된 빈곤이라 부르는 체제의 피해자들이 주로 여성이라는 점을 깊이 숙고한다. 또한 류서가 말한 대로 전통적인 생존 방식이 파괴되면서 안 그래도 위태롭던 상황이 훨씬 더 비참해질 때

---

[104] Weems, "Do You See What I See?", 33.

[105] Nussbaum, *Upheavals of Thought*, 244. 자세한 설명을 보려면, 2013년에 나온 사라와 하가르에 관한 나의 논문을 참조하라. Claassens, "Just Emotions", Art. #787, http://www.ve.org.za/index.php/VE/article/viewFile/787/1206.

살아남기 위해서 갑절의 노력을 하는 것은 여성이다.

> 물이 오염되고 구하기 힘들어지면, 여인들은 두 배는 더 먼 곳까지 걸어가서 물을 긷고 머리에 이고 돌아온다. 남편이 벌어 오는 돈의 가치가 하염없이 떨어지면 여성은 먹을거리를 구하기 위해 텃밭을 가꾼다. 부잣집에서 청소를 하거나 부엌에서 음식을 해 주는 일을 찾아 나서는 여성도 있고 바구니 같은 수공품을 만들어 거리에 나가 팔기도 한다. 영양부족이 심해질 때 여성들은 가장 가난한 여자와 아이들을 먹이기 위해 공동으로 요리도 한다. 보건소가 문을 닫으면 가족들을 치료하기 위해 전통 약재를 다시 찾는데, 텃밭에서 기르기도 하고 숲으로 가 캐기도 한다. 병들고 죽어 가는 이들을 돌보는 것도 여성들이다. 병원에 있는 환자들에게 줄 음식이나 간호 용품이 없을 때 아픈 식구를 먹이고 씻기러 오는 것도 여성들이다. 간단히 말해, 극빈자들에게 닥친 재난을 면할 수 있도록 여성들은 몇 배 더 노동한다.[106]

이런 현실로 인해 개발 주체들과 원ONE 캠페인은 여성에게 초점을 맞추어 개발하려고 힘써 왔다. 그래서 원 캠페인의 직원이기도 한 케이트 러셀은 "소녀와 여성들에게 집중된 투자가 특히 그들의 형제, 아들, 남편까지도 빈곤에서 구해 내는 데 도움이 된다는 증거가 증

---

[106] Rosemary Radford Ruether, "Women and Globalization: Victims, Sites of Resistance and New World Views", *Feminist Theology* 13, no. 3 (2005) 366-67.

가하고 있다"고 쓴다.[107] 여성들과 소녀들의 보건과 교육을 개선하는 일처럼 더 많은 여성이 노동력에 들어가 지속 가능한 농업에 종사하게 해 주는 주도적인 활동은 위태로움의 폭력에 맞서 싸우는 투쟁을 이어 가도록 여성들에게 힘을 불어넣고자 하는 개인과 조직들의 가시적인 징표다. 마사 누스바움이 잘 말해 주었듯이 만일 우리가 "인간적 존엄과 행동할 역량을 존중한다면 우리는 번영할 수 있는 기회를 준 그들에게 빚을 진 것이다".[108]

---

[107] Kate Russell, "New Policy Report: Poverty Is Sexist", ONE, March 15, 2015, http://www.one.org/us/2015/03/10/new-policy-report-poverty-is-sexist/. 원 캠페인은 극단적 빈곤과 예방 가능한 질병을 종식하기 위한 세계적인 운동이다.

[108] Nussbaum, *Upheavals of Thought*, 413.

결론:
구약성경에 나타난 여성의 저항

1. 이야기하기

『천일야화』는 폭력에 저항하는 여성에 관한 고전적인 이야기 중 하나다. 갓 결혼한 셰에라자드는 닥쳐올 것이 분명한 죽음을 이야기를 통해서 피한다. 샤리야르왕은 셰에라자드와 결혼하기 전까지 젊은 여인과 혼인하고서 다음 날 아침 처형하기를 반복했다. 그러나 셰에라자드는 첫날밤에 자기 여동생을 불러 달라고 왕에게 청한다. 이것은 용감한 저항의 행동이다. 여동생은 셰에라자드에게 이야기를 해달라고 조른다. 뛰어난 재담가인 셰에라자드는 밤새도록 이야기를 쉬지 않고 들려준다. 이야기를 이어 가던 셰에라자드가 동이 트기 직전에 이야기를 멈춘다. 듣던 이야기의 끝을 알고 싶어 애가 닳은 왕은 처형할 간수를 부르는 것도 잊는다. 다음 날 밤 셰에라자드는 이야기를 이어 간다. 이렇게 천 일하고도 하루가 흐른다. 3년이라는 시간 동안 셰에라자드는 자기와 여동생의 — 그렇지 않았다면 동생도 왕에게 희생된 여성 중 하나였을 것이다 — 목숨만 구한 게 아니었다. 결혼식 후 다음 날 아침마다 죽임을 당했을 천 명의 다른 여성의 생명을 구한 것이다. 로리 랜데이는 여성 재간꾼의 대표적인 예로 셰에라자드를 꼽는다. 그녀는 셰에라자드의 용기를 이렇게 묘사한다.

> 꾀를 써서 샤리야르의 관심을 사로잡은 셰에라자드는 외줄타기 곡예사다. 아이러니하게도 그녀는 밤과 낮, 삶과 죽음, 피해자와 생존자, 첩과 아내 사이 "이도 저도 아닌 어중간한" 경계선 위에서 균형을 잡는다. 그녀는 강간과 살해의 피해자가 될 뻔한 자신을 샤리야르의 흥미를 붙잡아 둘 만큼 마력을 가진 여인으로 탈바꿈시킨다. 그리고 샤리야르왕은 그녀의 이야기에 (그리고 그녀의 성적인 번식 능력에도) 완전히 홀린다. (그래서 천하루 동안 세 아이를 낳는다.) 그 기간 동안 셰에라자드는 왕에게 밤에 여성을 농락하고서 날 밝으면 살인하는 일보다 더 바람직한 행동이 무엇인지를 가르친 것이다.[1]

셰에라자드의 놀라운 예는 이 책에서 제시한 구약성경에 나타난 여성의 저항에 관한 여러 주제를 잘 포착한다. 이 책에 포함된 여러 이야기에서 우리는 전쟁, 강간, 헤테라키, 위태로움의 폭력에 저항하여

---

[1] Lori Landay, *Madcaps, Screwballs, and Con Women: The Female Trickster in American Culture* (Philadelphia: University of Pennsylvania Press 1998) 1-2.

비폭력적 실천들을 행한 여성들을 살펴보았다. 이 책이 주목한 여성 인물들은 여성, 남성, 아이 할 것 없이 사람의 몸과 영혼을 공격하고 침해하며 파괴하려 하는 생명 부정의 상황에 맞섰다. 그리고 폭력이 확연하게 표명되는 상황에, 때로는 잘 드러나지는 않지만 분명 해를 끼치는 폭력들에도 굴복하기를 철저히 거부했다는 공통점이 있다. 앞 장에서 보았듯이, 이러한 저항의 행위들은 자주 평범하고, 누군가는 너무 범속하다고 할 만한 것이어서 완전히 놓치고 지나갈 수도 있다. 세에라자드는 이야기를 들려준다. 리츠파는 애도를 한다. 타마르는 울부짖는다. 아비가일은 음식을 차려 준다. 츨롭핫의 딸들은 의견을 말한다. 수산나는 기도한다. 하가르는 통곡한다. 사라는 웃는다. 입타의 딸과 그 친구들은 상실을 애도한다. 룻과 창세기 38장의 타마르는 속임수를 써서 공동체를 변화시키는 길을 내었다. 그러나 이 책에서 우리가 본 것처럼 이러한 작은 행위들은 처음의 의도를 훨씬 넘어서 영향을 미친다. 세에라자드의 경우를 보자. 그녀는 자신이 갇혀 있는 집 안이라는 사적인 공간에서 상상해 낸 이야기들을 들려주었다. 랜데이의 말을 빌리면, 그녀는 "자신을 희생자로 만드는 공간"을 "[왕을] 꾀어 홀리고, 재밌게 해 주어서, 가장 중요하게는 왕 자체를 바꾸는" 기지로 삼을 수 있었다. 천 일과 하룻밤이 지났을 때 세에라자드가 들려준 교훈들을 마음에 새긴 샤리야르는 그녀를 포로와 노예의 신분에서 해방시켰다".[2]

---

2 같은 책 3.

자신과 여동생의 목숨을 구하고, 나아가 날마다 여성을 죽일 잔악한 왕을 멈추게 한 강력한 무기는 무엇이었나? 셰에라자드가 채택한 "약자들의 무기"는 다름 아닌 이야기하기 기술이었다. 위험하기 그지없는 상황에서 그녀는 자의식을 유지하면서 자신의 경험을 가져다가 창의적으로 엮어서 당면한 상황을 뛰어넘어 세상을 연상시키게 하는 이야기로 만들어 냈다. 그 결과 왕권을 과시하는 광기에 저항할 수 있었다. 셰에라자드의 이야기는 왕의 행동에 대한 신랄한 비판이었다. 날마다 여인을 한 명씩 죽이는 것은 도덕적으로 도무지 납득할 수 없는 일임을 선언한 것이다. 그러나 동시에 셰에라자드가 보인 모범은 우리에게 여성들의 저항이 단순하지 않고 복합적이라는 사실을 일깨운다. 셰에라자드는 사적 영역과 공적 영역의 날카로운 구분 자체에 도전하지 않는다. 또한 샤리야르왕이 가진 권력 자체에도 도전하지 않는다. 다만 "그녀는 그 땅에 사는 여자들 전부를 죽이지 않게 '좀 더 친절하고, 온화한' 통치자로 그를 고쳤을 뿐이다."[3] 이 이야기에 담긴 여성의 저항은 그 성격이 애매하거나 일시적이라는 것과 상관없이 원래의 맥락 너머까지 영향을 미칠 만큼 강력하다. 셰에라자드는 『천일야화』를 읽는 미래의 독자들의 마음속에 들어가 그녀의 용감한 저항이 다시 읽힐 때마다 살아 있다.

이어서, 셰에라자드 이야기에 압축적으로 표현된 여성의 저항에 관한 이러한 주제 중 몇 가지를 살펴보고자 한다. 이는 시대를 막

---

3 같은 곳.

론하고 삶을 부정하는 폭력에 맞서 저항하려고 결단한 수많은 여성들을 기리는 것으로서 구약성경에 나타난 여성 저항에 대한 통합적인 그림을 그리도록 도와줄 것이다.

2. 기억하기

폭력에 저항한 여성들의 이야기를 모으는 것은 무엇보다 잊어버리지 않으려는 노력이다. 세계사를 보면 불행히도 다양한 해방 투쟁에서 여성의 역할이 망각되어 사라질 때가 많다. 예를 들어 네덜란드 신문 「트라우」의 최근 기사에서, 마르얀 스베흐만은 제2차 세계대전 중 네덜란드의 이야기를 하면서 수많은 저항운동에서 얼마나 자주 여성이 역사의 페이지에서 사라지는지를 밝힌다. 야코바 판 통어런, 오버스테헌 자매, 마리 안네 텔레헨의 용기를 예로 들면서, 스베흐만은 일반적으로 여성 저항의 특징인 어려운 이들을 돌보는 일 같은 여성의 기여가 얼마나 자주 무시되고, 혹은 특별하거나 대단한 것은 아무것도 없다는 식으로 축소되는지 보여 준다.[4] 스베흐만에 따르면, 이러한 망각의 한 가지 이유는 저항운동을 하는 남성들이 여성 동료들을 평등한 존재로 대하지 않는다는 점이다. 저항운동의 넓은 연계망 가운데서 지도적 인물 중 하나였던 마리 앤 텔레헨은 어떻게 여성

---

[4] Marjan Schwegman, "Hoe vrouwen uit het verzet verdwenen", Trouw, April 19, 2015, http://www.trouw.nl/tr/nl/6700/Wetenschap/article/detail/3964891/2015/04/19/Hoe-vrouwen-uit-het-verzet-verwenen.dhtml.

들이 자주 "건장한 숙녀들", "아이들", "타자 치는 소녀들"[네덜란드어로 potige dames, kinderen, tikjuffies]같이 폄하하는 호칭으로 불렸는지 전해준다.[5] 이렇게 여성들의 헌신을 평가절하하고 묵살한 결과 여성들은 역사적 기록에서 사라졌다. 이런 일은 네델란드에서만이 아니라 제2차 세계대전 중에 이탈리아와 프랑스에서, 반-공산주의 내란 동안 동유럽에서, 아파르트헤이트에 반대하는 투쟁 동안 남아프리카공화국에서도 일어났다.

그러므로 폭력에 저항하는 여성들의 이야기를 하는 것 자체가 저항의 행위다. 우리는 입타의 딸 이야기에서 이것을 분명히 보았다. 입타의 딸과 그녀의 친구들은 이야기하기라는 저항 행위를 통해 그녀를 사회적 기억과 결속시킨다. 입타의 딸이 살아 있을 수 있었던 것은 그녀의 저항을 다시 이야기했기 때문이다. 우리는 이 책에 포함된 다른 저항 이야기들에 대해서도 같은 주장을 할 수 있다. 하가르의 애가도 많은 여성이 겪는 고통과 소외를 표현하고 있다. 특히 그것은 자원도 부족하고 희망은 더더욱 없었던 힘든 공간에서 스스로를 부양해야 했기에 광야로 내쫓겼다고 느꼈던 아프리카계 미국인 여성들의 공감을 자아냈다. 츨롭핫의 딸들에 관한 이야기 또한 약속의 땅에 들어간 남자들의 모험을 다룬 긴 이야기 가운데 숨어 있다. 그러나 난해하긴 하지만 그녀들의 이야기는 어떻게 여성이 여성의 이익에는 관심조차 없는 구조에 맞서서 일어설 수 있는지 일별

---

5 같은 곳.

하게 해 주는 드문 예다.[6]

　『여성, 존엄을 외치다』의 목적은 구약성경 여성들의 기억을 기록으로 남기는 것이었다. 이 여인들은 당시의 불의한 구조와 사람들 그리고 상황에 맞서 싸울 내면의 힘을 발견한 인물들이다. 그리고 이렇게 여성의 저항을 기록하고 기억하려는 의도적인 노력은 그 무엇보다 중요하다. 역사가 우리에게 가르친 대로 여성들과 관련된 저항의 비공식적, 일상적 행위들은 엄청난 망각의 위험을 무릅써야 하기 때문이다.

　게다가, 성경 본문은 물론 역사 전반에 나타난 여성들의 저항을 영예롭게 기억하는 것은 여전히 폭력의 영향을 받는 오늘날의 공동체들에게 영감의 원천이다. 폭력이 결정권을 쥐는 것을 과감하게 거부하는 여성에 대한 이야기는 다른 이들에게 희망을 주는 중요한 역할을 할 수 있다. 아무리 억압적인 상황이 여성을 무기력하게 만든다 해도 그것이 최종 결정권을 가지지 않는다는 것을 이야기들 자체가 생생하게 상기시킨다. 그러므로 이 책에 포함된 저항 행위 하나하나가 매우 중요하다. 그것이 불의의 희생자들이 생존하도록, 나아가 그것을 보거나 듣는 타인들에게까지 희망을 주기 때문이다.

---

[6] 예를 들어 거트루드 페스터의 책은 남아프리카공화국에서 아파르트헤이트 동안 저항운동에서 여성들의 역할을 재발견하고 있다. Fester, *South African Women's Apartheid and Post-Apartheid Struggles: 1980-2014; Rhetoric and Realising Rights, Feminist Citizenship and Constitutional Imperatives; A Case of the Western Cape* (Saarbrücken: Scholars'-Press 2015).

3. 구원

이 책에서 언급한 이야기들은 여성 인물이 처한 상황을 날 세워 비판한다. 이야기 속의 여성들은 울부짖고, 소리치고, 웃고, 기도하고, 식사 대접을 하고, 나서서 발언하고, 속임수를 쓰는 등 각자가 할 수 있는 온갖 방법으로 비인간화하는 폭력의 영향 때문에 자신은 물론 가족들이 극도로 취약해지는 것에 저항한다. 그러므로 이 저항 행위의 공통점은 상황이 달라질 수 있다는 핵심 신념이다.

상황이 어떻게 될 수 있고, 또 어떻게 되어야 하는지에 대한 전망은 구원에 대한 성경의 전망과 관련이 깊다. 케이티 헤펠핑거는 페미니즘의 대의가 성경이 말하는 구원의 전망과 가깝다고 주장한다. 둘 다 인간의 번영을 모든 살아 있는 존재들이 본디 의도된 대로 이상적인 상태로 풍성하게 살아가는 것이라고 꿈꾸기 때문이다. 구원 신학은, 이러한 번영은 하느님이 개입해서 이러한 이상이 실현되는 것을 가로막는 인간 실존의 현재 조건들을 변혁시킬 때에 가능하다고 선언한다.[7]

저항과 구원이 밀접한 연관이 있다는 점을 이해하는 일은 두 가지 중요한 주제에 달려 있다. 먼저 구원에 대한 열망은 실제 몸에 가해지는 위협과 폭력의 현실에서 매우 많이 일어난다.[8] 리가 지적했듯이, 여기서 "폭력"은 도덕적 가치 평가 그리고/또는 도덕적 정죄를 담아내는 데 중요한 용어다.[9] 전쟁의 폭력, 강간의 폭력, 불의한 권력 구조에서 드러나는 헤테라키의 폐해, 느리게 진행되는 빈곤의 폭력, 이것들의 결과는 동일하다. 이 책에 담긴 이야기들에서 본 것처럼, 이렇듯 다양하게 드러나는 폭력의 형태에는 공통점이 있었다. 폭력은 생명을 질식시키고, 사람, 특히 여성이 성숙하고, 발전하고 풍성해질 공간을 주지 않는다.[10] 몇몇 이야기는 이러한 폭력의 상황이 생명을 뿌리째 뽑겠다고 위협하고, 리츠파의 아들들과 입타의 딸의 경우는 실제로 그랬다는 것을 분명하게 보여 준다.

그러므로 구원의 관점에서 여성의 저항을 보는 것은 고통, 분노,

---

7 Katie M. Heffelfinger, "Embodiment in Isaiah 51-52 and Psalm 62: A Feminist Biblical Theology of Salvation", in *After Exegesis: Feminist Biblical Theology*, ed. Patricia K. Tull and Jacqueline E. Lapsley (Waco, TX: Baylor University Press 2015) 62. 재클린 랩슬리는 크리스 쿠오모의 연구를 인용하는데, 쿠오모는 충만한 삶을 "인간과 비인간 공동체들의 통전성, 안정성, 아름다움을 촉진하는 일로" 정의한다. "그러한 충만함은 피조 세계에 속한 각 공동체에게 다르게 보이겠지만 그녀의 생태학적 페미니즘의 중요한 특성은 그런 충만함은 모두 타인의 충만함을 요구한다는 점이다." 이 윤리에서 강조점은 "행동, 실천, 제도, 태도, 가치는 생태학적·인간적 풍성함에 그들이 미치는 영향으로 평가하는 일"에 있다. Jacqueline E. Lapsley, "Reading Psalm 146 in the Wild: A Feminist Biblical Theology of Praise", in Tull and Lapsley, *After Exegesis*, 88.

8 헤펠핑거는 탄원 시편에 대해서 이렇게 쓴다. "이 본문들이 제시하는 구원의 전망은 인간 삶의 측면을 결코 가볍게 다루지 않는다. 그 시들은 인간의 몸과 삶의 경험이 무엇보다 중요하며, 우리가 억압과 불의의 고통을 깊이 절감한다는 것을 드러낸다. 또한 이 망가짐을 극복하는 일이 전투라는 은유로 표현될 정도로 거대한 투쟁임을 인정한다." Heffelfinger, "Embodiment", 75.

9 Steven Lee, "Is Poverty Violence?", in Institutional Violence, ed. Deane W. Curtin and Robert Litke (Amsterdam / Atlanta, GA: Rodopi 1999) 10.

10 앤 스튜어트는 이렇게 밝힌다. 구약성경의 많은 본문(예를 들어 미카 2,9-10)에서 "여성과 아이의 취약한 지위는 사회적 불의를 평가하는 하나의 척도다. … 정말로 여성의 안전을 위험에 빠뜨리는 일은 사회의 안전에도 영향을 미친다". Anne W. Stewart, "Woman Wisdom and Her Friends: A Feminist Biblical Theology of Justice", in Tull and Lapsley, *After Exegesis*, 97.

좌절, 절망, 슬픔과 같은 인간의 정서적 차원을 진지하게 다루는 일이다. 이런 감정들은 이 책에 포함된 이야기들에서 애가로 표출되었다. 여러 세기가 흐른 후에도 리츠파, 타마르, 수산나, 하가르, 입타의 딸, 이 인물들이 당한 일이 심각하게 잘못되었다고 독자들이 느끼는 것은 이 여성들의 고통과 분노, 좌절의 외침을 듣기 때문이다. 그러므로 애도는 성경 인물들이 처한 상황이 부당하다는 것, 다시 말해 마땅히 그래야 하는 대로가 아님을 알게 하는 역할을 한다.[11]

애도와 저항 사이의 이러한 연관은 구약성경의 여성들이 각자 자신이 처한 폭력 상황에 대응한 다양한 방식을 보여 준다. 이는 다양한 가시적인, 그리고 훨씬 더 많게는 미묘한 형태의 폭력을 사용해서 여성을 침묵하게 만드는 사회의 경향에 도전하는 페미니즘의 목적과 관련시켜 이해될 수 있다. 학대, 성폭력, 부당한 처우를 당한 여성들은 목소리를 내기를, 곧 "정의를 위해, 그들 자신의 번영을 위해 침묵을 깨라고" 요청받고 있다.[12] 여러 세기에 걸쳐 이 책에 수록된 이야기들로 발전한 애도의 노래들은 고난을 겪는 개인들에게 "저항하기 힘든 경험들에 모양과 형태를 부여하는 단어를 제공하여, 힘을 빼앗긴 자들이 언어를 통해 자신의 인간됨을 재천명하도록 돕는다".[13] 해방이 주어질 희망이 도무지 보이지 않는 상황에서도,

---

11 Heffelfinger, "Embodiment", 63. 스튜어트는 "정의는 불가피하게 판단한다. … 정의는 사물을 분배하는 적절한 방식에 관한 것일 뿐 아니라 사물의 가치를 평가하는 적절한 방식에 관한 것이다"라고 주장한 마이클 샌델의 글을 인용한다. Stewart, "Woman Wisdom and Her Friends", 91.

12 Heffelfinger, "Embodiment", 73.

리츠파나 입타의 딸 같은 여성들의 애가는 개인들이 자존감을 지켜내고 생명을 거부하는 폭력의 현시들에 잠잠히 굴복하기를 거부하는 수단이 되어 준다.

그러나 모두가 보고 들을 수 있게 당신 마음 깊은 곳에서부터 외치라는 이러한 요청 그 너머에, 이 책의 여인들이 보여 준 저항을 구원이라는 관점에서 구성하는 데 중요한 주제가 하나 더 있다. 구원의 신학은 전쟁, 강간, 헤테라키 그리고 빈곤의 폭력이 가하는 부상과 상처의 고통스러운 현실에서만 나타나는 것이 아니다. 또한 그것은 헤펠핑거가 제대로 지적하듯이 "부서져 버린 삶에서 우리를 해방시키실 유일한 분, 하느님에 대한 절실한 갈망"을 반영하고 있다.[14] 헤펠핑거에 따르면, 이 책에 포함된 이야기들과 아울러, 특히 시편에서 우리는 하느님이 구원하실 것이라는 믿음이 깊게 자리한 것을 발견할 수 있다. 예를 들어, 시편 62,2에서 폭력의 영향으로 흔들리고 있는 것 같은 인물이 주님을 기다리라는 소리를 듣는다. 그래서 "걱정하지 말고 구원자가 돌보시리라 믿고, 주님께서 개입하시기를 기대한다".[15] 그러나 이러한 명령이 수동적으로 있으라는, 불의에 직면해서도 조용히 굴복하라는 뜻은 아니다. 이것은 오히려 헤

---

13 에이미 코트릴에 따르면, 애가의 언어는 "그녀 자신의 몸을 통해 세상을, 그녀의 공동체를, 그리고 하느님과 자신의 관계를 경험하고 느낄 수 있는 온전한 인간, 육체적 존재를 제공한다". Amy C. Cottrill, "The Traumatized 'I' in Psalm 102: A Feminist Biblical Theology of Suffering", in Tull and Lapsely, *After Exegesis*, 175.

14 Heffelfinger, "Embodiment", 75.

15 같은 책 73.

펠핑거가 감동적으로 쓴 대로, "구원이 하느님의 해방과 인간의 응답이 만나는 신비로운 자리에서 동터 온다"는 의미다.[16] 이는 특히 가장 어렵고 억압에 가장 취약한 이들, 즉 과부와 고아, 가난한 자들을 위한 정의를 외치는 일에 인간의 능동적인 참여를 촉구하는 시편들에 분명하게 나타난다. 재클린 랩슬리가 시편 146편에 관해서 통절히 쓴 것처럼, 하느님을 찬양하는 것은 "온 세상의 변영을 위한 능동적인 인간의 참여"와 밀접하게 연결된다.[17]

구원은 누군가의 고통과 절망을 정직하게 이름 짓는 일, 그리고 주님께서 그를 구원하시기를 기다리는 일 이렇게 두 차원으로 이해된다. 이러한 이중적 이해는 이 책에 포함된 여성의 저항 이야기들을 틀 짓기에 유용하다. 고통과 분노 그리고 절망 속에서 여성들이 외쳐 부르는 애가 속에 다름 아닌 해방자 하느님에 대한 뿌리 깊은 믿음이 자리하고 있다. 하느님은 하가르에게 하셨듯 그들이 경험한 광야를 생존의 장소로 바꾸실 것이다. 그리고 수산나의 경우처럼, 극적인 방식으로 거짓과 권력의 악용이 그녀의 삶을 끝장내기 직전에 그녀를 구해 줄 구원자를 보내 주실 수도 있다. 하느님이 폭력을 멈추실 수 있고 또 그렇게 하실 것이라는 믿음은 어려운 상황 속에서도 여성들이 어떻게든 그들 자신의 해방을 위해 참여할 때 저항의 행위들로 이어진다.

---

16 같은 책 75.

17 Lapsley, "Reading Psalm 146 in the Wild", 89-90. 또한 Stewart, "Woman Wisdom and Her Friends", 95.

4. 주체성

구원을 위한 인간의 참여를 강조하는 관점에서, 구약성경 여성들의 저항을 설명하는 세 번째 중요한 특징은 여성들의 주체성이다. 여성들은 가장 어려운 순간에도 일어나서 피해자라는 자신들의 상황을 변혁의 기회로 바꾸어서 그들 자신은 물론 공동체까지 이롭게 한다.

예를 들어, 음식을 베풀어 전쟁을 멈춘 아비가일의 행동, 또는 몸과 영혼에서 생명을 다 빨아들이는 강요된 가난의 상황에 있기를 거부한 타마르와 룻, 이 모두는 여성의 주체성이 그들 자신의 해방에 참여하는 수단으로서 중요하다는 사실을 입증한다.

가장 비인간적이고 삶을 부정하는 상황 속에서도 행동하는 여성의 능력을 당연하게 여겨서는 안 된다. 이 책에서 살펴본 대로 폭력 발생으로 인한 트라우마의 상황에서 희생자들은 주체성이 감소하는 경험을 할 수 있다. 세렌 존스가 주장했듯이, "트라우마 생존자는 세상 속에서 그들이 실제적인 행위자라는 확신을 잃을지 모른다. 그 사건에서 그들은 정반대되는 경험, 즉, 무기력으로 얼어붙는 경험을 했기 때문이다."[18]

그러므로 이런 여성들의 입장에서 저항의 행위들은 한계도 있고 어떤 대단한 일이 아니라고 무시될 수도 있지만, 그 자체로 이 여성들은 사소한 방식으로라도 트라우마라는 그들 각자의 상황들을

---

18 Serene Jones, *Trauma and Grace: Theology in a Ruptured World* (Louisville, KY: Westminster John Knox 2009) 17; Cottrill, "The Traumatized 'I'", 176-77에서 재인용.

넘어설 수 있었다는 중요한 징표다. 이 책에 나온 이야기들은 여성들의 탄력성을 강력히 증언해 준다. 여성들은 현 상태를 있는 그대로 받아들이지 않았다. 이 책의 서론에서 언급한 것처럼 인간이 된다는 것은 비인간화에 저항하고, 맞서 싸운다는 것을 의미한다. 그리고 그 과정에서 희생자에 머물지 않고 주체로 서게 된다.

이 점에서, 창조적인 탄력성의 개념은 이 여성들이 겪은 극단적인 비인간화의 상황들도 인식하는 동시에 그 상황을 벗어나 일어서는 여성들의 능력을 존중한다. 이런 탄력성의 개념은 이 책에서 발견되는 여성들의 저항 이야기를 구성하기에 좋은 또 하나의 방법이다.[19] 이 이야기들은 남아프리카공화국 시골 지역의 어느 여성 목사가 한 말에 담긴 감정을 담아내고 있다. "그들은 나를 마구 때릴 수는 있다. 그러나 나를 완전히 나가떨어지게 할 수는 없다." 그녀의 이 말은 비인간적인 상황에 저항하면서 굴복하기를 거부하는 개인의 능력과 생존, 탄력성의 성향을 입증해 준다.

이 점에서, (오늘날의 많은 여성은 물론) 구약성경에 나오는 많은 여성의 현실을 규정하는 폭력적 상황들의 정도를 보면 여성 주체성의 의미를 재고해 볼 필요가 있는 것 같다. 그래서 이본 게바라는 특히 자신의 구원에 참여하는 여성들의 역할에 영향을 미치는 구원

---

[19] 코트릴은 "창조적인 탄력성"이라는 용어를 사용하여 애가들에 대한 페미니스트 해석을 묘사하면서, 애도의 수사학이 형성되는 상황을 온전히 인식할 수 있게 해 준다. 동시에 그것은 본문들이 그 원래의 상황들을 훨씬 넘어서까지 미치는 잠재적 능력을 인식할 수 있게 해 준다. Cottrill, "The Traumatized 'I'", 174.

이란 무엇을 의미하는지 숙고해 보도록 우리를 일깨운다. 물론, 종말 때 한순간에 고난과 고통에서 모두가 해방되는 웅장한 구원이 도래해도 좋을 것이다. 그러나 많은 여성에게, 가장 긴급히 필요한 것은 그들이 당면한 상황에서 해방되는 일이다. 이 점에서 게바라는 우리가 살펴본 것처럼 이 책에 수록된 이야기들에 등장하는 여인 모두가 처한 현실이었던 빈곤과 무력함, 폭력의 비인간적 결과 속에서 구원이란 소소한 방식으로 일어나는 것이라고 다르게 생각해야 한다고 제안한다.[20] 에이미 윌리스는 "보다 즉각적이고, 예비적이며, 세속적인 방식으로 구원을 새로이 꿈꾸기를" 시도하면서 다음과 같이 말한다.

> 구속은 현재의 삶과 나눔이라는 "작은 사건들" 속에서 발견된다. 그것은 "매일의 구원이며, 지금 여기의 구원이고 이번 생과 그리고 이 순간에 일어나는 구원이다. 그것은 세계 경제, 공식 통계, 종교적 묵시의 장엄한 기획에서 들려오는 머나먼 외침, 곧 하늘의 구원에서 오는 머나먼 외침이다". 그럼에도, 여성들이 매일매일 경험하는 은총의 순간들은 근본적으로 구원의 경험이기 때문에 무시해서는 안 된다. 거기에는 "빵의 나눔, 부상의 치유, 온화한 몸짓, 등이 굽은 여인의 꼿꼿한 자세, 배고픔이 잠시 해소되는 것, 아이의 출생, 풍성한 수확과 같은 사건들이 들어 있다. 이 모

---

20 Ivone Gebara, *Out of the Depths: Women's Experience of Evil and Salvation*, trans. Patrick Ware (Minneapolis, MN: Fortress Press 2002) 115.

두는 삶의 상징, 그러므로 구원의 상징으로 제시될 수 있다".[21]

우리는 이 책에서 살펴본 여성 저항의 많은 사례를 여성의 몸과 영혼을 위협하는 상황 속으로 "생명의 상징, 그러므로 구원의 상징"을 가져오려는 노력으로 보아야 한다. 가까운 사람이든 낯선 사람이든, 다른 이를 구하기 위해 음식을 대접했던 아비가일의 행동을 생각해 보자. 그녀는 돌봄과 친절을 통해서 자기 가족을 구했고, 또 가족이라는 좁은 관심사에 머물지 않고 먹을 것이 필요한 다윗과 그 부하들에게 음식을 대접했다. 이것은 이본 게바라와 윌리스가 말하는 것을 생생하게 반영한다. 츨롭핫의 딸들이 나서서 땅을 요구한 행동은 또 어떤가? 이 역시 자기만 돌보는 데 그치지 않고 생존을 위해 그들에게 의존하고 있는 다른 사람들까지 챙기려는 바람에서 나온 것으로 이해될 수 있다. 이 사례에서 토지의 이용 권한은 생계를 잇고, 먹거리를 경작할 능력 그리고 자기 포도나무와 무화과나무를 갖는 것(미카 4,4)과 마찬가지다.

윌리스에 따르면, 여성 주체성과 구원을 이렇게 이해하는 것은 상호의존성과 관련성이라는 여성주의적 관심사와 밀접히 관련된다. 이것에 따르면, "다른 사람들을 돌보는 여성의 경험, 그리고 서로의 도움에 의지해 본 그런 경험들"은 "인간은 누구나 뗄 수 없는

---

21 Amy C. Merrill Willis, "Counterimagination in Isaiah 65 and Daniel 12: A Feminist Biblical Theology of Hope", in Tull and Lapsley, *After Exegesis*, 240-41; Gebara, *Out of Depths*, 115.

관계의 망 안에 놓여 있다"는 깨달음에 뿌리를 두고 있다.[22] 여성의 저항과 타인을 돌보는 일이 연관된다는 점은 이 책에 실린 여성 저항 이야기들의 핵심적 특징이다. 물론 두 명의 타마르나 입타의 딸, 또는 수산나 사례처럼 그들이 겪었고, 또 겪었을 침해는 무엇보다 그들 자신에 몸에 대한 것이었다. 그러나 리츠파, 아비가일, 하가르와 룻의 경우처럼 그들의 저항 행위는 그들 자신을 넘어 그들이 사랑하거나, (아비가일의 경우는) 심지어는 낯선 이들에게 가해진 불의까지 포함하게 되었다. 그렇다면, 폭력에 저항하는 이런 모든 시도 또한 고난당하는 다른 이들과 분리해서 생각할 수 없다는 사실이 중요하다. 세계산업노동자연맹의 잘 알려진 슬로건대로, "한 사람이 당한 재해는 모두가 당한 재해다".

마지막으로, 이 책의 서론에서 말했듯이, 내가 고른 구약성경 여성의 저항은 그 본질에서 비폭력적이라는 사실이 중요하다. 한편으로 우리는 자신의 목소리가 들리지 않고 그 경험이 무시당하고 축소될 때 느끼는 좌절을 이해한다.[23] 그러나 폭력의 악순환이라는 면에서, 폭력은 폭력을 낳고 회복하기 어렵고 그 비용도 막대하게 드는 엄청난 피해를 입힌다. 아마도 폭력에 의존하는 것에 반대하는 가장 좋은 주장은 타인에게 위해를 가하는 과정에서 [가해자] 자신이 피

---

22 Willis, "Counterimagination", 241.

23 비폭력에 관한 주장은 복합성으로 가득하다. 그래서 비폭력에 대한 요청은 그 자체로 권좌에 있는 사람들에 의한 일종의 강요가 될 수 있을 뿐 아니라, 구조적 폭력의 현실과 결과들을 진지하게 다루지 못할 수도 있다.

해를 입는다는 사실일 것이다. 샬린 판 데르 발트는 (폭력적인 저항의 사례여서 이 책에서는 다루지 않은 인물) 야엘에 관한 아주 흥미로운 논문에서 2013년 영화 「만델라: 자유를 향한 긴 여정」에 등장하는 만델라의 부인 위니 만델라에 대해서도 묘사한다. 판 데르 발트는 폭력에 저항하는 전투 과정에서 폭력에 의지했던 무시무시한 이 두 여성의 행동을 이해하고자 대단히 민감하게 노력한다. 이 글의 결론에서 그녀는 삶을 부정하는 것이 아니라 삶을 긍정하는 방식으로 여성의 저항을 이해하기 위해서 매우 중요한 문제를 두고 고심한다. 바로 저항하는 가운데서 당신이 맞서 저항하는 바로 그것이 되지 않으려면 어떻게 해야 하는가에 관한 문제다.[24] 비폭력에 대한 헌신을 기린다는 점에서, 이 책에서 다룬 여성 저항의 이야기들은 모두 그 저항이 비폭력적이어서 선택되었다. 이 이야기들은 폭력에 저항할 때 우리가 창조적이고, 상상력 넘치며 삶을 긍정하는 대안들을 모색하도록 권장한다.

5. 복합성

여성 저항에 관해 숙고할 때 네 번째 고려할 사항은, 여성에게 여러 차원에서 영향을 미치면서 가장 결정적으로 여성의 안녕을 방해하

---

[24] Charlene van der Walt, "'Is There a Man Here?' The Iron Fist in the Velvet Glove in Judges 4", in *Feminist Frameworks: Power, Ambiguity and Intersectionality*, ed. L. Juliana Classens and Carolyn Sharp (London: T & T Clark 2017).

는 다양한 폭력 상황에 직면한 여성들의 저항은 무척 복잡하게 서술될 수 있다는 사실이다. 그러나 삶은 복잡하고 엉망인 데다 유한하다는 것을 안다면, 안 그래도 힘든 상황에서 행동하는 여성의 행동이 불가피하게 복잡해지는 것은 당연하다. 게바라가 관찰한 것처럼 선과 악은 우리 시대에 그 자체로 매우 복합적인 범주다. 그녀에 따르면, "우리가 선이라고 부르는 것이 우리의 문화, 우리의 선택, 우리의 거부로 이루어진 일상적 삶에 뒤얽혀 있는 것만큼이나, 우리가 악이라고 부르는 것도 여기, 이곳에 있다. 여자들이 스프를 끓이거나 파이를 만들 때 재료를 섞듯이, 우리는 우리 각자의 몸 안에 선과 악이 뗄 수 없이 공존하며 뒤섞여 있음을 분명히 안다".[25] 마찬가지로 이 책에서 폭력에 저항하는 여성들의 이야기는 꽤나 복잡하게 보일 것이다. 탈식민주의 비평의 관점으로 츨롭핫의 딸들 이야기를 읽으면서 이미 살펴보았듯이, 그런 독해는 이 딸들의 저항이 그들이 요구한 땅에 살았던 남자, 여자, 아이들에게 엄청난 피해를 입힌다고 아주 다르게 판단할 수도 있다. 마찬가지로, 시아버지를 속여서 잠자리에 든 타마르의 행위나, 한밤중에 타작마당에서 룻이 한 일은 독자의 도덕적 입장에 따라 다소 가혹한 비판을 받기도 했다.

이 점에서, 사라 멜처는 라합과 에스텔 이 두 여성 인물의 도덕적 주체성을 평가하는 과정에서 중요한 통찰을 제시한다. 그녀의 주장에 따르면, 이 두 여성이 한 일은 모두 외부의 압력이라는 현실 때

---

[25] Gebara, *Out of the Depths*, 58; Lapsley, "Reading Psalm 146 in the Wild", 89에서 재인용.

문에 제약을 받을 수밖에 없었다.[26] 라합 이야기에 관해 멜처가 처음 보인 반응은 "도덕적 책무의 감각이 부족하다"는 평가였다. 특히 그녀는 라합이 너무도 쉽게 자기 공동체를 저버리는 것 같아 불쾌했다. 그러나 멜처는 캐롤 길리건의 고전적인 논문에서 영감을 받아 라합에 대한 자신의 생각이 사실상 바뀌었다고 말한다.[27] 그녀는 이렇게 주장한다. "길리건의 논문은 라합을 한 사람의 도덕적 주체로 드러낸다. 라합은 무엇보다 그녀의 일차적 관계들, 곧 가족과의 긴밀한 관계를 우선시한다. … 그녀의 이야기는 가능한 모든 선택지가 비극적인 것뿐일 때 도덕적 주체성이 처하는 한계들을 분명하게 보여 준다."[28] 그러므로 길리건의 논문을 통해 멜처는 라합의 행동이 "돌봄와 연대를 강조하는 도덕적 주체성의 모델"에 따라 이해되어야 함을 알 수 있었다.[29] 라합의 행동에 동력이 되어 준 것은 다름 아닌 가족들과의 관계, 그리고 자신과 가장 가까운 사람들을 지켜야겠

---

[26] Sarah J. Melcher, "Rahab and Esther in Distress: A Feminist Biblical Theology of Moral Agency", in Tull and Lapsley, *After Exegesis,* 158.

[27] 캐롤 길리건은 도덕적 주체성에 대해 때로 두 목소리가 싸운다고 제시한다. 그녀에 따르면, "한 목소리는 상처 주기가 아니라 연대와 돌봄, 응답을 말한다. 그리고 또 한 목소리는 평등, 호혜성, 정의와 권리를 말한다. … 그러므로 이러한 전망을 표현하는 두 도덕적인 목소리는 세계를 바라보는 다른 방식을 나타낸다". Carol Gilligan, "Remapping the Moral Domain: New Images of Self in Relationship", in *Mapping the Moral Domain: A Contribution of Women's Thinking to Psychological Theory and Education*, ed. Carol Gilligan et al. (Cambridge, MA: Harvard University Press 1988) 3-19; Melcher, "Rahab and Esther", 158에서 재인용.

[28] Melcher, "Rahab and Esther", 168.

[29] 같은 책 164.

다는 그녀의 바람이었다.

　구약성경 여성들의 저항 이야기를 공감하며 읽는다는 것은, 이 여성들이 매우 어려운 상황에서 자신의 능력껏 최선을 다해 행동했음을 이해하고 제대로 인식한다는 것을 뜻한다. 우리는 그들 각자가 처한 헤테라키적 상황의 제약 한가운데서 저항한 그들의 모습 그대로를 존중한다. 그러면서 마사 누스바움이 공감의 이해라고 부른 관점에서 그들의 저항에 영향을 미친 모티프들을 이해하고자 노력한다. 그러면 현 상태에 도전하고 장벽을 부수고, 일상적 행동을 통해 불의에 맞서고자 하는 현실의 여성들을 혹독하게 평가하는 경향이 조금 줄어들 수도 있다.[30]

　구약성경에 나타난 여성들의 저항이 복잡한 성격을 지닌다는 것을 강조하는 지점이 또 하나 있다. 그것은 여성 저항이 지배 권력들의 면전에서 지속될 수 없다는 슬픈 현실이다. 앞에서 언급했던, 토니 모리슨의 놀라운 소설 『빌러비드』의 등장인물인 베이비 석스가 이를 생생하게 보여 준다. 베이비 석스는 "부르심을 받지도, 성의를 입지도, 기름부음을 받지도 못한" 평신도 설교자로서 사람들을 불러 모아 공터에서 설교를 하면서 함께 웃고, 울고, 춤추라고 요청한다. 베이비 석스는 자기 사람들에게 그들이 '몸들'임을 상기시킨다. 바로 "통곡하고 웃는 육체, 잔디 위에서 맨발로 춤을 추는 육체

---

[30] 멜처는 "우리 모두는 제한된 선택지 중에서 도덕적 결정을 하려고 씨름해야 한다. 그리고 길리건이 지적한 대로, 각자는 자아 안에 묻혀 있는 서로 다른 두 모델을 가지고 있으면서 어느 한쪽으로 끌려갈 수 있다"고 지적한다. Melcher, "Rahab and Esther", 168.

다".[31] 그리고 그녀는 모인 이들에게 그들의 몸을 사랑하라고 말한다. 다른 곳에서 그들의 육신은 경멸의 대상이며 폭력과 굴욕의 대상이기 때문이었다.

웃고, 울고, 춤추라고 권하는 이런 행동을 통해서 베이비 석스는 일종의 대안적 의식을 창조하는 데 기여한다. 이 점을 재클린 버시는 "인종차별이라는 체제적 악의 평범성을 차단한다"라고 잘 표현했다.[32] 그러나 버시는 베이비 석스가 생애의 말년으로 가면서 이러한 저항을 이어 갈 수는 없었는데, 그것은 "희망의 서사를 잠식하는" 듯 보이는 "비극의 서사"에 그녀가 굴복했기 때문이었다. 결국에 그녀는 침실로 가서 모두에게 말하는 것을 그만둔다. 그녀가 계속해서 하라고 말한 한 가지는 색깔에 대해 명상하라는 것이었다.[33] 버시가 잘 말한 대로, "베이비 석스는 잘 웃는 성격을 더 이상 나타내지 않았다".[34]

이것은 폭력의 상황에 저항하는 여성과 다른 많은 사람이 처한 현실이다. 저항은 깜박이는 불빛과 같다. 화산 분출과도 같고, 찰나와도 같다. 현상 유지가 복수와 새로운 맹렬함으로 되돌아오는 것을

---

31 Toni Morrison, Beloved (New York: Knopf 1987) 88. Jacqueline A. Bussie, "Flowers in the Dark: African American Consciousness, Laughter, and Resistance in Toni Morrison's Beloved", chap 5 in *The Laughter of the Oppressed: Ethical and Theological Resistance in Wiesel, Morrison, and Endo* (New York: T & T Clark 2007) 134.

32 Bussie, "Flowers in the Dark", 136.

33 Morrison, *Beloved*, 105, in Bussie, "Flowers in the Dark", 138.

34 같은 책 140.

꽤 자주 발견한다. 이 책에서 우리는 아비가일이 다윗의 궁에 들어가 사라지는 것을 통해 이 점을 생생하게 보았다. 또한 자기 종인 하가르가 겪는 고통을 그녀 자신의 실현을 위한 투쟁과 연관 짓지 못하면서 사라는 사실상 하가르를 억압하는 데 참여하고 있다. 그렇지만 버시가 우리에게 깨우쳐 주듯이, "베이비 석스가 구현하는 저항은 그녀보다 더 오래 살아남았다".[35] 그녀는 죽었지만 그 후에도 베이비 석스의 저항 모델은 소설 속 여러 다른 인물에게뿐 아니라, 토니 모리슨의 이야기하는 재능 덕분에 그녀의 저항 이야기를 읽는 여러 세대의 독자들에게까지 모범이 되고 있다.

6. 희망

마지막으로, 구약성경에 나타나는 여성의 저항은 물론 전 세계 여러 공동체의 저항에는 불가피하게 복잡 미묘한 성격이 있을 수밖에 없다. 그럼에도 분연히 일어나 폭력을 정상적인 일로 받아들이기를 거부한 이 여성들에게는 공통점이 있다. 그것은 이들의 저항이 상황이 달라질 수 있다는 희망에 근거한다는 점이다. 이러한 희망이 각각의 여성들을 떨쳐 일어나도록 자극하여 저마다 저항의 수단은 다를지라도 "그것으로 충분하다"고 말하게 만든 것이다.

그러므로 희망은 미래가 현재와 뚜렷하게 달라질 수 있다는 대

---

[35] 같은 책 141.

항 현실을 상상하는 능력이다. 지금과 다른 미래를 상상하는 이 능력은, 윌리스에 따르면, "깨어짐과 상실이 존재하는 현실이지만 동시에 다른 것을 상상하는 시나리오"이기도 하다. "상상은 어느 쪽으로든 뻗어 갈 수 있어서 의심으로도 어둠으로도 갈 수 있다. 적극적으로 상상하는 것이 우리가 희망적인 미래를 꿈꿀 수 있다는 것을 보장하지는 않는다. 희망적인 상상은 암울한 가능성들을 인지하고 직면하지만 체념과 운명론의 유혹에 저항하는 것이다. 진정한 희망이란 샬롬이 여전히 가능하다고 상상하기를 선택하는 것이다."[36]

그러나 상황이 달라질 것이라고 희망한다고 해서 상황이 정말 좋아질 것이라고 확신한다는 의미는 아니다. 내가 말하고자 하는 희망은, 이 책에 모아 놓은 이야기들에 나오는 여성들을 포함하여, 여성들이 그들의 저항이 어떤 결과를 불러올지 모른 채 행동하는 것을 의미한다. 이 점에서 리베카 솔닛은 여성의 주체성을 어둠 속에서 행동하는 이들로 적확하게 표현한 바 있다. "미래는 어둡고, 나는 그것이 미래로서는 최선의 모습이라고 생각한다"라고 말했던 버지니아 울프의 글을 인용하면서,[37] 솔닛은 그녀 자신이 글을 쓸 때 어떻게 희망을 제시하는지 말한다. "당신의 행동이 소용없을지는 당신

---

[36] Willis, "Counterimagination", 232. 윌리스는 그러한 희망은 "미래에 대한 대안 상상을 하는 강인한 행위를 수반한다. … [그리고] 현재의 우리에게 도덕적이고 정서적인 요구를 한다"라고 주장하기도 한다. 같은 책 229 참조.

[37] Virginia Woolf, *Personal journal entry*, January 19, 1915; Rebecca Solnit, "Woolf's Darkness: Embracing the Inexplicable", in *Men Explain Things to Me: And Other Essays* (Chicago: Haymarket Books 2014) 79.

도 모른다고, 당신에게는 미래의 기억이 없고, 그 미래는 정말로 어두운데 그것은 미래로서는 최선의 상태라고, 그리고 우리는 결국 늘 어둠 속에서 행동하게 마련이다."[38]

솔닛에게 버지니아 울프의 사례는 죽은 지 수십 년이 지난 저자의 말이 어떻게 사람들의 삶에 영향을 끼치고 상상력을 주조하고, "대화의 참여자가 되어 행위의 주체가 되도록 영향을 주는지를"[39] 생생하게 증명하는 최적의 사례다. 이 책에서 분석한 여성 저항의 이야기들에 대해서 우리 또한 이렇게 말할 수 있다. 이 여성들이 "어둠 속에서 행동한" 수백 년 후에 "[그들] 행동의 효과는 우리가 예견할 수도 없고 상상도 못한 방식으로 펼쳐질 수도 있다".[40]

솔닛은 『남자들은 자꾸 나를 가르치려 든다』를 끝맺으면서 어떤 저항이든 뒤따라오는 반동에 대해 성찰한다. 그녀는 시대를 막론하고 변화와 변혁의 역사는 직선의 길이 아님을 인정한다. 그녀는 이렇게 주장한다.

> 변화에는 시간이 걸린다. 군데군데 이정표가 있기는 하지만, 워낙 많은 사람이 이 길을 제 나름의 속도로 걷는 데다가 어떤 사람들은 뒤늦게 합류하고, 어떤 사람들은 전진하는 사람들을 멈춰 세우려고 하고, 심지어 몇몇은 역방향으로 행진하거나 어느 쪽으

---

[38] Solnit, "Woolf's Darkness", 86.
[39] 같은 곳.
[40] 같은 곳.

로 가야 할지 몰라 혼란스러워한다. 우리는 각자의 삶에서도 때로 뒷걸음질치고, 실패하며, 계속 나아가고, 다시 시도하고, 길을 잃기도 하고, 가끔은 훌쩍 뛰어넘고, 스스로가 찾고 있었는지도 몰랐던 것을 발견하고, 그러면서도 여전히 여러 세대에 걸쳐 모순을 간직하곤 하지 않는가.[41]

전쟁, 강간, 헤테라키, 빈곤이 자행하는 폭력에 저항한다는 것은 하나의 과정이다. 이 책의 여성 저항 이야기들은 많은 여성이 (그리고 남성들도) 더욱 정의로운 사회로 나아가는 이 길을 걷고 있다는 것을 보여 주었다. 이 여성들은 그들 각자가 처한 상황을 있는 그대로 받아들이지 않겠다고 결단함으로써 하나가 된다. 각자의 저항 행위를 통해서 세상이 그 거주민인 여성들에게 조금이라도 나은 곳이 될 것이라는 희망으로 긴밀하게 연결된다. 그들의 행동은 아무리 작고 미미하고 평범하게 보일지라도 다른 세상이 가능할 수 있다는 것을 상기시킨다. 그 세상은 다름 아닌 남성과 여성, 아이 모두가 폭력에서 자유로워지는 세상일 것이다.

---

[41] Rebecca Solnit, "Pandora's Box and the Volunteer Police Force", in Solnit, *Men Explain Things to Me*, 140.

후기

서문에서 나는 이 책이 나 자신의 저항 경험에서 우러나온 매우 실존적인 고백이라고 밝힌 바 있다. 이 기획을 마무리하면서 흥미로웠던 것은 이 저항이라는 주제가 작금의 상황에 얼마나 시의적절한가를 다시 확인하게 된 점이었다. 지난 몇 년간 전 세계적으로 많은 저항운동이 일어났다. 미국에서 '흑인의생명도소중하다'(#BlackLivesMatter) 운동은 미국의 대학 캠퍼스에서 인종차별의 상징들에 도전하는 저항을 벌였다.[1] '프린스턴 대학의 우드로 윌슨 지우기'가 그 예다. 또한 인도에서는 끔찍한 집단 강간이 일어난 후에 성폭력에 저항하는 시위가 많이 일어났다.[2] 개인적으로 2015년의 남아프리카공화국

---

[1] Andy Newman, "At Princeton, Woodrow Wilson, a Heralded Alum, Is Recast as an Intolerant One", *New York Times*, November 22, 2015, http://www.nytimes.com/2015/11/23/nyregion/at-princeton-addressing-a-racist-legacy-and-seeking-to-remove-woodrow-wilsons-name.html?_r=0.

을 본다면, 올해는 훗날 학생운동의 해로 알려질 것이다. 5월부터 시작된 '로즈는무너져야한다'(#RhodesMustFall) 운동은 남아프리카공화국의 과거 식민지 시대를 상기시키는 제국주의자 세실 존 로즈의 동상을 철거할 것을 요구했다. 얼마 후에 시작된 '스텔렌보스를열어라'(#OpenStellenbosch) 운동은 내가 가르치는 캠퍼스에서 많은 학생이 언어적·문화적 차이로 인해 배제되는 경험을 한다는 현실을 부각시켰다. 2015년 10월 이후 이 운동들은 '등록금을내려라'(#FeesMustFall) 운동으로 결집되어 전국 대학의 무료 교육을 요구하고 있다. 이웃인 웨스턴 케이프 대학을 비롯한 일부 대학에서는 학생들이 시험까지 중단시키면서 저항운동이 폭력으로 비화되어 광범위한 재산상의 피해가 발생했다.

　주디스 버틀러가 이와 같이 확장되는 저항 문화에 자극을 받아 저항의 정치학에 대해 쓴 책이 다름 아닌 『연대하는 신체들과 거리의 정치: 집회의 수행성 이론을 위한 노트』다. 구약성경에 나타난 여성의 저항을 다룬 이 책에서도 버틀러는 자주 등장했다. 젠더와 수행성에 대한 연구로 시작해서, 가장 최근에 위태로움의 상태에 처한 개인들과 공동체들로 확장되기까지, 그녀의 핵심 관심사는 어떻게 불의에 저항하는 개인들과 집단들이 동맹을 형성하여 서로의 대의에 참여할 수 있는가 하는 문제다.

---

[2] "Delhi Gang-Rape: Women, Students Protest in Bangalore", *Economic Times*, December 22, 2012, http://articles.economictimes.indiatimes.com/2012-12-22/news/35969361_1_students-protest-women-crimes.

이 짧은 후기에서 버틀러가 쓴 이 방대한 저서를 제대로 다루는 것은 불가능하다. 다만 세 가지 요점만 강조하고 싶다. 이 세 가지가 구약성경에 나타난 여성의 저항을 이해하려는 우리의 과제에 결정적으로 유익한 사유를 제시해 주기 때문이다. 첫째, 버틀러는 "신체들이 모여 공적 공간에서 분노를 표출하고 복수 형태로서의 그들 존재를 규정할 때, 그들은 또한 인정받고 존중받을 수 있게 해 달라는 보다 넓은 차원의 요구를 하고 있는 것이다. 아울러 그들은 출두할 권리, 자유를 행사할 권리를 실천하고 있는 것이며, 또한 살 만한 삶을 요구하고 있는 것이다".[3] 그렇지만, 버틀러에게 더 중요한 것은 이 저항이 위태로움의 상태에 처한 여러 그룹을 묶어 준다는 사실이다. 버틀러가 쓴 대로 이들은 모두 "위태로움 속에서, 그리고 바로 그 위태로움으로부터, 위태로움에 맞서서" 투쟁하고 있기 때문이다.[4] 버틀러에게 위태로움은 "여성, 성소수자, 트랜스젠더, 빈자, 장애인, 국가에 속하지 않는 자, 그 외 종교적·인종적 소수자를 묶어 주는" 공통분모다.[5] 버틀러에 따르면, "신체들은 동맹을 맺어야 한다." 다시 말해, 위태로움에 저항하기 위해서 개인과 집단들은 "아무리 어렵더라도 다양한 사람들과 연계하고, 우리 시대에 위태로움을 유발하는 여러 조건에 매여 있는 다른 시민들과 연대를 이루면서"

---

[3] Judith Butler, *Notes Towards a Performative Theory of Assembly* (Cambridge, MA: Harvard University Press 2015) 26.

[4] 같은 책 122.

[5] 같은 책 58.

함께 일해야 한다.[6]

둘째, 버틀러는 본서가 강조한 것과 비슷하게 현재 진행되는 저항의 정치학 중에서도 비폭력 저항의 중요성을 강조하면서, 이것이 지금의 분위기를 잘 보여 주며 아마도 가까운 미래에도 계속될 것이라고 말한다. 버틀러는 비폭력 원칙을 고수할 때만 이런 저항운동들이 성공할 수 있다는 확신을 다음과 같이 아름답게 표현한다.

> 비폭력 저항은 출두하고, 행동하고, 행동으로 그것이 마주한 세상과는 다른 세상을 만들려고 노력하는 '신체'를 필요로 한다. 이것은 폭력의 조건들을 재생하지 않으면서 폭력에 맞서는 것을 의미한다. 그것은 단지 폭력적인 세상을 향해 '아니요'라고 말하는 데 그치지 않고 자신은 물론, 자신과 세상이 맺는 관계를 새로운 방식으로 만들어 내어 잠정적으로라도 투쟁하는 대안을 구현해 내는 것을 의미한다.[7]

마지막으로, 버틀러는 개인이든 집단이든 어떤 형태의 저항이든 궁극적인 목적은 단순히 생존을 위한 투쟁일 수는 없다는 중요한 논평을 한다. 오히려 궁극적인 목표는 자신뿐 아니라 다른 이들을 위해서도 좋은 삶을 살고자 하는 바람이어야 한다.[8] 이 지점에서 버틀러는 저항이 "구현되어야" 하고, 또 "복수의 것이어서" "삶의 새로운 방식,

---

6 같은 책 67-68.

7 같은 책 187.

더 살 만한 삶"에 기여해야 한다는 핵심 주장으로 되돌아간다. 그렇다면 이러한 "저항의 행위는 한 가지 삶의 방식에 '아니요'를 말하는 동시에 다른 삶의 방식에는 '예'라고 말할 것이다".[9]

주디스 버틀러는 우리가 이 책에서 살펴본 구약성경에 나타난 여성들의 저항에서부터 각자가 처한 상황에서 분출되는 폭력에 계속 저항하는 여성들(과 남성들)의 진행 중인 저항으로 생각을 확장하게 해 준다. 내가 보기에 버틀러가 제시하고 있는 이러한 가치들은 매우 핵심적이다. 젠더 정의를 위한 나 자신의 투쟁과 전쟁, 강간, 헤테라키, 빈곤에 저항하고 있는 다른 집단들의 공통된 기반을 발견하기 위해서 애쓰는 것이기 때문이다. 버틀러의 사유는 앞서 언급했던 비폭력 저항의 중요성을 부각시키며, 아울러 우리가 하는 저항의 궁극적 목표는 단순히 나 자신을 위해 좋은 삶이 아니라 다른 이들을 위해서 좋은 삶을 이루고자 하는 것이어야 함을 상기시킨다. 이는 여성들이 진실로 인간으로서, 곧 존엄성을 존중받아야 하는 평등한 존재로서 여겨지는 세상을 위해 헌신하는 나의 삶에 계속해서 틀이 되어 준다.

결론을 대신해서 경고의 말을 덧붙이고 싶다. 우리는 이 책에서 폭력에 저항하는 여성들이 직면하는 복합성과 힘겨운 투쟁의 다양한 사례들은 지적했다. 여기서 우리는 또한 저항이 아주 위험할 수

---

[8] 같은 책 203. 또한 버틀러와 관련된 한나 아렌트의 에세이, "The Answer of Socrates", in *The Life of the Mind* (New York: Harcourt 1977) 168-78도 참조.

[9] Butler, *Notes Towards a Performative Theory of Assembly*, 217.

도 있음을 인식해야 한다. 더 정의로운 사회를 만들기 위해 투쟁하는 여정에서 여성 동지들의 희생을 겪게 될 것이라는 솔닛의 말은 나를 슬프게 한다.[10] 그러나 슬프지만 진실인 이러한 현실에도 불구하고, 솔닛은 희망의 이미지로 다시 돌아와 판도라의 상자라는 적절한 이미지를 사용하여 이렇게 주장한다. "고양이는 가방에서 나왔고, 지니는 호리병에서 나왔으며, 판도라의 상자는 열렸다."[11] 여성들의 저항을 억누르거나 다시 그들을 통제하려고 전력을 다하는 강력한 세력들이 있을지 모르지만, 솔닛이 쓴 대로 "[지니의] 호리병이든 [판도라의] 상자든 그 안으로 돌아오지 않는 것은 생각들이다. 그리고 혁명은 다른 무엇보다도 생각들로 이루어진다".[12] 상상력의 힘을 끌어들인다면 혁명은 "파열을 통해서 새로운 생각과 제도들이 출현할 때, 그리고 그 영향력이 퍼져 갈 때" 일어난다.[13]

그렇다면 우리의 딸들이 그들의 모습 그대로 그 가치를 진정으로 인정받으며 이 책에서 재현된 끔찍한 폭력의 위협과 현실에서 벗어나 자유롭게 살 수 있는 미래를 위한 혁명에서 우리는 무엇을 해야 할 것인가? 에이미 윌리스를 따라 우리 앞에 놓인 과제를 간단하

---

10 솔닛에 따르면, "여기에 그 길이 있다. 천 마일은 될지 모르는 기나긴 길이다. 이 길을 걷는 여성은 일 마일도 채 걷지 못했다. 그녀가 얼마나 더 가야하는지 나는 모른다. 그러나 그녀가 온갖 어려움에도 불구하고 되돌아서지 않으리라는 것은 안다. 그리고 그녀는 혼자 걷는 것이 아니다. … 전쟁에서 사람들은 죽지만 그들이 한 생각들이 지워질 수는 없다." Solnit, "Pandora's Box", 152, 154.

11 같은 책 146.

12 같은 책 142.

13 같은 책 145.

게 말한다면, "희망은 미래의 안녕을 상상한다. 그리고 더 나아가 지혜와 공감, 자비를 실천하는 크고 작은 몸짓들을 통해서 그 미래를 현실로 만들기 위해 노력한다. 이 일을 위해 어깨를 걸고 서로 돕는 것은 모험이며, 용기 있는 행동이다".[14]

마찬가지로, 이 책에서 고발하는 폭력의 증인인 공동체는 이제 그에 응답할 것을 요청받고 있다. 이 책에 나온 여성 인물들의 애가는 오늘날 전쟁, 강간, 헤테라키, 위태로움의 폭력의 피해자로 살아가는 무수한 여성의 눈물과 합쳐진다. 그리고 이 눈물은 그러한 중대한 악들을 유발하는 불의한 구조를 변혁하기 위한 방안을 모색하는 개인과 집단을 통해 그 명예를 회복하고 있다. 더욱이, 이 책의 여인들이 하고 있는 용감하고, 창의적이며, 비폭력적인 저항의 행위들은 정의를 위해 싸우는 전 세계 여성들의 이목을 끌 것이다. 그래서 여성과, 남성 그리고 아이 모두가 함께 번영을 누릴 수 있는 더욱 정의로운 세계를 위해 우리가 노력할 수 있도록 영감을 줄 것이다.

2016년 1월 17일
남아프리카공화국, 스텔렌보스에서

---

14 Amy C. Merill Willis, "Counterimagination in Isaiah 65 and Daniel 12: A Feminist Biblical Theology of Hope", in *After Exegesis: Feminist Biblical Theology*, ed. Patricia K. Tull and Jacqueline E. Lapsley (Waco, TX: Baylor University Press 2015) 245.

| 색인 |

가부장제 25-6 147-52 174 178
    183 198-9
간디, 마하트마 203
갈퉁, 요한 148
강간 25-6 32 86 93-146 171
    187 214 260 266 269 285
    289 291
개러드, 메리 139
건, 데이비드 253
게바라, 이본 272 274 277
고우즈, 어맨다 10 96
'고향집' 160 164
곡하는 사람 165
골드스타인, 대라 74
교차 문화적 성경 읽기 117-8
구원 266-70
구조적 폭력 23 25 123 143 148
    205 207 209 232 275
그나나다슨, 아루나 255
글랜시, 제니퍼 123 128 131-2
길리건, 캐롤 278-79
길커스, 셰릴 타운센드 75

나발 65-9 78 81-5
나오미 234 254
노아 175 177 201
누스바움, 마사 29-31 193-8 229
    256 258 279

다니엘 122 127 131 139 141-2
다윗 43 45 47-8 57 61-2 65-9
    72 77-8 81-5 101 103 107
    155 244 274 281
데이, 페기 158

데이비드슨, 버논 스티드 160
도널드슨, 로라 245
도메리스, 윌리엄 133
돕스알소프, F. W. 111
두베, 무사 182-4 186
뒤 투와, 루이즈 10 94 127
드 랑에, 프리츠 246
#등록금을내려라 286
디나 108

라임베리, 베로니카 79
라코크, 앙드레 121 143 239
라합 54 59 277-8
래드퍼드 류서, 로즈메리 256
랜데이, 로리 243 260-1
랩슬리, 재클린 10 31 240 254 267 270
러디크, 세라 80
러셀, 케이트 257
레비나스, 에마뉘엘 63 247
레위인의 소실 108
로벤, 안토니우스 41
#로즈는무너져야한다 34 286
로즈, 세실 존 34
룻 27 234-53 261 271 275 277
르귄, 어슐러 147

리, 낸시 51 53 55-6 59 64 88
리, 스티븐 25 204
리바인, 에이미질 121 137-8 142
리비에라페이건, 루이스 51
리츠파 26 63 87-90 261 267-8 274
리쾨르, 폴 246-7
리트케, 존 191

마이어스, 캐롤 25 151-3 198 212
마흘라 175 177 179 201
만델라, 넬슨 276
매켄지, 앨리스터 164
맥락적 성경 공부 116
맥킨레이, 주디스 184 186 189 192-3 201
메랍 44 47 55 58 61 63
멜처, 사라 277-9
모리슨, 토니 16-8 97 166 213 230 279 281
모세 131 175 178-81
모요, 풀라타 172-3
문화적 폭력 148-9 152
밀너, 일제 108 113
미첼, 베벌리 16 70 102 245
밀러, 바버라 156 164

밀러, 패트릭 217
밀카 175 177 201

바우어, 데일 227
바일, 울리케 101-2 109-11
바커, 마리테레즈 9 45 51 56 64
바턴, 존 236
바흐, 앨리스 76 78 86
바흐친, 미하일 225
발, 미케 124 126 159 161 166
발레타, 데이비드 131 138
버시, 재클린 16 20 226 228 230-1 280-1
버틀러, 주디스 20 33 42 46-9 55-64 70-2 87 175 191-2 207 233 286-9
베유, 시몬 102
베이비 석스 16-23
벨리스, 엘리스 254
보스, 요한나 239 242 244 248
보아즈 238-253
보언, 낸시 149
복합성 84 175 185 276 289
본, 바베트 124
브라운밀러, 수전 95
브레너, 아달랴 51 53 56 58 61 88 103 107 110-1

블레드스타인, 에이드리언 114
비극적 웃음 17 230
비인간화 15 17 20 22 24-5 27 39 46-8 60 74 102 105 156 168 171 202 210 221-2 234 236 239-41 246 266 272
빈곤 25 31-2 203-15 256 266 269 273 284 289
빈곤의 여성화 32
『빌러비드』 16 18 230 279

사라 110 209-233 244 254-6 261
사알, 일케 87-8
사울 43-52 58 60-2 64 66 82
샌델, 마이클 268
샌즈, 캐슬린 169-70
샤리야르왕 259-62
성적 테러리즘 95
세서 16-7 167 231
세이버트, 에릭 71 149
세이큰펠드, 캐서린 176 179 181 186 224
셰에라자드 259-62
센, 아마르티아 205
셀라 236 238 245

셀리 221-2
셰넌, 로라 73
셰메시, 야엘 178
셰필드, 캐롤 95 127
솔닛, 리베카 199 282-3 290
숄츠, 주자네 98 120 125 134 144 154 168
수산나 26 98 119-44 261 268 270 275
수아레스오로스코, 마르셀로 14
수하키, 마저리 247-8
'숨겨진 기록' 56-7 173
쉬슬러 피오렌자, 엘리자베스 150-1 153 182 199
쉴즈, 매리 69 81 83 84
슈로어, 실비아 81 84 88
슈뢰더, 조이 125 128-9
스베흐만, 마르얀 263
스캐리, 일레인 94
스코트, 제임스 21 56-7 78 173 242
스탠턴, 엘리자베스 캐디 177
#스텔렌보스를열어라 286
스튜어트, 앤 267-8
스피나, 프랭크 237
스피박, 가야트리 차크라보티 183-4
식소 16 231

아가 124
아디사, 오팔 파머 97
아렌트, 한나 289
아브람의 딸 120 134-7
아비가일 26 43 65-91
아퀴나스, 토마스 149
아파르트헤이트 15 35 88 90 133 206 264-5
아메드, 사라 211-2
안젤루, 마야 213
암논 99-110
압살롬 101-3 110-1 115
애도 26-8 42-65 71 87-8 90 103 105 109-18 158-75 191 200 208 230 237 241 261 268 272
애커만, 데니즈 10 172 174
앨런, 에이미 20
야마다, 프랭크 98 100-1 103 106-7
야코바 판 통어런 263
'약자들의 무기' 21 57 78 262
에스테르 110 121 137-8
에이즈(HIV/AIDS) 32 117 171-4 200
엑섬, J. 셰릴 44 48-9 57 60 128-9 158-9 161 209

'여성 지혜' 68-9 83
여호나답 100
오난 236
오버스테헌 자매 263
오브라이언, 줄리아 188
오코너, 캐슬린 64
올슨, 데니스 175
요스트, 레나테 167
욥 240
울프, 버지니아 282-3
워드, 엘리자베스 145
워커, 앨리스 97 221
웨스트, 제럴드 51 56 61 63 116
웨스트, 코넬 231
위브, 에릭 246
와이스, 리처드 219
위태로움 71 77 203-58 260 286-7 291
월리스, 에이미 273-4
윌리엄스, 들로리스 213
윌슨, 린제이 253
윕스, 레니타 162 165-6 213-4 219 223 232 256
유다 236 238 241 244-5 248-52
음부와예상고, 도라 180 182 224
음식 65-89 100 194 209 212 220 236-8 257 261 271 274
이스마엘 209-10 217-20 228-9
인간 번영 194 266
입타의 딸 26 110 141 153-74 200 202 261 264 267 269 275

자루, 진 185 197
재간군 241-3 260
저항 운동 88 263 285-6 288
젠틸레스키, 아르테미시아 139-40
조블링, 데이비드 86
조플린, 퍼트리샤 클린딘스트 139
존스, 세렌 273
존엄성 9-10 18 23 43 102 105 111 118 158 202 232 237-8 251 289
주체성 20 28-9 65 75 78 84 86 88 95 115 144 151 166 172-3 181 200 206 215-6 221-2 247 255 271-8 282
직접적 폭력 25 148-9
진손느, 샤론 페이스 219-20 238 245 249
집단적 폭력 39-43

챔페인, 필 89

『천일야화』 259 262

체르닌, 킴 77

츨롭핫의 딸들 26 153 175-201 261 264 274 277

카니발적 웃음 225

카이저, 바버라 배크 167

『컬러 퍼플』 221

케시지언, 플로라 105 110 113

켄달, 헨리 88

코트릴, 에이미 269 272

쿠오모, 크리스 267

쿠퍼, 발레리 166

쿠프먼, 니코 133

크레이븐, 토니 133

크리스테바, 줄리아 246

타마르(2사무 13장) 98-119 131 144

타마르(창세 38장) 27 208 234 254

타메스, 엘사 221-2

탄력성 16 28 234-54

탈식민주의적 해석 24 34 160 177 179 182 184 186 188-9 191-2 196 277

투투, 데스몬드 90

트라우마 64 87-8 98-9 101-16 169-70 271

트리블, 필리스 100-1 115 141 155 168 216 219-20 229

티르차 175 177 201

파머, 폴 205

판 데르 발트, 샬린 10 117 276

판 데이크헤메스, 포켈린 108-9

판 볼데, 엘렌 81-2 85 235 251

판 베이크 보스, 요안나 239 242 244 248 251

판 하우스테인, 벤첼 246

패리스, 피터 52

패튼, 킴벌리 크리스틴 51

페웰, 다나 놀런 253

펜트레스윌리엄스, 주디 241 250

펠만, 쇼샤나 104-5

포가티, 앤 165

푸코, 미셸 22

폭스, 에스더 154

프루스트, 마르셀 31

플라이츠, 엘리자베스 79

피리, 이저벨 아파오 171

필레이, 미란다 172

하가르 209-33 254-6 261 268

270 275 281

하다드, 베벌리 32 172

해리슨, 르네 215 221-2

허먼, 주디스 93 94 98 102-7
　　　113-5

헤테라키 25 80 86 147-201

헤펠핑거, 케이티 266-9

호, 캐슬린 206

호글라 177 201

호니그, 보니 57

홀리, 존 스트래튼 51

홀스트워해프트, 게일 27 164

환대 65-87 91

후버, 볼프강 25

희망 71 118 136 168 174-5
　　　197 201 214 216 218 231
　　　237 244 255 264-5 268
　　　280-4 290-1

(빙엔의) 힐데가르트 140

#흑인의생명도소중하다 285

| 성경 색인 |

창세
4,11-12 45
16 27 208-9 215 219-20
    5-6 211
    10 220
    13 218
    15 217
18 208 223 228
    12 225
19,11 136
21 27 208-9 216 223 228
    1 227
    9 229
    10 211
    15 209
    25 157
    34 108

    7 107
37-50 253
38 27 208 234 252
    7 234
    10 234
    15 237 249
    19 237
    25 250 252
44,10 253

탈출
1,11 210
    12 210
13,21 220
    15 166
    19-21 155
    16 220

레위

18,9 107
20,14 238
    17 107
21,9 238

민수

1,1-25,18 175
6 135
14,4 179
26 175
21,1-36,13 175
27 26 175-6 182-3 201
    1-11 175
36 176 180 183 196
    10-11 180

신명

9,4-6 195
15,7 237
21,15-17 176
22,23-27 131
    28-29 108
26,26 210
27,22 107

여호

17,3-6 180

판관

4 24
5 81 166
11 26 153
19 108 141
    23 107
20,6 107

룻

1,20-21 234
    20 240
2,8-9 239
    10 242
    12 242
    22 239
3,9 242 250
4,1 236
    1-6 236
    17 245

1사무

16,11-13 82
18,6-7 155
19-26 66

22,2　67
　　6-19　66
24　82
25　26　43　65-6　72　80　82-4
　　3　68
　　6　67
　　13　68
　　14　68
　　18　69
　　21-22　67
　　23　69
　　23-24　85
　　25-31　85
　　27　69
　　28　85
　　29　85
　　30　82
　　31　84
　　33-34　69
　　34　69
　　36　68
　　38　68
　　39-40　84
　　43　85
26　82
30　86
　　13　86

　　16　86
　　31　49

<u>2사무</u>
1,11-27　49
　　24　52
3,3　78
6,23　44　78
7,8-9　82
11　129
13　26　98-9　103　105　112
　　11　100　112
　　12　112
　　12-13　106
　　14　100
　　17　100
　　19　109
　　20　101
21　26　43　47　63　66-7
　　1-2　45
　　1-14　43-4
　　6　45
　　8　44
　　9　45
　　10　44　50
　　11-12　62
　　14　64

1역대
3,1 78

시편
3 134
6 111-2
  7-8 112
  9-10 112
34,5 134
  18 218
55 111
62,2 269
69,34 218
136,25 190
137,8-9 64
146 270
145,9 190
147,9 190

잠언
8,15 83
9,1-6 68
31 251

예레
9,17-20 52 162

애가
1,9 54
11-12 54

이사
54,1 101
  3 101

에제
23 211

미카
2,9-10 267
4,4 274

다니
13 120 140
  3 131
  17 124
  19-21 122
  22 122
  32 122
  35 122
  41 121
  42-43 122
  56-57 131
  57 127

60 121
60-62 123
62 121

토빗
3,11-15 110